**国家经济安全研究**

中央财经大学中央高校基本科研业务费专项资金资助

# 中国保险市场系统性风险识别与度量研究

王丽珍　著 | Research on the Identification and
Measurement of Systemic Risks in the Insurance Market of China

中国财经出版传媒集团

经济科学出版社
Economic Science Press

·北京·

**图书在版编目（CIP）数据**

中国保险市场系统性风险识别与度量研究/王丽珍
著．－－北京：经济科学出版社，2025.5
（国家经济安全研究）
ISBN 978 – 7 – 5218 – 5813 – 6

Ⅰ.①中… Ⅱ.①王… Ⅲ.①保险市场 – 风险管理 –
研究 – 中国 Ⅳ.①F842.6

中国国家版本馆 CIP 数据核字（2024）第 075755 号

责任编辑：王 娟 李艳红 徐汇宽
责任校对：杨 海
责任印制：张佳裕

**中国保险市场系统性风险识别与度量研究**
ZHONGGUO BAOXIAN SHICHANG XITONGXING FENGXIAN
SHIBIE YU DULIANG YANJIU
王丽珍 著

经济科学出版社出版、发行 新华书店经销
社址：北京市海淀区阜成路甲 28 号 邮编：100142
总编部电话：010 – 88191217 发行部电话：010 – 88191522
网址：www.esp.com.cn
电子邮箱：esp@esp.com.cn
天猫网店：经济科学出版社旗舰店
网址：http://jjkxcbs.tmall.com
北京季蜂印刷有限公司印装
710×1000 16 开 15.75 印张 240000 字
2025 年 5 月第 1 版 2025 年 5 月第 1 次印刷
ISBN 978 – 7 – 5218 – 5813 – 6 定价：66.00 元
（图书出现印装问题，本社负责调换。电话：010 – 88191545）
（版权所有 侵权必究 打击盗版 举报热线：010 – 88191661
QQ：2242791300 营销中心电话：010 – 88191537
电子邮箱：dbts@esp.com.cn）

# 目　　录

# 第 1 章

# 绪　　论

## 1.1　研究背景与研究目的

随着人们收入水平的提高、保险意识的增强，以及风险向复杂多样化态势的演变，保险业的职能亟待充分而有效地发挥。党的二十届三中全会明确指出：提高航运保险承保能力和全球服务水平，建立科技保险政策体系，发展多层次农业保险，完善基本养老保险全国统筹制度、大病保险和医疗救助制度，加快建立长期护理保险制度。这意味着保险业将在更深的层次和更广的领域渗透到社会生产和生活中，保险业职能的不断开发和挖掘使得其自身的稳定性至关重要。

在 2008 年金融危机中，美国国际集团（AIG）等大型保险机构面临严重困境，保险市场的系统性风险开始引起保险业界和相关人士的广泛关注（The Geneva Association，2010），同时也给中国保险业敲响了警钟。我国保险业起步晚、发展快且粗放式经营，长期以来聚集的风险可能形成系统性风险（Eling & Pankoke，2012），而且保险业目前正处于改革创新和市场化发展的关键时期，复杂的保险市场环境也为系统性风险的产生提供了空间。一方面，我国保险业资金运用改革不断拓宽投资渠道。2014 年中国保监会发布《关于加强和改进保险资金运用比例监管的通知》，这些政策推进了保险资金运用体制的市场化改革，提高了资金运用效率，但与此同时，保险机构与其他金融机构之间的联系将更加紧密，这为系统性风险的传播提供了便利。2018年，《保险资金运用管理办法》正式落地，从多个方面拓宽了险资运用范围、放宽了投资标准。另一方面，2013年8月，普通型人身保险费率改革正式启动，2015年启动商业车险费率市场化改革，并于2020年车险综改、2023年车险二次综改中推动费率进一步市场化。保险费率市场化改革符合社会主义市场经济规律的保险费率形成机制，但是与之相伴随的是利率波动导致的偿付能力不足、恶性竞争等风险，会对保险市场的稳定性产生不利影响，可能造成风险在不同业务领域之间的相互传递。当前低利率潮在全球蔓延，我国利率持续下行，自2023年开始，我国存款利率在一年内下调了三次。长期低利率环境增加了利差损风险，同时改变险企的风险偏好与投资策略，放大信用风险和流动性风险，保险公司面临巨大经营挑战。我国保险业职能深化、市场化改革和金融市场环境错综复杂的现状是本书立论的现实背景和实践依据。

党的二十大报告指出，要加强和完善现代金融监管，强化金融稳定保障体系，依法将各类金融活动全部纳入监管，守住不发生系统性风险底线。在保险业不断壮大以及从大到强的过程中，保险业面对复杂的外部环境和新时代发展要求，不发生区域和系统性风险，不仅关乎保险业自身的安全，而且关系国计民生、金融安全甚至国家安全（朱衡和卓志，2019）。一般风险只涉及有限的范围，而系统性风险在时间维度上长期持续、空间维度上牵连广泛（邹奕格和栗芳，2022）可能对整个保险市场、金融市场甚至实体经济产生影响（Eling & Pankoke，2012）。2013年7月，中国平安保险集团被金融稳定理事会（FSB）选定为全球首批9家系统重要性保险机构之一，这意味着中国平安保险集团一旦发生重大风险事故或者经营失败，将会对全球经济和金融体系造成系统性风险。2022年人民银行发布《宏观审慎政策指引（试行）》，界定了系统性金融风险等宏观审慎政策相关概念，阐述了包括系统性金融风险的监测、识别和评估在内的宏观审慎政策框架的主要内容。该文件明确了宏观审慎政策目标，即防范系统性金融风险，尤其是防止系统性金融风险顺周期累积以及跨机构、跨行业、跨市场和跨境传染，提高金融体系韧性和稳健性，降低金融危机发生的可能性和破坏性，促进金融体系的整体健

康与稳定。但是截至目前，针对我国保险市场系统性风险的研究有待进一步
深化。如何识别和防范保险市场系统性风险，降低存量风险，控制增量风险，
切断传染风险，化解集聚风险是我国保险业在改革创新和转型升级过程中面
临的重要现实问题。本书拟解决的科学问题是：在后金融危机时代我国保险
业市场化改革的进程中，保险市场的系统性风险是否存在，如何识别和度量
系统性风险，如何评估当前保险市场的稳定性现状。在明确这些问题的基础
上，本书将进一步提出系统性风险防范和监管政策建议。

## 1.2  研 究 意 义

2014 年，国务院印发《关于加强监管防范风险推动保险业高质量发展的
若干意见》，强调必须坚持从严监管，确保监管"长牙带刺"、有棱有角，实
现监管全覆盖、无例外，牢牢守住不发生系统性的底线。因为通过诱导因素
发生后的传染过程来识别系统性风险是最主要的识别路径（马君潞等，
2007），因此本书基于系统性风险传染效应视角，按照风险的传播渠道拟分别
从承保业务传播、保险消费者信心传播、跨境传播和跨行业传播四个视角识
别、度量和评估保险市场的系统性风险，评价保险市场的系统稳定性，并据
此分析防范和监管措施。虽然 2008 年金融危机对我国保险市场影响甚微，而
且我国保险业发展进程中也没有发生系统性风险，但是随着保险业承担风险
的复杂多样化及其自身风险的集聚，在金融服务融合和交叉的背景下，研究
保险市场的系统性风险具有重要的理论意义和实践指导价值。

长期以来，保险市场的系统性风险被认为是微不足道的（Rossi & Lowe，
2002；Swiss Re，2003），直到 2008 年在金融危机的推动下，系统性风险才成
为各国保险体系理论研究的重要议题之一（Cummins & Weiss，2010）。目前
国内外保险市场系统性风险的理论研究仍处于初级发展阶段，既没有形成对
系统性风险的统一定义，又在系统性风险的来源方面存在分歧。本书的理论
意义主要体现在三个方面：第一，从我国保险市场发展的视角来看，本书基
于保险业的发展现状，揭示系统性风险的存在性和内部传导机制，从不同传

播渠道识别和度量系统性风险的危害范围和危害程度，检验系统敏感性财务指标和市场指标，解析保险市场的系统稳定性，为保险市场系统性风险的预警、防范和监管提供理论参考。第二，从全球保险业发展的视角来看，中国作为全球第四大保险市场，对其保险市场的分析有利于拓宽系统性风险理论的研究体系，完善整体研究框架。第三，从新兴保险市场发展的视角来看，中国作为最重要的新兴保险市场，本书将丰富新兴市场国家的系统性风险理论研究成果，为保险企业制定风险管理战略进行风险管理实践提供科学理论依据。

各国保险公司、监管机构及其他相关保险团体高度重视系统性风险的防范与管理实践，例如，日内瓦协会（The Geneva Association，又称为"国际保险经济学研究会"）近几年发布了一系列关于系统性风险的研究报告。2023 年 9 月，新加坡金融管理局率先公布了国内系统重要性保险公司框架及首批 4 家国内系统重要性保险公司名单，并对名单内保险机构提出了更高的资本要求。同年 10 月，我国人民银行和金融监管总局印发《系统重要性保险公司评估办法》，评估系统重要性金融机构的范围从银行进一步拓展到保险领域。我国资产规模排名前 10 位的保险集团公司、人身保险公司、财产保险公司和再保险公司，以及上一年度被认定为系统重要性保险公司的机构被纳入参评保险公司范围。本书的实践指导价值主要体现在三个方面：第一，从保险公司的视角来看，有助于企业管理者从不同风险传播渠道识别和掌控系统性风险，实现对系统性风险的有效防范和及时处置，从而促进企业整体风险管理能力的提升。第二，从保险监管者的视角来看，有助于监管部门掌握保险市场的系统稳定性发展现状，明确系统性风险的监管重点，为我国系统性风险监管制度的构建和完善，以及对全球金融危机的快速应对提供实践指导和政策建议。第三，从全球化的视角来看，有助于为其他新兴保险市场系统性风险的防范和化解提供实践参考。

## 1.3　国内外研究现状

随着 2008 年金融危机的爆发，保险业系统性风险问题成为业界、学术界和监管者关注的热点问题，这些研究主要集中于保险业的金融稳定性和它对金融系统以及整个经济实体造成系统性风险的可能性（Park & Xie，2011）。本书的文献回顾主要从"系统性风险的含义与特征""系统性风险的识别""系统性风险的度量和评估""系统性风险的监管"四条逻辑线索对国内外研究现状进行述评。

## 1.3.1　系统性风险的含义与特征

系统性风险（systemic risk）源于银行破产和货币危机，之后被广泛应用于对其他金融系统的冲击，2008 年金融危机的爆发赋予了系统性风险更为明确的定义和崭新的视角（Eling & Pankoke，2012）。十国集团（Group of Ten）指出，系统性风险是导致金融体系的重要组成部分受到经济价值或者信心损害，并且随着不确定性的上升对实体经济造成负面影响的风险（Group of Ten，2001）。国际货币基金组织（IMF）、金融稳定委员会（FSB）和国际清算银行（BIS）认为，系统性风险是金融体系部分或者全部受到损害，导致大范围金融服务紊乱，进而给实体经济造成严重影响的风险（FSB，IMF & BIS，2011）。欧盟中央银行（ESB）定义系统性风险即金融不稳定风险，它严重危及金融系统的正常运转以至于经济增长和社会福利遭受损失（ESB，2010）。

许多学者也基于所研究的具体问题对系统性风险的含义进行了探讨，根据他们的研究视角，可以从三个方面理解系统性风险。第一方面是系统性风险的危害范围和损失程度。一方的巨大损失会恶化整个实体经济，导致严重的市场失灵（Chen et al.，2013；Chen & Cummins，2014；Benoit et al.，2017）。康明斯和韦斯（Cummins & Weiss，2010）强调系统性风险的核心特征之一就是威胁整个金融体系甚至宏观经济。第二方面是系统性风险的传染性（Moussa，2011；Andres et al.，2022）。外溢效应、负外部性或者市场失灵的存在使得风险具有传染效应，一个企业破产会直接导致与它存在经济联系的其他企业破产并进一步扩散（Grace，2010），对银行等金融机构而言更是如此（Avdjiev et al.，2019）。考夫曼和斯科特（Kaufman & Scott，2003）指出，系统性风险是整个金融系统陷入困境的风险或可能性，而不是由单一个体导致。

海尔韦格（Helwege，2010）认为系统性风险产生于金融机构的相互关联性，源于共同冲击的风险流，类似于多米诺骨牌效应，使许多金融机构同时面临风险。比利奥等（Billio et al.，2012）认为，系统性风险是金融系统中流动性不足、偿付能力不足和损失通过业务联系快速传播导致的风险。第三方面是金融部门的金融功能。陈等（Chen et al.，2013）从统计学的角度指出，系统风险是标识金融机构健康性和稳定性的关键金融变量的共同变动，或者是多个金融机构同时违约的潜在可能性。贝纳尔等（Bernal et al.，2014）强调，系统性风险不是相关金融部门某一风险的聚积，而是主要源于金融机构共同行为的内生性风险。另外，一些学者也从其他方面考察了系统性风险（Acharya，2017），这主要包括系统性风险的不平衡性（Caballero，2009）、相关风险暴露（Acharya et al.，2010）、反馈行为（Kapadia et al.，2012）、资产泡沫（Rosengren，2010）、交易对手风险（Chen et al.，2013）等。还有学者提出从人类能动性视角考察系统性风险，不仅仅将系统性风险视为技术性问题（Hochrainer – Stigler et al.，2019）。

概括起来，系统性风险主要存在以下特征：一是系统性风险具有传染效应和溢出效应，能够使风险从单一部门扩散到整个金融体系，从虚拟经济蔓延到实体经济。二是系统性风险波及的范围广、损失严重，并非只是某一个或者几个金融机构面临危机，而是整个金融系统甚至整个宏观经济面临危机。三是系统性风险具有负外部性，虽然是源于个别金融部门的系统性事件，但是会殃及整个金融市场，风险成本由金融市场的所有参与者承担。目前对系统性风险的理解并不完全一致，这主要体现在：系统性风险是源于单个金融机构的倒闭（Van Lelyveld et al.，2011；Park & Xie，2011）还是金融机构持有的共同风险因素和高杠杆的运作方式导致的共同冲击（Helwege，2010）；系统性风险的传播渠道是财务数据（Upper & Worms，2004）、市场数据（Acharya et al.，2012）还是其他渠道，例如共同风险敞口（Allen et al.，2009）；系统性风险是否必须对实体经济产生影响（Eling & Pankoke，2012）。

国内对系统性风险的研究主要集中于银行业。范小云（2002）指出系统性风险是一个事件在机构和市场构成的系统中引起一系列损失的可能性。包全永（2015）认为广义系统性风险是指整个系统丧失基本功能的可能性，而狭义银行系统性风险可以简单地概括为由于主要机构的失败给其他机构带来负外部性，使其他机构的经营与生存受到影响，并有可能使系统丧失基本功能的可能性。董青马（2010）将系统性风险的内涵概括为三个方面：一是一个大的冲击或宏观冲击对国内的经济系统产生了巨大的负面影响，进而造成整个金融体系的崩溃；二是部分金融机构倒闭后，冲击通过金融机构间的资产相互持有与实质交易进行传播；三是即使金融机构间并无直接的关联和交互反应，但部分金融机构的倒闭仍然可以通过共同风险暴露，即信息作用产生的溢出效应，进而导致整个金融体系的崩溃。徐国祥等（2021）认为系统性风险往往有异质风险的系统内部传染、外部共同冲击引发的广泛受损、随着时间推移积累引起的失衡风险三种风险形式，这三种形式并不是相互排斥的，容易叠加出现。杨子晖等（2022）归纳出了系统性风险的重要特征，即单个金融机构、金融市场所面临的变动、冲击乃至遭受的损失，将向金融系统中的其他机构、其他市场迅速传递。以上全是从银行业的角度定义系统性风险，目前我国对保险业系统性风险的研究有待深化。2016 年中国银保监会发布的《国内系统重要性保险机构监管暂行办法（征求意见稿）》中将保险业的系统性风险定义为：由于单个或多个保险机构的内部因素、保险市场和保险业外部的不确定性因素，导致保险机构发生重大风险事件并难以维持经营，进而引发保险系统发生剧烈波动或危机，甚至将其负面效应传染至金融体系和实体经济，最终造成重大不利影响的风险。赵桂芹和吴洪（2012）从国际保险市场的视角指出，金融风险溢出现象，即金融行业独有的，可能影响金融行业，最终扩散到经济全局的风险为系统性风险。

## 1.3.2 保险市场系统性风险识别

关于保险业系统性风险的研究是近几年发展起来的热门话题。早期的研究认为保险公司的系统性风险是微乎其微的。罗西和洛（Rossi & Lowe, 2002）认为保险公司不同于银行，因为保险消费者不会同时要求索赔，所以不会出现挤兑风险，同时，再保险阻断了资产贬值风险向偿付能力不足风险的传导途径，所以保险业既不会是系统性风险的"来源"，也不会是系统性风险的"牺牲品"。瑞士再保险公司（Swiss Re，2003）指出由于再保险公司一般具有较高的信用评级，而且再保险业务规模非常小，所以再保险基本不构成系统性风险。三十国委员会（The Group of Thirty，2006）认为再保险公司与银行和资本市场的联系是有限的，再保险公司破产只会产生短期影响，不会造成系统性风险。直到金融危机爆发，金融经济学者仍然在怀疑保险市场中系统性风险的存在性。因为保险公司不办理存款业务，所以不会面临突然的流动性不足风险而导致破产的情况，而且保险公司因为大量保单同时取消而出现破产的可能性很小，因为这意味着严重损失出现，同时保险公司等级结构（The International Association of Insurance Supervisors，2012）与它对长期基金的依赖性也是降低其系统相关性风险的额外因素（Weiss & Mühlnickel，2013）。相对于其他金融机构，保险公司需要满足更严格的资本要求，这也限制了引起系统性风险的潜在可能性（Harrington，2009）。恩格尔等（Engle et al.，2015）根据系统性风险的大小对非美国的金融机构进行排序，发现在系统性风险排行榜上的196家金融机构中只有8家保险公司，且排名相对靠后，这显然说明了相对于其他金融机构，保险公司的系统性风险较小。

然而事实表明系统性风险被严重低估（Bartram et al.，2007），保险业在2007~2009年金融危机中遭受了巨大损失，研究结果显示，美国上市保险公司在此期间的股票平均损失达到6.5%，而银行的股票平均损失仅有1.63%（Acharya et al.，2010）。这一现状证实了保险业对于系统性风险的敏感性，而且美国国际集团（AIG）的破产使得保险学者和监管者重新审视了保险公司系统重要性的可能性。

关于保险业是否为系统风险的来源，主流观点认为保险业的核心业务不存在系统性风险，而非核心业务可能引致系统性风险（The International Association of Insurance Supervisors，2012；The Geneva Association，2010；Bell & Keller，2009；Cummins & Weiss，2010）。日内瓦协会（The Geneva Association，2010）将保险业务分为投资管理业务、传统保险业务、风险转移业务、信用担保品出售业务和资本融资业务，他们认为只有表外衍生产品交易以及源于商业票据或者证券贷款的短期基金管理不当才会存在潜在的系统性风险。恩典（Grace，2010）通过分析2008年金融危机期间破产事件窗口股票数据的累积异常回报指出，美国国际集团之所以具有系统重要性，是因为它持有的交易对手风险以及它与其他金融机构的高度关联性，但保险企业并不是系统性风险的来源。范·利维尔德等（Van Lelyveld et al.，2011）以及朴和谢（Park & Xie，2011）分析了再保险公司破产或者降级对保险市场的影响，他们认为即使在极端条件下，再保险业务引发系统性风险的概率也是相当低的。埃林和潘科克（Eling & Pankoke，2014）总结了前人研究，认为非寿险和再保险部门的传统保险活动既不会造成系统性风险，也不会降低保险公司面对外溢系统性风险的抵御能力。陈等（2020）发现美国再保险网络具有较大的弹性，即使排名前 10 名或实力最强的再保险公司倒闭，也不会导致美国赔付保险行业普遍破产。

也有一些学者认为保险企业的系统性风险需要关注（Paob & Alessandra，2022；Cao，2023；Ke et al.，2024）。哈林顿（Harrington，2009）承认美国国际集团破产是因为其他金融业务而非保险业务，但是他认为因为企业的杠杆率、资产贬值的敏感性以及金融危机期间保户的退保可能性等原因，寿险企业存在较高的潜在系统性风险。陈等（Chen et al.，2013）指出因为信贷风险保险公司对债务提供信贷保证所以具有系统性风险，当保险公司评级降低以后，被保险的证券信贷息差会大幅增加。康明斯和韦斯（Cummins & Weiss，2010）分析了保险公司产生系统性风险并外溢至其他经济部门的可能性，他们认为虽然保险核心业务引发系统性风险的可能性是有限的，但是由于杠杆和流动性风险，寿险对于部门间风险是敏感的，寿险和产险对于由交易对手信贷风险导致的再保险危机也是敏感的。还有一些学者认为再保险业务可能是保险市场系统性风险的起源，因为再保险业务位于保险业务网的顶层，再保险公司破产会造成保险市场的不稳定，进而对整个经济产生外溢效应（Swiss Re，2003；Cummins，2007；Cummins & Weiss，2010；Kanno，2016）。由于信贷风险、转分保风险、承保周期风险和监管不足风险的存在，再保险公司破产使得原保险公司承担更多的索赔，导致原保险公司面临破产危机，而原保险公司也承保再保险业务，因而破产危机将会蔓延到整个保险行业（Van Lelyveld et al.，2011）。朴和谢（Park & Xie，2011）认为再保险公司降低评级也可能造成系统性风险，因为随着降低评级的再保险公司违约风险的增加，原保险公司降低评级的可能性也会随之增加，负面效应通过股票市场外溢至与降级再保险公司不存在直接信贷联系的其他保险公司。欧洲系统性风险委员会（ESRB）发现欧洲寿险公司很容易在持续低利率和资产价格突然下跌的双重打击下集体破产，而这种情况很容易造成市场对金融机构普遍丧失信心（ESRB，2015）。通过对巴西（再）保险市场的研究发现，再保险公司和非寿险公司可能会放大系统性风险（Carralho & Guimaraes，2024）。

由于我国保险业起步较晚，而且受 2008 年金融危机的影响较小，因此国内针对保险业系统性风险的研究起步较迟。陈华（2008）将系统性风险与行业风险等同，把保险行业风险分为内部因素引致的风险和外部因素引致的风险，并对其进行了详细分析。杨琳（2009）研究了国际保险业系统性风险的成因与对策，他认为经济衰退和金融危机引发的行业风险、投资风险、再保险风险和监管风险是寿险和非寿险业共同面临的风险，除此之外，非寿险业还面临自然灾害风险、承保周期风险、责任风险，寿险业还面临承保风险、资产负债匹配风险、流动性风险。赵桂芹和吴洪（2012）通过宏观和微观两个层面分析指出，目前国际保险市场产生系统性风险的可能性不大，但是随着保险公司业务创新的进一步推进，保险业引发系统性风险的可能性将逐渐增加。此后，王培辉等（2017）根据实证研究结论，指出保险行业与其他金融子行业甚至是整个金融系统存在双向溢出效应，而保险公司的在险价值、净资产收益率、财务杠杆、资产规模、每股净资产以及 GDP 增长率等指标影响着公司系统性风险的溢出大小。张晓明等（2019）认为金融机构经营同质化对金融市场系统性风险有着重要的影响作用，从资产组合、投资分布等角度的测度结果显示，我国保险业内部及其与银行业之间的经营同质化水平不断上升，这严重增加了我国金融体系的系统性风险。刘超和刘彬彬（2020）利用改进的非对称 CoVaR 模型考察我国金融机构尾部风险溢出效应，发现保险业的系统性金融风险值得关注，尤其是中国平安与中国太保。邢天才等人（2023）进一步指出保险公司在重大灾害与资产抛售双重冲击下因破产数量较多而出现系统性风险，证实了保险业会因外部冲击造成的风险传染而产生系统性危机。

### 1.3.3 保险市场系统性风险度量与评估

关于保险市场系统性风险的测度，按照研究内容划分主要包括两类，第一类是针对保险市场内部系统性风险的度量。恩典（2010）基于 2008 年金融危机中受损的保险公司市场数据，运用事件研究法构建了脉冲响应模型和格兰杰（Granger）因果检验模型，研究各个系统性事件窗口保险公司股票收益率的变化情况。范·利维尔德等（Van Lelyveld et al.，2011）基于再保险赔付数据研究了保险公司破产引发系统性风险的可能性。朴和谢（2011）通过建立 Probit 回归模型，首先研究了再保险公司评级降低、再保摊回等因素对原保险公司评级降低的影响，然后针对大型再保险公司破产做了多元情景分析。陈等（Chen et al.，2013）基于信贷保险公司市场数据，运用边际期望损失方法（Marginal Expected Shortfall，MES）度量了信贷保险公司的系统性风险，并分析了系统性风险在金融危机前和金融危机中对股票市场和公司经营的影响。魏斯和米尔尼克尔（Weiss & Mühlnickel，2013）采用 MES 和 ΔCoVaR 方法度量了美国上市保险公司在金融危机期间的系统性风险，并检验了保险公司的系统重要性经营指标。有学者针对中国保险市场的系统性风险开展研究，利用事件研究法分析了如监管机构合并、开放国内市场等重大事件对保险业系统性风险的冲击（邹奕格和粟芳，2020）。邹奕格和陆思婷（2020）利用持有共同资产网络模型，证实了投资业务风险会引发保险行业系统性风险。熊婧和汤薇（2021）通过建立保险业务结构与系统性风险的理论模型，推导发现保险业务间存在显著的相关性，保险业务结构同质化程度较高的保险市场具有明显较高的系统性风险。陆思婷和粟芳（2022）研究发现承保风险是导致保险业系统性风险的根源，并指出共同风险暴露和再保险联系是促使财险公司产生承保风险关联性的关键因素，但对寿险业承保风险关联性的影响程度较低（陆思婷和粟芳，2023）。

第二类是保险业在金融市场中的系统重要性、关联性或者贡献度量。阿查里亚等（Acharya et al.，2009）通过 MES 方法研究发现，相对于系统重要性银行，一些保险公司系统重要性程度更高。他指出保险业的系统性风险源于"联系太紧密而不能倒"的问题，而该问题又部分归咎于保险保障基金存在导致的道德风险。范小云等（2011）基于 MES 方法度量了我国金融机构在美国次贷危机期间以及危机前后对金融系统的边际风险贡献程度，结果表明，在金融危机中，我国保险公司的实际系统性期望损失最高，证券公司和保险公司比银行对整个金融系统的边际风险贡献程度更大。陈等（2013）基于信用违约互换（CDS）差价日数据和蒙特卡洛模拟方法得到风险中性的组合信贷损失期望来度量系统性风险，运用线性和非线性格兰杰因果检验发现，银行和保险公司之间存在双边因果关系，而且银行对保险公司的影响更强、更持久，同时银行还会对保险公司产生系统性风险，但保险公司不会对银行产生系统性风险。比利奥等（Billio et al.，2012）采用主成分分析和格兰杰因果网络模型检验了对冲基金、证券、银行和保险公司在金融危机期间的动态关联特征，研究发现，随着这四个部门形成的复杂、时变网状关系可能引致的系统性风险水平的增加，它们的内部相关性增强。高波和任若恩（2013）以及高和任（Gao & Ren，2013）基于金融机构异质风险的线性格兰杰因果关系构建金融系统的有向网络模型，通过分析我国金融部门在不同市场状态下的因果网络特征发现，熊市时保险部门加强了对其他部门的格兰杰影响，银行部门和保险部门是熊市时风险传播的主要渠道。贝纳尔等（2014）基于ΔCoVaR方法估计了银行、保险及其他金融机构对系统性风险的贡献，并据此分析了不同金融机构的系统重要性。魏斯和米尔尼克尔指出金融危机期间，美国一些保险公司的确对金融系统的不稳定性存在较大"贡献"，通过 MES和 ΔCoVaR 方法研究发现，金融危机期间暴露于系统风险下的保险公司非常多，它们严重依赖于非保单持有人负债和投资收益，保险业对系统性风险的"贡献"只是受公司规模的影响。张琳（2020）实证表明保险业与银行业的系统性风险之间存在着十分密切的关系，其次与证券业、房地产业关系较为紧密。邹奕格和粟芳（2022）揭示了中国平安的资产风险传递过程，发现中国平安作为保险业系统重要性机构，先是影响保险行业内部，形成保险行业内的风险，继而再影响保险行业之外并对银行产生影响，进而波及整个金融系统。

### 1.3.4　保险市场系统性风险监管

已有关于保险市场系统性风险监管的研究主要聚焦于系统重要性保险机构的识别、评估和是否有必要对其进行"特殊"监管。协会集团（Association group，2010）指出要减弱保险市场系统性风险，需要从如下五个方面展开：一是对于保险集团执行综合的整体原则导向监管；二是加强流动性风险管理；三是提高金融保证保险监管；四是根据现状构建宏观审慎监管制度；五是加强风险管理实践。金融稳定委员会（FSB）提出采用规模（size）、关联性（interconnectedness）和替代性（substitutability）三个指标评估保险机构是否会引发系统性风险，采用杠杆率（leverage）、流动性风险（liquidity）、期限错配（mismatches）和复杂度（complexity）来检验保险机构对系统性风险的敏感性或者脆弱性（The Geneva Association，2010）。范小云等（2011）通过研究金融危机前后我国的保险公司和其他金融机构指出，应该加强对边际风险贡献和杠杆率高的金融机构的监管。康明斯和韦斯（2014）从全球化的视角指出，因为非核心保险业务引发系统性风险的可能性较大，所以需要发展并完善针对保险集团的监管机制。陈等（2020）也指出现有的监管措施可能不足以反映再保险市场的复杂性和相关互联性，为了有效解决传染风险和金融稳定问题，未来有必要引入基于网络分析等新方法的新监管措施。阿查里亚等（Acharya et al.，2009）认为美国缺乏跨州系统性风险监管方法，提出了对系统重要性保险机构征税的监管措施，但是日内瓦协会（The Geneva Association，2010）认为对金融机构征税不仅会降低市场效率而且不公平，还会导致道德风险，对系统性风险的防范没有任何益处。哈林顿（Harrington，2009）也认为对系统重要性保险机构进行"特殊"监管是没有必要的，首先"特殊"监管会破坏市场规律、加重道德风险；其次政府可能会为系统重要性机构提供或明或暗的保障，这增加了他们的竞争优势，降低了相对于其他金融机构的资本成本；最后系统性风险监管者更加重视对系统重要性机构的关注与支持，即使他们的风险不会造成系统性后果，但会造成资源浪费和不公平竞争。除此之外，埃林和潘科克（Eling & Pankoke，2012）指出，应对金融危机的新的监管制度设计不当也可能触发系统性风险。劳拉和莉迪娅（Laura & Lidia）的研究则表明保险公司与实体部门的负外部性和相互关联性增加，鉴于保险业的系统脆弱性和系统性风险，有必要对保险业进行宏观和微观审慎监管。邹奕格和粟芳（2022）识别出保险公司的资产规模、杠杆和关联性是影响保险公司具有不同角色和不同传染关系的关键因素，进而提出具有较大资产规模的并由集团控股的中资寿险公司和经营中具有较大杠杆的中资寿险公司应该成为监管重点。

## 1.3.5 文献回顾总结

基于已有文献关于系统性风险的含义和特征的分析，虽然它们对系统性风险的负外部性、传染性、溢出效应等基本达成共识，但是并没有形成统一的定义。因为2008年金融危机的主要推动因素是风险在不同机构的传播（Eling & Pankoke，2012；Andries，2022），结合我国保险业发展的特殊性，本书减弱"系统性"的概念强度，定义保险市场系统性风险为保险事件在机构和市场构成的系统中传播引起一系列损失的风险。

2008年金融危机之后，国外越来越多的学者开始关注保险市场的系统性风险（Chen et al.，2020；Carcia - Jorcano & Sanchis - Marco，2021；Paolo & Alessandra，2022），但是国内学者对系统性风险的研究仍然主要局限于银行系统，对保险领域的研究不多。国外已有研究虽然构建了保险市场系统性风险理论研究的基本框架，但是尚处于初级探索阶段，许多重要问题尚未解决。第一，对系统性风险的研究主要针对保险业务层面，信息不对称条件下的趋同性、恐慌预期和负反馈等因素可能影响保险消费者对保险市场的信心，单一事件通过传染效应会产生群体性的退保潮或者续保难，这种"羊群效应"也可能导致系统性风险。第二，在业务层面，不同保险市场企业的经营业务差异较大（The Geneva Association，2012；Carralho & Guimaraes，2024），而已有研究主要围绕成熟保险市场展开，对新兴保险市场则涉及较少。特别是我国保险市场，目前只有一家中资再保险公司、五家（A股）上市保险公司，这种特殊市场结构和业务模式下的系统性风险针对性研究有待加强。第三，2008年金融危机和市场数据是当前系统性风险研究的主要切入点，所以研究结果对于像我国这种受金融危机影响较小、市场数据难以获得的保险市场借鉴意义有限。例如，系统性风险经常被"规模太大而不能倒"（too big to fail）和"联系太紧密而不能倒"（too interconnected to fail）的金融机构引起（Chen et al.，2013；Cao，2023），对于我国而言，哪一种保险公司更具有系统重要性，有待进一步研究。第四，虽然有少数研究基于会计财务数据展开，但是许多理论假设并不符合我国保险业的发展现状。例如范·利维尔德等（Van Lelyveld et al.，2011）假定保险市场结构为完全分散型，这与当前我国的保险市场并不吻合，容易造成对系统性风险的低估（高国华和潘丽英，2011）。

## 1.4 研究内容与结构安排

### 1.4.1 主要研究内容

在上述相关研究的基础上，本书主要从承保业务、消费者信心、跨行业传染、跨境传染以及上市保险公司内部风险溢出角度研究保险业系统性风险。本书的主要研究内容如下。

#### 1.4.1.1 基于承保业务的系统性风险

（1）基于再保险业务度量保险市场系统性风险，首先要借鉴银行业对系统性风险的研究范式，构建再保险业务转移矩阵，然后利用最小交叉熵原理建立最优化模型，最后以我国保险数据为样本，在完全分散型市场和相对集中型市场下，分别模拟单一保险公司破产、再保险公司同时破产和前三大直接保险公司同时破产所引致的传染效应，从而分析再保险业务导致系统性风险的可能性。

（2）基于分保偏好和风险组合冲击度量保险市场系统性风险，首先要建立分保偏好假设，构建偏好市场网络结构，然后考虑信用违约风险和流动性风险，根据不同的风险组合冲击分析风险传染过程，最后基于矩阵法和财务数据求解模型，分析完全分散市场和偏好市场的网络结构以及不同市场和组合风险冲击下的风险传染性。

#### 1.4.1.2 基于消费者信心的系统性风险

基于消费者信心度量保险市场系统性风险，从保险公司财务状况发生变动等情况下，投保人对保险公司的流动性或偿付能力产生不同程度的怀疑，导致退保率突增，挤兑保险公司直至经营失败，由此引发系统性风险的微观传染渠道研究视角出发，建立了一个封闭的保险市场模型，考虑在不同程度的资产变动情况下，退保率对保险公司经营状况的影响，从而说明投保人的行为对保险公司系统性风险传染效应的放大作用。

### 1.4.1.3  基于跨行业的系统性风险

（1）基于跨行业因果关联性度量保险机构与其他金融机构系统性风险，运用 CAPM 模型得出每家金融机构的异质性风险并用格兰杰因果网络模型分别对 2007 年至 2015 年的一般情况和其中两次牛熊市转化的极端情况的股票收益率进行了系统关联性分析，同时针对一般情况下对 28 家金融机构在关联度、规模与复杂程度三个方面进行了系统重要性评估，以此分析保险机构与其他金融机构在不同市场情况下的系统性风险。

（2）基于跨行业风险溢出性度量保险机构与银行机构系统性风险，运用分位数回归方法测算 CoVaR 度量我国上市银行与保险机构之间的系统性风险溢出贡献，并绘制风险溢出网络图，以此分析我国上市银行与保险机构之间的系统性风险。

### 1.4.1.4  基于跨境的系统性风险

基于跨境传染度量保险市场系统性风险，从规模、全球活跃性、关联性、非传统/非保险业务、可替代性五个方面对全球保险机构进行指标加权评估，最终选取 34 家全球系统重要性保险机构作为样本，运用 CAPM 模型与 GARCH（1，1）模型处理各个保险机构的股票收益率，得到其异质性风险时间序列，构建了一般市场下与牛熊市下的格兰杰因果网络模型，分析全球系统重要性保险机构间的系统关联性。

### 1.4.1.5  上市保险公司内部风险溢出研究

基于我国上市保险公司内部风险溢出性度量保险市场系统性风险，运用 CoVaR 和 Forward-ΔCoVaR 模型，结合分位数回归和面板回归方法对保险机构的系统性风险大小进行度量和预测，根据 ΔCoVaR 输出序列平均值分析我国各上市保险公司系统性风险溢出程度的大小顺序。

### 1.4.2　本书结构安排

根据上述主要研究内容，本书内容分为 7 个部分，具体结构安排如图 1-1 所示。

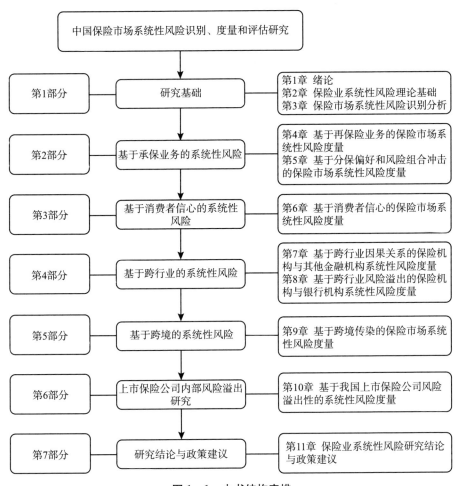

**图 1-1　本书结构安排**

# 第 2 章

# 保险业系统性风险理论基础

## 2.1 系统性风险的定义

### 2.1.1 系统性风险的定义

关于系统性风险，微观层面上最早可追溯到威廉·夏普（William F. Sharpe）在资本定价模型（CAPM）中提出的，资本市场上不能通过分散投资予以消除的风险，而现在国际监管机构普遍关注的是宏观上引起大规模危害的金融体系的系统性风险（systemic risk），本书所探讨的也是这类风险。

直观上对这个概念进行理解并不困难，拉菲斯汀（Raffestin，2014）认为在理解金融市场和系统性风险时，可以想象一群登山者把绳子捆在悬崖上，每个攀登者都牢牢抓住绳子，因为这降低了他摔下来的机会，一个攀登者如果滑倒了，就会威胁到他周围人的安全。谢志刚（2016）将系统性风险比作社会上发生的传染病，将金融和保险监管部门与被监管机构之间的关系比作卫生防疫部门与其辖区内社会成员的健康状况之间的关系，卫生防疫部门防范传染病就好像金融监管部门防范系统性风险。谢尔顿和毛雷尔（Sheldon & Maurer，1998）将系统性风险比喻为"苏格兰人眼中的尼斯湖水怪"，即每个人都知晓它的存在并意识到它的危险，能准确地描述它所带来的种种威胁，却没有人能预测它会在何时何地发动袭击。因而，即使没有任何证据可以验证它如何发生，但也无法否认它的确存在。这些理解生动又形象，尽管大家都觉得自己知道系统性风险是什么，但要想给系统性风险下一个准确的定义却并不容易。

系统性风险最初被用来描述银行挤兑导致银行巨额损失的风险，之后被用于描述金融体系中任何形式的崩溃。自 2008 年美国次贷危机引发全球金融危机以来，世界各国都意识到了系统性风险的危害，关于系统性风险的研究也层出不穷，然而对系统性风险的定义至今没有形成统一的标准。

不同学者依据自己的理解对系统性风险进行了不同定义。黄等（Huang et al.，2009）将系统性风险定义为大型金融机构同时发生的多重违约。巴特拉姆等（Bartram et al.，2007）认为系统性风险是金融中介的大规模崩溃，具有巨大的经济和社会成本。尼尔等（Nier et al.，2007）也提出了类似的定义，即"当多家银行的破产或弱点给金融体系带来成本，并最终给整个经济带来成本时，就会出现系统性风险"。施瓦茨（Schwarcz，2008）将系统风险视为引发金融机构一系列重大损失的风险或机构失灵的经济冲击。哈特和辛加莱斯（Hart & Zingales，2009）认为，系统性风险是指一家机构的倒闭引起系统内其他机构的倒闭，并对实体经济产生影响的风险。比利奥（Billio，2012）则是关注系统性风险威胁稳定或公众对金融体系的信心。康明斯和威斯（Cummins & Wiess，2014）将系统性风险定义为发生某一事件的风险，其中该事件能够引起金融系统大部分出现经济损失或市场信心下滑，并且有很大可能对实体经济产生显著不利影响。伯努瓦（Benoit，2017）认为系统性风险是导致市场大量参与者同时遭受严重损失，并且迅速扩散到系统中的风险。宫晓莉（2020）认为金融系统性风险是可能导致金融系统受损进而迫使其金融服务功能中断，对实体经济产生严重危害的风险。

机构对于系统性风险的看法也不同。十国集团（Group of Ten，2001）指出，系统性风险是导致金融体系的重要组成部分受到经济损失或者信心损害，并且随着不确定性的上升对实体经济造成负面影响的风险。瑞士再保险公司（Swiss Re，2003）认为系统风险是一种危险，造成这种危险的事件将导致经济价值的损失和/或降低公众对金融系统的信心，而这对实体经济有着重大的不利影响。欧洲央行（ECB，2010）认为，系统性风险是指金融体系极度脆弱，金融不稳定大范围发生，导致金融体系运行困难，从而经济增长遭受巨大损失的风险。

目前，关于系统性风险最权威，也是最常被引用的定义，是由国际货币基金组织（IMF）、金融稳定理事会（FSB）和国际清算银行（BIS）于2009年10月向二十国集团（G20）提交的报告（IMF，BIS & FSB，2009）中给出的，这个定义受到了二十国集团财长和央行行长的认可，原文及翻译如下：

The risk of disruption to the flow of financial services that is（i）caused by an impairment of all or parts of the financial system；and（ii）has the potential to have serious negative consequences for the real economy.

（金融）系统性风险是指由系统内部部分或全部部件故障（称为系统性重大事故）导致的、可能对实体经济产生严重负面影响的金融系统运行的风险。

这一定义的基础概念是（i）系统性风险与负外部性或市场失灵有关；（ii）金融机构的失败或故障可能会损害金融系统或实体经济的运行。

从上述定义中可以看出，系统性风险要关注两点，第一是风险事件，强调风险是由金融系统内部发生故障导致的；第二是风险导致的后果具有传染性，即系统内部的负面运行结果会传染到整个经济体系，造成实体经济的损失。

这份报告中提出的定义是站在宏观角度对全球金融体系存在的系统性风险进行了说明，更像是对系统性风险的一种直观、笼统的描述，并非一种严谨的定义，这也说明了系统性风险本身的复杂性。

尽管对于系统性风险的定义并未统一，但大家对于系统性风险的理解却有共同的看法。第一，系统性风险与个体风险不同，个体风险是单个金融机构自身的风险，是局部的风险，独立其他机构，而系统性风险是宏观的全局性的风险，是由金融体系中的部分或全部组成部分的故障造成的，是可能危害整个金融体系甚至实体经济的风险，并且无法通过风险管理手段消除，只能通过监管防止其积累甚至爆发。第二，系统性风险具有负的外部性、传染性和溢出性，就是说当一个金融机构发生风险时，会通过机构间的相关性传递给其他机构，继而造成其他机构的风险，最终造成整个金融体系的崩溃，同时金融体系的风险还会溢出到实体经济，对实体经济造成巨大的损失。

根据埃林和潘科克（Eling & Pankoke，2016）对于系统性风险定义的总结，从风险原因、风险事件及事件影响这三个关键要素上可以看出，虽然大家在系统性风险的定义形式上并不一致，但实质是统一的。因此，本书认为可以将系统性风险定义为金融系统中的个别或部分金融机构由于自身原因或受到外部冲击而崩溃，并影响其他金融机构甚至造成金融系统崩溃，最终对实体经济造成重大危害的风险。

## 2.1.2　保险市场系统性风险的定义

保险公司的主要职能是通过接受投保人的风险，分担这些风险，积极管理风险，并可能将部分风险转移给再保险公司来提供保护。由于保险公司的职能以及保险合同的长期作用，保险公司在其管理下有大量投资来支持未来的索赔，因此与其他金融机构一样，保险公司在金融中介和资本积累方面是重要的参与者。

2007～2009 年的金融危机被广泛认为起源于银行业，更确切地说，起源于美国次级抵押贷款市场。自那时以来，经济学家和政策制定者投入了大量精力，以确定具有系统重要性的金融机构（SIFI），并制定了更严格的银行资本要求。然而，金融危机的早期高峰并不是由一家银行的违约造成的，而是由跨国保险公司美国国际集团濒临破产造成的，这也促使学术界和监管机构重新考察保险公司自身是否可能变得具有系统重要性。

在此之前，系统性风险的讨论一直集中在银行业，学界普遍认为相较于银行业，保险业发生系统性风险的可能性很低，这主要是由于银行业与保险业的商业模式存在本质差异，这也使得保险公司的破产对其他金融机构和实体经济的影响与银行不同。乔布斯（Jobst，2014）指出两个行业的主要差别在于：一是风险类型和与经济的联系。保险公司面临的承保风险与经济周期独立，而银行接受存款、发放贷款面临的信用风险和流动性风险与市场高度相关，因此容易发生系统性风险。二是与金融基础设施整合方面。由于保险公司不需要组织支付和结算系统，与国内外其他金融体系的互联性较低，与银行相比金融基础设施整合程度较低，因此系统性风险相比银行业更低。三是风险转移和承担能力。保险业由于其特殊的风险分散机制，风险转移和风险承担的能力远高于银行业。四是资金结构。银行业的资产负债情况一般是短期负债、长期投资，而保险则是长期负债、短期投资，且保险公司的资金来源更加稳定，因此系统性风险较低。五是现金流出的特点。银行业的现金流出来源于客户取款，在发生银行挤兑时资金流出难以控制，而保险公司的现金流出是由于理赔，相对来说更加稳定有序，类似银行挤兑的情况很难出现在保险业之中。

次贷危机以前，关于保险业系统性风险的研究很少，并且大多数研究都讨论的是再保险。瑞士再保险公司（2003）认为没有任何迹象表明再保险会产生系统性风险，再保险在下述三个方面并不具备构成系统风险的条件：缺乏再保险保障、再保险公司破产，以及再保险公司与银行或资本市场紧密相连而对实体经济造成大规模损失。并且，过去也没有发生过因再保险公司破产而引起系统问题的案例。三十国委员会（Group of Thirty，2006）认为再保险可能通过直接保险业、银行业及资本市场对实体经济造成冲击，引发系统性风险。该研究通过压力测试探索再保险人对原保险人和实体经济的影响，最终结果表明即使全球20%的再保险公司都出现经营故障，也不太可能在世界范围的原保险人中引发大面积破产，对实体经济的影响也是微乎其微。上述例子表明，在次贷危机以前，各界均认为保险业不容易发生系统性风险。

次贷危机之后，保险业的系统性风险被广泛关注。2009年国际货币基金组织（IMF）、金融稳定理事会（FSB）和国际清算银行（BIS）提出了有关系统性风险的定义，是将全球的金融业作为一个系统来研究，而保险业的系统性风险则集中在一个更小的系统中讨论，上述定义是否适用于保险业存在异议，对于保险业是否存在系统性风险也一直存在争议。

金融稳定委员会（FSB）提出了三个标准来评估机构的系统性风险：规

模（size）、相互关联性（interconnectedness）和可替代性（substitutability）。国际保险监督官协会（IAIS）在此基础上根据保险业的特点补充了时间（Time），也就是向第三方传输损失的速度作为第四个标准。这一标准与保险非常相关，因为保险索赔不像银行债务，不会立即产生现金流出，具有一定的延时。

2010 年，国际保险监督官协会针对国际货币基金组织（IMF）、金融稳定理事会（FSB）和国际清算银行（BIS）发布了一份立场声明（IAIS，2010），主要表达了以下观点：第一，保险业容易受到金融其他领域产生的系统性风险的影响。然而，就大多数类别的保险而言，几乎没有证据表明保险在金融体系本身或实体经济中产生或放大了系统性风险；第二，在某些情况下，保险公司可能会放大风险，例如寿险公司会对股票市场的低迷做出反应，通过资本撤出在一段时间内扰乱实体经济部门，但这种风险可以通过监管得到有效的控制；第三，金融集团的非监管实体和某些特定的保险活动（如财务担保保险）可能产生或放大系统性风险，并可能助长集团内部或部门之间的传染；第四，由于未来各金融机构之间的联系增加，保险公司引发系统性风险的可能性也在增加，国际保险监督官协会（IAIS）正在积极应对，促进加强监督，同时加强风险管理和提高可解决性，以最大限度地减少不利的外部性。

目前，关于保险业系统性风险的存在性问题存在两种观点。

第一种观点是将保险公司的业务分为核心业务即传统业务（包括传统承保、理赔、再保险和传统投资业务）和非核心业务（包括信用违约互换（CDS）、财务担保、证券借贷等业务），认为只有非核心业务可能导致系统性风险。比如，日内瓦协会（The Geneva Association，2010）针对金融稳定理事会（FSB）提出的要对"系统重要性机构"实施更严格的监督和制定规章制度这种监管办法在保险公司的适用性方面进行了研究，将金融稳定理事会（FSB）关于系统重要性机构的标准应用于保险公司和再保险公司的主要业务，结果表明，它们都不构成系统性风险。只有两项保险公司的非核心业务可能具有系统相关性，其一是非保险资产负债表上的衍生品交易；其二是商业票据或证券借贷的短期资金管理不善，并且前提是它们的规模很大，且使用了不良的风险控制策略。

第二种观点认为，目前保险公司的商业模式已经不再是传统意义上的模式，因此存在较高的系统性风险。例如，阿查里亚和理查森（Acharya & Richardson，2014）认为保险行业可能会带来系统性风险，因为该行业不再是传统行业，在金融市场中与其他金融机构的关联性越来越高，更容易发生挤兑。保尔森（Paulson，2014）等通过对寿险公司的资产负债情况进行流动性分析发现，一些保险公司的资产结构在逐渐远离传统模式，接近50%的公司负债具有高度流动性，而保险资产却更多投入到流动性较低的证券中。

笔者认为，随着保险商业模式的创新，保险公司的业务结构、资产负债结构相对过去都有所变化，美国国际集团（AIG）的破产是给我们的警示，保险业发生系统性风险的可能性在未来或许会逐渐增大，我们应当关注保险业的系统性风险。

中国的保险业起步较晚，受金融危机的影响较小，因此国内对于保险业系统性风险的研究也相对较少。随着我国保险资金投资运用监管的放松，不同金融机构的业务边界模糊化，对重要性保险机构的监管得到了重视。2016年中国保监会《国内系统重要性保险机构监管暂行办法（第二轮征求意见稿）》第三条，对保险业系统性风险有如下定义。

本办法所称系统性风险是指由于单个或多个保险机构的内部因素、保险市场和保险业外部的不确定性因素，导致保险机构发生重大风险事件并难以维持经营，进而引发保险系统发生剧烈波动或危机，甚至将其负面效应传导至金融体系和实体经济，最终造成重大不利影响的风险。[①]

上述定义从两个方面描述了保险业的系统性风险：第一个方面强调风险的来源，是由于单个或多个保险机构的内部因素，或者是保险业外部的不确定因素，这一观点和国际保险监督官协会（IAIS）认为的保险业容易受到金融其他领域的影响相一致；第二个方面强调风险导致的后果具有负外部性，保险业的困境会传导到其他金融机构，风险不断积累最终将负面效应传导到整个金融体系，危害实体经济。

---

① 中国保监会. 国内系统重要性保险机构监管暂行办法（第二轮征求意见稿）[R]. 2016.

笔者认为，该定义虽然不够具体，但描述已经较为全面，可以说是关于保险业系统性风险的一个较好的定义。本书对于保险业系统性风险的讨论也将基于上述定义。

## 2.2　系统性风险的特征

### 2.2.1　系统性风险的一般特征

　　虽然目前国内外学术界对于系统性风险还没有统一的定义，但对于系统性风险的特征，根据学者的研究，我们总结出以下几点。

#### 2.2.1.1　宏观性和系统性

　　考夫曼（Kaufman，2000）在对系统性风险进行界定时指出"系统性"是指一个事件对整个银行、金融系统或经济体系有影响，而不是一个或几个机构。系统性风险会涉及整个系统的损失，而不是单个金融机构或部分机构，系统中的大部分或者所有机构之间的波动相关性可以证明这一点。此外，系统性风险既可以是出现在国内，也可以是国际上的。

　　从其他许多关于系统性风险的定义中我们也可以看出，系统性风险是一个宏观概念，与个体风险最大的区别在于它更关注可能会影响整个金融体系的风险。例如，2007～2009 年的金融危机被认为是"百年一遇"的事件，它给金融市场带来了前所未有的损失。这场危机是体现系统性风险宏观性和系统性的典型案例。由美国房地产市场崩溃引发的金融危机发展成为一场系统性事件，导致实体经济出现大面积违约现象，全球证券市场大幅下跌，风险传播范围之广泛显而易见。系统性风险的宏观性也提醒了我们，在金融体系的监管过程中不能只关注单个机构，而要注重宏观审慎监管。

### 2.2.1.2　负外部性

系统性风险的负外部性特征本质上来源于金融具有的显著的外部性，其中，金融的正外部性已经在经济发展的实践中得到了验证，人们普遍接受了"金融是经济的助推器"这一观点，然而金融风险是客观存在的，必须承认，外部性效应在金融风险的传递和积累中起着十分重要的作用，而这就形成了系统性风险的负外部性。

系统性风险的负外部性使得当单个或部分金融机构倒闭时，引起的全社会的损失要远远大于其自身遭受的损失，风险事件发生后的损失由金融系统的参与者共同承担。利益集团利用金融的负外部性，通过将成本外化、转嫁风险来减低金融产品的私人成本，提高社会成本，以此获利，这种"金融成本外部化"也成为美国次贷危机的原动力。

根据《巴塞尔协议Ⅲ》，商业银行的资本充足率约在8%，这表明其资本负债率大概在90%以上，而一般企业的资本负债率约为50%，这使得金融机构比一般的企业具有更高的外部性。当一家金融机构破产时，除了造成自身的直接损失外，由于金融信用的中断等还会带来间接社会成本，并可能由此引发银行业的挤兑现象，最终形成金融业的系统性风险，导致实体经济的损失，造成经济发展停滞、失业率上升、社会混乱等。

### 2.2.1.3　风险和收益的不对称性

根据一般的经济规律，风险和收益应当是对称的，即高风险对应着高收益，但系统性风险的重要特征是风险和收益不对称，风险高但收益低，这也是系统性风险会危害实体经济的一个重要原因。系统性风险对于金融系统中的机构以及金融市场，乃至实体经济都是一种威胁。

系统性风险的爆发源于金融体系自身的不稳定，这种不稳定是内生的，系统性风险的传播呈现出一种交替的态势，虽然其对金融和经济能起到一定程度的"纠错"作用，但这种作用相比它带来的危害来说微不足道。如果系统性风险在整个金融体系中传播，会引发"多米诺骨牌"式的金融机构的倒闭，导致市场信心大受打击，使整个社会金融体系遭受重创，引起社会财富的流失，造成经济的停滞甚至倒退，而经济复苏的过程却是十分艰难而缓慢的。要想避免系统性风险造成的巨大损失，需要监管机构强有力的监管，迫使微观主体加强风险管理，将系统性风险考虑在内，提高私人部门的成本，将系统性风险的成本内化。

#### 2.2.1.4 传染性强

传染性是系统性风险的一大特征。班特和哈特曼（Bandt & Hartmann，2000）在很早就提出在狭义上理解系统性风险这一概念就是传染效应，即从一个机构、市场或系统传染到其他机构、市场或系统。这里的传染性是指系统风险的传播类似于"多米诺骨牌效应"，通过机构、市场或系统之间的联系实现风险的传染，最终蔓延至整个金融体系甚至实体经济。

金融体系中的相互相关性通常被认为是金融系统脆弱性的来源，这也是为什么将相关度作为识别系统重要性金融机构的关键因素。格拉瑟曼和杨（Glasserman & Young，2016）提到，金融体系中的机构之间由于债务关系、交易关系或者因为有共同的客户群体、相似资产等建立起了联系，形成了复杂的金融网络。通过分散单个银行的风险敞口，金融系统中的网络联系可以产生积极的影响，但由于它创造了冲击传播的渠道，同样会产生消极的影响。

随着经济一体化和金融全球化的发展，金融市场之间的联系越来越紧密，系统性风险极易在国际传播，各国经济很容易受到国际金融环境变化的冲击，而现代互联网技术的发展提高了金融市场交易的速度，也为信息的传播与风险的溢出创造了条件，加快了系统性风险导致的连锁反应。寻找合适的方式衡量金融系统中机构间的相关度，防范系统性风险的大范围传播是监管部门的重要任务。

#### 2.2.1.5 危害性大

系统性风险由于其传染效应和溢出效应造成金融体系的崩溃，引发金融危机，又因为金融系统和实体经济之间的联系造成实体经济的损失。系统性风险的危害有以下几点。

第一，系统性风险的爆发会造成金融体系的崩溃。系统性风险一旦发生，会引发投资者对市场信心下降，造成股市低迷，引发银行挤兑现象，并造成大型金融机构出现危机，如 2008 年美国大型投资银行雷曼兄弟的破产以及全球金融集团和美国最大的保险公司美国国际集团的危机。

第二，系统性风险蔓延到实体经济，会造成实体经济的损失。股市的低迷导致财富大量缩水，民众持有的资产损失惨重；财富状况不景气导致企业破产，工厂倒闭，使得社会生产力下降，造成经济衰退；财富的贬值和生产力的下降导致供小于求，市场上商品短缺；企业工厂倒闭带来的还有企业裁员、工人失业，人民的生活面临困难，失去最基本的生活保障，民生凋敝，社会动荡。

## 2.2.2 保险业系统性风险的特征

保险业的系统性风险由保险机构的经营危机开始，但这种风险不是孤立封闭的，可以传染到其他金融机构，对保险业以及其他金融部门乃至实体经济都会产生负面影响。保险业系统性风险具有金融系统性风险的一般特征，即系统性、传染性、负外部性和风险与收益的不对称性等，但由于保险公司区别于其他金融机构的经营模式，关于保险业的系统性风险一直存在许多争议，其系统性风险也具有特别之处。

金融稳定委员会在提出金融系统性风险的定义时给出了评定系统性重要机构的指标——规模、相互关联性和替代性，针对保险业的系统性风险，国际保险监督官协会又补充了时间这一指标。从这几个角度，许多学者总结出保险业系统性风险有以下几个特征。

### 2.2.2.1 规模（Size）

金融机构的规模是指金融系统中的单个机构所提供的金融服务的总量，它一般被认为是比较重要的衡量系统性重要金融机构的一个指标。规模通常作为系统性风险的大小的粗略估计，金融机构的规模越大，一旦破产引发系统性风险的可能性就越大，这就是所谓的"太大而不能倒"理论。魏斯和米尔尼克尔（2014）在研究美国的保险公司对系统性风险的贡献度时，发现保险公司对系统性风险的贡献仅受保险公司规模的驱动。他们的证据显示，保险公司仅仅因为变得"大到不能倒"，就可能对金融稳定构成威胁。这一研究着实体现了规模效应在系统性风险中的作用。

保险业以风险为经营对象，通过将个体风险汇聚在风险池，进而将个体风险的不确定性转化为整体风险的确定性。保险公司风险的分散化和业务线的多元化使得公司自身承担的总风险小于个体风险的直接加总，因此大多数大型保险公司在危机期间具有良好的自我恢复能力。虽然将规模作为衡量系统性风险的指标，但是也需要区分风险暴露的集中性和由于风险多元化所产生的抵消或者稀释作用。因此，对于保险业的系统性风险来说，规模的重要性取决于保险机构活动的组成、各类活动的规模及这些活动与其他系统性风险因素（如相互关联）的相互作用。

### 2.2.2.2 关联性（Interconnectedness）

关联性是指某个金融机构与金融体系内的其他组成部分之间的联系，它是系统相关性的必要条件，只有当风险能够被传递时，一个机构的活动才会对"系统"构成风险。金融机构之间通过多种方式建立相关性，包括交叉持股、支付体系中的联系以及显性的风险转移。保险公司主要通过风险转移与其他金融机构建立联系，其中，再保险渠道和信用违约互换（CDS）是重要的风险转移手段。但是，再保险由于风险多样化并且可以在大范围内分散风险，在一定程度上降低了系统性风险，但信用违约互换（CDS）却会加剧系统性风险，例如，信用违约互换（CDS）出现的系统性违约和崩盘对于 2008 年的金融危机起到了很大的助推作用。

机构之间的关联性对于系统性风险的传播有重要作用，对于保险业来说，保险公司的核心业务通常被认为不存在系统性风险，但非核心业务使得保险公司与其他金融机构的关联性增强，增加了保险业产生系统性风险的可能性。博斯等（Bierth et al.，2015）研究发现，大型保险公司与保险部门之间的相互关联是保险公司面临系统性风险的重要驱动因素。王耀东等（2020）通过研究保险业在金融系统性风险传染路径中的角色定位，发现了保险业在银行市场和证券市场中的媒介作用。保罗等（Paolo et al.，2022）提出了一种基于有向加权多层网络的方法,将保险公司联系起来,形成一个全球互联系统,使得能够在系统性风险框架中识别相关保险公司。

近年来,保险机构通过各类投融资经营,与银行在业务上呈现出交叉重叠的现象,保险业与银行、证券业的关系越来越密切,这在不知不觉中加剧了风险的积累,提高对保险业经营创新过程中系统性风险的监管具有重要意义。

### 2.2.2.3  替代性（Substitutability）

替代性是指当某一金融机构破产时,其他机构能够提供相同服务的程度。评估某个机构的金融服务的可替代性需要考虑以下两点:第一,该金融机构是否具有某种特殊技术或扮演独特角色,以至于如果该机构破产,短期内很难找到同等的替代者;第二,该金融机构所占市场份额是否足够大,以至于一旦破产,其他机构难以有足够的能力填补市场空白。

从以上两个标准来看,保险活动是可替代的。首先,没有任何一家保险公司在任何重要的保险业务上拥有垄断地位,也没有任何一家机构扮演清算或证券交易所等中心市场的角色。其次,保险能力也是可替代的,保险公司可以利用外部资本提高承保能力,可以将再保险看作保险系统中承保能力的最终提供者,只要再保险公司提供承保能力,那么保险公司就可以承销业务。最后,由于再保险公司的可替代性也很高,如果发生巨灾,再保险能力虽然在短时间内下降,但由于再保险费率的上升,仍有新的公司补充再保险市场,在较长的周期后足以恢复系统的承保能力。

保险的主要功能是进行风险保障,在商业保险无法发挥其主要功能时,在人身风险方面,社会保障虽不能替代商业保险,但仍能起到关键作用;在财产风险方面,政府救助、社会救济是主要解决方式。因此,在保险的经济作用方面,其替代性相比银行还是很高的,从这一方面来看,保险业的系统性风险相对较低（赵桂芹和吴洪,2012）。

### 2.2.2.4  时效性（Timing）

时效性是指保险业系统性风险通常不会立即产生冲击效应,而是会在较长时间内显现出来。保险业由于其经营特性，当发生损失理赔时，往往需要经过一系列的核保核赔流程，这给资金的周转提供了时间。所以，保险赔付的速度相对银行储蓄提取、担保赎回来说相当缓慢，因此保险公司一般不会发生类似银行挤兑这样的大面积索赔事件，进而陷入流动性危机。但是，我们需要考虑的一点就是，当投保人对保险公司未来偿付能力失去信心时，"羊群效应"可能引发保险业退保潮或者续保难的现象，如果保险公司的流动性不足，那么可能导致保险业的系统性风险，防范退保行为导致的风险也是保险监管部门需要关注的问题。

此外，当保险公司倒闭时，相比于银行倒闭迅速引发融资市场关闭，导致银行体系的崩溃来说，保险公司的倒闭清算流程也会更加有序，这为替代性提供了时间，因此保险公司破产比银行破产所带来的金融系统性风险小。当然，这也需要区分保险公司破产的原因是由于核心业务还是非核心业务，如果由于其他金融部门的困难造成危机，那么也会产生巨大的威胁，例如美国国际集团的危机。

## 2.3 系统性风险的监管制度

在经济全球化的热潮下，系统性风险是威胁全球金融体系稳定性的主要因素之一，控制系统性风险成为了政策制定者和监管者面临的重大挑战。在全球金融危机爆发前，行业内普遍认为与银行业相比，保险业系统性风险不太可能存在，即使存在也不会是危害金融体系的主导因素。然而，随着保险公司的经营范围从传统的保障性业务向涉及投资管理的非传统性业务扩展，保险公司与金融市场逐渐产生了密切的联系。在这次危机中，美国国际保险集团由于为与次级抵押贷款相关的产品提供了金融担保而被卷入破产风波，对美国金融体系造成了巨大冲击，从而引起了学术界及各国监管机构对保险业系统性风险的重视。周等（Zhou et al.，2020）比较了中国在2008年金融危机和2015年股灾中银行业、保险业及证券业的系统性风险状况，得到了保险公司面临的风险仅次于银行业的结论。盖里格和伊安尼诺（Gehrig & Iannino，2017）通过对欧洲金融机构的实证研究发现银行与保险的关联度越来越高，对银行业的系统性冲击在向保险业转移，因此更需要对全球活跃的保险公司进行监管。

为降低金融体系面临的系统性风险，各国监管机构探讨和起草了一系列金融监管改革方案。由于金融机构之间的联系越发密切，各国的监管方向逐渐从自下而上、针对单一金融机构的微观审慎监管过渡到自上而下、放眼整个金融体系的宏观审慎监管，更加注重机构间的关联作用。宏观审慎的概念最早出现在一次关于国际银行贷款期限转换的讨论会中。1997年亚洲金融危机后，国际货币基金组织（IMF）最先提出金融体系的宏观审慎监管问题。作为微观审慎监管的补充，宏观审慎监管强调要从整体的角度监测系统性风险，防范金融风险向宏观经济扩散（苗永旺和王亮亮，2010）。2008年的金融危机爆发后，二十国集团（G20）伦敦金融峰会上的工作报告再次指出宏观审慎监管应当作为对微观审慎监管和市场一体化监管的重要补充。

美国、欧盟等国家或地区拥有相对成熟的保险市场和监督体系，在全球保险监管改革中具有一定代表性，因此本部分聚焦并梳理了中国、美国、日本和欧盟等重要地区的系统性风险监管制度发展情况。

### 2.3.1 中国的系统性风险监管

《2009年第三季度中国货币政策执行报告》中指出"加强宏观审慎管理是当前推动金融监管改革的核心内容"，这标志着我国宏观审慎管理机制开始建立。《2010中国金融稳定报告》也指出要将宏观审慎管理纳入宏观调控及金融稳定的政策工具组合，抓紧对金融体系稳健性的分析检测和评估，以防范系统性金融风险。2010年发布的《中共中央关于制定国民经济和社会发展第十二个五年规划的建议》提出构建逆周期的金融宏观审慎管理制度框架，要加强金融监管协调并建立健全系统性金融风险防范预警体系和处置机制，进一步强调了宏观审慎管理制度的重要性。2012年，央行联合银监会、保险会等部门编制了《金融业发展和改革"十二五"规划》，提出进一步健全系统性金融风险防范预警体系，强调要结合国际做法和本国国情完善宏观审慎政策框架。

随着中国保险行业的壮大和非传统保险业务的发展，风险的流动性和传染性增强，因此保险公司在追求规模和收益的同时更要重视风险管理。在新形势下，中国保险监管势必要迎来革命性的改革，保险公司将在新体系下重塑战略规划和风险管理以转变和提升公司发展模式。基于"让市场在资源配置中发挥决定性作用"这一重要原则，2016 年 1 月 1 日，中国保监会提出了《中国第二代偿付能力监管制度体系整体框架》（以下简称"偿二代"）。"偿二代"是适配我国国情和保险市场的创新体系。与第一代监管体系相比，"偿二代"从之前的业务规模导向转变为风险导向，更加强调监管机构根据保险公司面临的各种风险进行差异化监管，并采取了《巴塞尔协议》中的三支柱结构：第一支柱为包括最低资本要求、投资规则等在内的定量监管要求，第二支柱为包括公司内部控制和市场外部监管的定性监管要求，第三支柱为包括信息披露等在内的市场约束机制。其中，流动性风险管理是"偿二代"第二支柱定性监管要求的重要内容。监管要求建立流动性风险管理架构、管理制度、管理策略和风险偏好，并从流动性风险管理事前、事中和事后三个方面着手，建立完善的流动性管理体系，尤其要加强系统重要性保险机构的流动性管理，避免对经济和金融体系造成系统性危害。

2016 年 5 月，中国保监会（现为"中国银保监会"）全面启动国内系统重要性保险机构（简称 D – SII）的监管制度建设，下发《关于开展国内系统重要性保险机构评定数据收集工作的通知》，并决定开展国内系统重要性保险机构（D – SII）评定数据收集工作。

2018 年 1 月，中国保监会颁布了《打赢保险业防范化解重大风险攻坚战的总体方案》，强调要化解保险业中少数问题公司的风险，防止其由个体风险向整体扩散，形成系统性风险。同年 11 月，一行两会联合发布了《关于完善系统重要性金融机构监管的指导意见》（以下简称《指导意见》）以防范"大而不倒"问题。系统重要性金融机构具有规模较大、与其他金融机构关联性强、结构复杂的特点，在金融市场中承担了关键职能，对维护金融体系的稳定具有重要意义。《指导意见》按照资产占比或机构数量的标准划定参评机构的范围，界定了机构规模、关联度、复杂性、可替代性等评估指标，并根据不同行业特征提出了与其重要程度相符的特别监管要求。① 2020 年 12 月 3 日，央行与银保监会共同发布了《系统重要性银行评估办法》，详细规定了对系统重要性银行评估与识别机制，进一步完善了对银行业系统性风险的监管框架。2021 年 10 月 15 日，央行与银保监会共同发布了《系统重要性银行附加监管规定（试行）》，针对系统重要性银行提出了额外的监管要求，包括附加杠杆率要求、流动性和大额风险暴露评估、恢复计划和处置计划等，以确保这些银行在面临压力情景时能够保持稳定运营，防止引发系统性金融风险。同年 12 月 30 日，中国银保监会发布《保险公司偿付能力监管规则（Ⅱ）》，标志着偿二代二期工程建设顺利完成。该文件补齐了监管制度短板，对于防范和化解保险业风险、维护保险市场安全稳定运行、推动保险业高质量发展、保护保险消费者利益都具有重要意义。2024 年 8 月 9 日，为进一步规范互联网财产保险业务，有效防范行业风险，切实保护金融消费者合法权益，推动财险业向数字化、智能化转型，实现互联网财产保险高质量发展，国家金融监督管理总局印发了《关于加强和改进互联网财产保险业务监管有关事项的通知》，要求坚持以更加前瞻、更加科学审慎的视角研判新形势新业态，规范市场行为，坚守风险底线。然而，与银行业相比，我国保险业内针对系统性风险的研究和探讨尚未达到更深和更一致的认识，并且缺乏对系统重要性保险机构的具体规定。

### 2.3.2　美国的系统性风险监管

在美国，保险是一种跨洲际业务，因此保险业务的经营与监管也只是建立在州政府的层面上，缺乏统一的保险标准和联邦保险监管机构。在 2008 年金融危机发生之前，美国保险监管存在监管重复、监管成本高、混合产品存在监管缺口和难以建立国际标准等问题（Vaughan，2009）。2008 年，美国身处金融危机的风暴中心，经济遭受重创。短短数周，多家拥有次级抵押贷款的大型金融机构面临破产清算或被迫合并的命运。资本市场无力支撑起家庭

---

① 三部门联合发布《关于完善系统重要性金融机构监管的指导意见》［EB/OL］.［2018 - 11 - 27］. http://www.gov.cn/xinwen/2018 - 11/27/content_5343833.htm.

和企业的日常融资需求，使参与市场的投资者和消费者丧失了对金融体系的信心。此次危机留给了美国的政策制定者和经济学家一个重大问题，即监管是否发挥了稳定金融体系的作用以及如何调整金融监管结构才能有效防范系统性风险。

事实上，保险行业是美国在危机期间表现最好的金融服务业，其接受政府救助和破产的公司数量都是最少的（Brown，2012）。然而，政府对保险机构的救助规模却十分庞大。其中，美国国际集团的破产极大动摇了美国金融体系的稳定性，从而获得了财政部和美联储 1820 亿美元的救助。业内学者普遍认为，美国国际集团经营的包括信用违约互换（CDS）在内的非核心业务构成了系统性风险的潜在来源，是引起公司偿付能力不足的直接原因。自1999 年《金融服务现代化法案》（GLBA）颁布以来，金融机构之间的相互联系显著增加，混合金融产品层出不穷。一方面，一些非核心业务超出了传统保险监管的管辖权限；另一方面，当时美国对银行、证券和保险的定义没有明确的标准，一些混合金融产品同时符合银行、证券和保险产品定义，企业和产品难以严格归类，同时由于监管套利等原因，美国的州保险监管机构也不将其归为保险产品的类别。这些业务既摆脱了保险监管，又没有受到其他部门的管制，从而成为了政府监管环节中的漏洞。例如，美国国际集团本质上是一家保险公司，但同时也经营大量的衍生品交易和证券借贷业务。在监管层面，由于美国国际集团设有储蓄机构，其持股公司大多受储蓄机构管理局（OTS）监督，而《金融服务现代化法案》（GLBA）在一定程度上又限制了储蓄机构管理局对保险公司的监管权限。由于缺乏有效的统一监管，美国国际集团经营的信用违约互换和证券借贷业务持续亏损，公司流动性严重不足（Harrington，2013）。这次危机让政府意识到了保险行业统一监管的重要性，以及针对部分非银行金融机构应当采取适当的审慎监管标准以防止保险公司因流动性不足而破产。

为了建立现代化监管体系，进一步巩固金融保障，奥巴马政府于 2010 年 7月 21 日签署了《多德 - 弗兰克华尔街改革和消费者保护法案》（The Dodd - Frank Act）（以下简称《法案》），开启了金融监管改革的大门。该法案体现了美国监管者和立法者对金融危机的反思，并聚焦于修复危机中暴露出的系统性风险监管漏洞，从而建立起现代化美国金融监管体系。

为全面监测金融体系的稳定性，《法案》设立了金融稳定监督委员会（FSOC）。金融稳定监督委员会负责监测相互关联的大型银行控股集团或非银行金融公司是否存在重大财务困境，以及金融市场可能出现的财务稳定风险。该委员会尝试通过信息共享、协调监管规则的制定及其风险监测活动，促进联邦和州监管机构合作研发出一套识别和应对潜在金融系统性风险的新机制。2008 年金融危机爆发前，一些公司对金融体系构成了较大威胁却未受到严格监管。对此，《法案》第 113 条规定，金融稳定监督委员会有权以三分之二的票数认定具有系统重要性（指对美国金融稳定构成威胁）的"非银行金融公司"（包括保险公司在内），这些公司将受到美联储在资本要求、杠杆规则和决议标准等方面的强化审慎监管，从而建立起一个联邦系统性风险监督系统。

同时，《法案》通过在美国财政部内下设联邦保险局（FIO）直接参与处理保险问题。联邦保险局基本覆盖了除健康保险、长期护理保险和农业保险以外所有保险险种的问题，在维护金融稳定方面承担了重要责任。该机构负责全面监测保险行业，并识别可能引发保险业或金融系统性风险的监管问题或监管漏洞；同时，联邦保险局还要向金融稳定监督委员会提出哪些保险公司需要被列为系统重要性金融机构（SIFIs）并接受美联储的严格监管。此外，联邦保险局在国际组织中有权代表美国联邦政府参与全球保险监管框架和国际监管标准制定等国际事务的讨论。目前，在国际保险监督官协会（IAIS）的协调下，联邦保险局针对以下三个方面完善了保险审慎监管：第一，确定全球系统重要性保险公司（G-SIIs），并接受更严格的监督和监管；第二，制定出监督国际活跃集团的共同框架，包括量化资本标准；第三，将解决措施纳入适用于多国监管的国际标准。

偿付能力监管是现代保险微观监管的核心内容。一直以来，美国因为偿付能力监管体系较为完善而受到各国效仿。美国保险监督官协会（NAIC）设计了风险资本评估法、财务分析法等工具监测保险公司的偿付能力。其中，财务比率分析法是评估保险公司财务状况的主要方法。监管机构通过设定盈利能力比率、经营活动比率等对保险公司的资产负债情况、盈利能力进行综合评价，并通过再保险比率、准备金比率等分析保险公司偿付能力可能受到的资产风险、管理风险等风险波动。

之后，美国保险监督官协会编制了保险监管信息系统（IRIS）和财务分析与偿付能力跟踪系统（FAST）两种分析系统。保险监管信息系统由统计检测和分析检测两部分构成。美国保险监督官协会首先根据对出现财务危机的保险公司偿付能力相关监管指标的分析得到各个指标的范围，然后对保险公司年报的财务数据进行计算分析并与指标范围进行对照，若有四个以上的指标超出了划定的正常范围则说明该公司可能具有偿付能力不足的风险，需要成立检查小组核查保险公司年报后进一步分析检测，最后根据检查结果得到"一级""二级""三级""无评级"四种结论，依次对应了偿付能力从严重不足到十分充足的情况。为保证指标检测的合理性与准确性，美国保险监督官协会每年都会对保险监管信息系统的指标比率进行修正。然而保险监管信息系统（IRIS）方法中的统一指标容易忽略不同保险公司的经营特点和风险波动，因此不能仅靠保险监管信息系统作为评价保险公司偿付能力的标准。针对大型保险公司，美国保险监督官协会制定了更严格的偿付能力跟踪系统（FAST）。偿付能力跟踪系统（FAST）中包含了 25 个指标，分别被赋予了不同的分值。偿付能力跟踪系统对公司最近 5 年的财务报表进行评估，将各个指标分值加总后得到正常或不正常的检测结果。

风险资本评估法（RBC）是根据商业银行资本充足性要求设立的。根据不同业务类型的企业，美国保险监督官协会分别构建了适用于人寿保险公司和财产保险公司的风险资本模型，模型通过调整后自有资本额与风险资本额之比得到风险资本比率，其综合考虑了资产风险、信用风险、承保风险等风险，财险公司需加入资产负债表外的风险因素，寿险公司需加入利率风险。不同风险资本评估法（RBC）比率所对应的监管措施如表 2－1 所示。

表 2－1　　　　风险资本评估法（RBC）比率及对应措施

| 风险资本评估法（RBC）比率 | 监管程度 | 监管措施 |
| --- | --- | --- |
| 高于 200% | 无水平 | 不采取措施 |
| 150%～200% | 公司行动水平 | 保险公司提交财务报告，提出改进措施 |

| 风险资本评估法（RBC）比率 | 监管程度 | 监管措施 |
|---|---|---|
| 100%～150% | 监管行动水平 | 监管机构审查并提出改进要求 |
| 70%～100% | 授权监控水平 | 监管机构依法重整或清算 |
| 低于70% | 强制监控水平 | 保险监管机构接管 |

随着保险业务日益全球化和复杂化，保险监管机构重新考虑了审慎监管的充分性和一致性。围绕偿付能力监管的国内和国际讨论主要集中在审慎监管的标准、企业风险管理和集团（即合并）监管上。金融危机和保险市场国际化的双重影响导致联邦政府和州政府都更加重视偿付能力监管，偿付能力监管改革将进一步加强监管机构应对保险公司对金融稳定构成的风险的能力。

在风险资本管理模式的基础上，美国各州监管机构于2012年12月正式发布了偿付能力现代化工程（以下简称 SMI）战略规划。偿付能力现代化工程（SMI）旨在评估当前的偿付能力标准，解决美国与国际监管标准的兼容性问题，并对各州偿付能力监管方法加以完善，进而建立一个国际化的偿付能力监管框架。审查内容主要包括资本要求、公司治理和风险管理、集团监管、法定会计准则和财务报告以及再保险五个方面。经过各州政府的共同努力，美国监管部门于2013年4月1日发布白皮书草案，总结了现代化工程的发展过程。

### 2.3.2.1　集团监管

保险集团指两个及以上因所有权或从属关系而存在于同一集团下的保险实体，包括控股公司、子公司或其他非保险附属公司。由于集团会给集团成员带来流动性或声誉等风险以及分散风险等利益，因此集团监管已成为监管制度的一个重要方面。目前，集团监管是国际保险监督官协会推出的保险核心原则和"共同框架"的重要组成部分，也是美国保险监管改革的重点。

各州监管机构认识到了加强集团监管的必要性，并通过了《NAIC 保险控股公司系统性监管示范法》（控股公司法）修正案。该法修订前，州层面的监管一般仅限于获得该州经营许可证或在该州注册经营的保险公司。修订

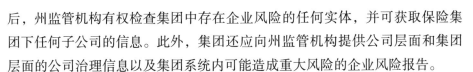

后，州监管机构有权检查集团中存在企业风险的任何实体，并可获取保险集团下任何子公司的信息。此外，集团还应向州监管机构提供公司层面和集团层面的公司治理信息以及集团系统内可能造成重大风险的企业风险报告。

### 2.3.2.2　公司治理

为了了解保险公司必须遵守的公司治理法律，州监管机构汇编了各州公司治理要求并起草了"对现有美国公司治理要求的比较分析的拟议回应"。该文件建议保险公司定期向监管机构提交关于公司治理的机密性补充文件，并要求一定规模以上的保险公司应具备内部审计职能。

### 2.3.2.3　自身风险和偿付能力评估

自身风险和偿付能力评估（ORSA）是指用于识别、评估、监控、管理和报告保险公司或保险公司集团面临的短期和长期风险，并确定整体偿付能力是否充足的程序。州监管机构制定了《自身风险和偿付能力评估指导手册》，该手册为监管机构提供了保险集团进行内部风险和偿付能力评估的步骤，并要求监管机构对与保险集团当前业务相关的风险进行内部评估。州监管机构还制定了《NAIC 风险管理和自身风险及偿付能力评估示范法》，该模式在各州统一实施，大型保险公司和保险集团将要执行自身风险和偿付能力评估办法，并将结果提供给各州保险监管机构。

### 2.3.2.4　再保险抵押品改革

原保险公司可以通过再保险转移风险以维持或扩大财务和承保能力，但再保险具有一定程度的信用风险，即再保险人可能无法或不愿履行对原保险人的义务。多年来，美国保险业多以抵押的形式降低此类再保险信用风险。自 20 世纪 80 年代以来，各州保险监管机构便致力于解决取消抵押品要求的问题。2011 年 11 月，州监管机构修订了一项 NAIC 示范法案解决了这一问题。

2017 年，由于网络安全问题不断增加，美国保险监督官协会发布声明，协调各州共同拟定《增强型网络风险管理标准》相关规则。此前，各州保险监管机构敏锐地意识到网络攻击可能产生的潜在破坏性影响，州保险监管机构就保护保险业的数据安全和基础设施提供有效的网络安全指导至关重要，故美国保险监督官协会呼吁各机构必须与州保险监管机构协调，努力实现一致性，以便在可能和适当的情况下调整网络监管指南，维护保险业的网络安全，促进整个保险业的问责制，并提供获取重要信息的途径。

### 2.3.3 日本的系统性风险监管

第二次世界大战后的日本保险业形成了由少数具有官方背景的保险公司组成的垄断型市场，日本政府在政策上大力支持这些企业的发展。那时的保险部门分属大藏省下的银行局，保险监管具有高度集权和行政指导的特点。除了遵守一系列保险法规，保险公司更多的是要遵从大藏省的监管和指导。1991年日本泡沫经济破灭后，一些保险企业难以收回流向股市和楼市的资金，因此多家保险公司因偿付能力不足而破产（赵新华和徐永青，2006）。

1996年，《新保险法》的修订拉开了日本金融自由化改革的序幕，保险监管的重点逐渐从保险费率向保险公司的偿付能力过渡。监管部门引进了最低偿付能力标准制度，该制度加强了对保险公司投资原则和投资额度的限制。1997年亚洲金融危机爆发，日本金融行业再次遭受巨大的冲击，在此期间有7家大型寿险公司破产倒闭。1998年，日本当局成立金融监督厅（FSA）[1] 负责银行业、证券业和保险业的监管，以确保金融监管的独立性。2005年8月，金融监督厅编制了《保险公司监督综合准则》，以结构化方式总结了保险公司监督流程的基本方法。

当全球深陷金融危机的旋涡时，日本尚处在解决泡沫经济危机的最后阶段，未能跟上全球金融发展的步伐。并且，由于泡沫经济带来的惨痛教训，当时的日本金融机构对金融衍生品市场形成了较为谨慎保守的经营理念和投资理念。因此，这次危机并未对日本国内的金融机构造成较大的直接冲击

---

① Financial Services Agency，2000年7月更名为"金融厅"。

（宣晓影和全先银，2009）。然而由于全球经济剧烈动荡，大和生命保险公司的持有证券大幅缩水，总负债高达 2695 亿日元，最终该公司于 2008 年 10 月申请破产保护。

在此之前，金融厅一直致力于维护消费者利益、提高保险产品的多样化和定价的灵活性以及改善赔款制度，强调保险业要在稳定人们的生活和经济活动中发挥重要作用。① 在 2008 年度发布的保险监管报告中，"提升风险管理多样化"的部分新增了以下三点内容：第一，在风险管理方面，金融监督厅要求保险公司建立与投资的证券化产品等金融工具的风险特征相适应的资产管理和风险管理机制；保险公司若要为证券产品提供担保，金融监督厅将监测其是否能合理控制相应风险；此外，金融监督厅将进一步加强金融工具所面临的风险信息的披露水平。第二，推动保险偿付能力监管改革。在短期内，监管当局要改进偿付能力比率以提升风险评估的准确性，在中期内将引入基于经济价值的偿付能力评估策略；同时，金融监督厅鼓励保险公司开发能够识别基于经济价值的资产负债差值变化的系统，并将其作为度量风险的单位。第三，促进企业风险管理。金融监督厅强调了保险公司要根据自身规模和经营的风险特征综合管理承保风险、市场风险和流动风险等各种风险以确保公司财务的稳健性，并在此基础上制定企业风险管理框架。同年，金融监督厅还提出了"更好的监管"（Better Regulation）这一概念，表明要在监管中及时向保险公司反映当局收集到的金融市场趋势和风险信息，并将通过推动国内监察部门的合作以及国内与国外监管机构的密切联系，同时提高监管的透明度和预测性。②

## 2.3.4　欧盟的系统性风险监管

全球金融危机对欧洲各国的金融业和实体经济带来了巨大的负面冲击，

---

① Annual Supervisory Policies for Insurance Companies for Program Year 2007 ［EB/OL］. ［2007 - 11 - 19］. https：//www. fsa. go. jp/en/news/2007/20071119 - 1/02. pdf.

② Annual Supervisory Policies for Insurance Companies，etc. ［EB/OL］. ［2008 - 09 - 05］. https：// www. fsa. go. jp/en/news/2009/20090130 - 4/02. pdf.

加剧了政府的债务危机。欧盟意识到了金融监管体系的缺陷以及成员国在信息传递和应急措施方面缺乏统筹协调，无法有效防范欧洲金融市场的系统性风险。2009年，欧洲议会和理事会通过《欧盟金融监管体系改革》方案，提出了建立欧盟监管新框架。该框架主要包括负责宏观审慎监管的欧洲系统性风险委员会（ESRB）和负责微观审慎监管的欧洲金融监管系统（ESFS）。

2010年，欧盟通过《泛欧金融监管改革发案》正式设立了欧洲系统性风险委员会。欧洲系统性风险委员会主要负责欧盟内部金融体系的宏观审慎监管以及系统性风险的防范与应对，并适时向政府提出监管建议。欧洲系统性风险委员会的职权范围覆盖了银行、保险公司、资产管理公司等金融机构。相较于个体层面的监管，欧洲系统性风险委员会的目标更侧重于维护整个金融体系的稳定，以防金融系统内部发展对联邦金融稳定造成系统性风险，以至于阻碍宏观经济发展。并且，它有助于内部市场的运作，从而确保金融部门对经济增长的可持续发展。

欧洲金融监管系统（ESFS）由升级后的欧洲银行监管局（EBA）、欧洲保险与职业养老金监管局（EIOPA）、欧洲证券与市场管理局（ESMA）三个独立的泛欧金融机构组成。三大监管局共同制定金融监管制度，协调各成员国监管当局推动合作监管，并与欧洲系统性风险委员会形成互补（尹继志，2013）。其中，欧洲保险与职业养老金监管局（EIOPA）的总部设在德国法兰克福，核心职责是维护保险行业的稳定性、保证保险产品的透明度以及保护消费者权益，并向欧洲系统性风险委员会提供微观审慎监管信息，以帮助委员会及时做出风险应对并向各局反馈风险预警。该机构以风险导向为核心，加强了对保险公司传统风险和关联风险的管理，细化不同保险业务所面临的风险程度并采取相应监管措施，并对重要性保险机构提出额外的监管要求，从微观层面化解系统性风险（林斌，2016）。

随着费率监管的宽松化，偿付能力监管成为了现代欧盟保险监管的核心。1994年欧盟启动偿付能力Ⅰ（SI）项目，并于2004年正式实施。偿付能力Ⅰ（SI）基于欧盟早期的保险人偿付能力制度，具有各项监管指标计算简便、可操作性强且执行成本低的优点。然而，这套监管体系可测量的保险公司风险类型较为单一，评估结果不能反映出真实的市场价格，从而难以准确、及时地衡量出保险公司的偿付能力。同时，监管体制过度宽松引起了保险公司的过度竞争，暴露出更多公司经营中的风险。因此，监管机构制定了保险公司审慎监管框架以升级偿付能力 I（S I）。

在金融危机的背景下，欧洲保险与职业养老金监管局（EIOPA）加快推进偿付能力 II（S II）的变革，并于 2016 年 1 月 1 日正式实施偿付能力 II（S II）。该项目基于审慎原则，采用了更加系统全面的监管方法，使监管机构能够以灵活的方式应对行业风险。偿付能力 II（S II）主要借鉴了银行业监管中《巴塞尔协议》的三支柱结构和美国的风险资本评估法（RBC）制度：第一支柱为定量要求，第二支柱为着眼于监管活动和内部风险治理的定性要求，第三支柱涉及保险公司的信息披露。

第一支柱为量化指标要求。偿付能力 II（S II）主要引入了"完整资产负债表"的理念。与第一代相比，偿付能力 II（S II）增加了资产负债估值原则，要求各成员国按照准则中的公允价值评估资产负债指标。在资本要求方面，偿付能力 I（S I）采取固定比率法，而偿付能力 II（S II）使用了以风险为基础的两分法，包括偿付能力资本要求和最低资本要求。其中，偿付能力资本要求通过一年内 99.5% 的置信水平上的在险价值（VaR）计算得到，而最低资本要求主要通过简化方法和绝对底线法得到（郭金龙和周华林，2016）。

为了确保保险公司危机后的持续经营能力，偿付能力 II（S II）加入第二支柱定性要求，制定了监管机构创建风险管理制度的定性监管评估过程。定性监管鼓励保险公司实施全面、综合的风险治理规则，并表明了公司的风险承受能力。同时，监管机构将通过建立用于监管和业务指导的内部模型来重点关注风险治理流程，从而提高保险公司的风险意识。此外，第二支柱引入了集团层面的监管制度，以协调欧盟保险集团的监管，减轻监管套利。

第三支柱要求保险公司定期报告自身偿付能力和财务报告，向社会公开公司有关信息以提高透明度，进而发挥市场力量的作用和政府的监管效率。

自 2016 年 1 月起，欧盟（再）保险公司受偿付能力 II（S II）的约束。欧洲保险与职业养老金监管局通过促进对偿付能力监管标准 II 的严格、循证和透明的审查，支持对监管制度进行事后评估，将其作为更好监管的重要要素。后来，欧盟委员会要求欧洲保险与职业养老金监管局为全面审查偿付能力监管标准Ⅱ指令提供技术建议，其于 2020 年 12 月 17 日以意见的形式提出。欧洲保险与职业养老金监管局指出，偿付能力Ⅱ（SⅡ）需要更好地反映低利率环境，并且还应该认识到，负债长期和非流动性负债的保险公司特别能够长期持有投资。其对偿付能力监管标准Ⅱ审查的方法是解决需要改进的三个领域：监管框架的平衡更新，提议在多个领域进行变革，但要求对保险公司的整体影响是平衡的；经济形势的把握，特别是低利率的持续存在，建议保险公司为利率变化的风险建立适当的准备金；监管工具的更新，包括通过宏观审慎工具、恢复和处置措施以及保险担保计划更好地保护投保人。

### 2.3.5 国际组织的系统性风险监管

自 2008 年全球金融危机爆发以来，世界各国领导人都在重点关注全球金融体系的监管改革。二十国集团（G20）、金融稳定理事会（FSB）和国际保险监管协会（IAIS）等国际组织为化解新的风险、维护金融体系的稳定，设计了金融监管改革框架并取得了巨大成果。这一框架主要包括新政策的制定和系统重要性金融机构（SIFIs）的确立两个方面。

#### 2.3.5.1 国际保险监督官协会

国际保险监督官协会是由世界各地保险监管者自愿加入的国际保险监管组织，现有二百多位参会成员。国际保险监督官协会成立于 1994 年，旨在发展公平、安全且稳定的保险市场，维护投保人的利益，促进全球金融的稳定和全球保险业的一致监管。国际保险监督官协会负责为保险监管部门制定原则、标准和其他辅助材料，并协助有关部门实施监管规定，同时国际保险监督官协会与其他国际金融监管者协调工作，共同构建全球金融体系。国际保险监督官协会（IAIS）有两个重要的成果，即保险核心原则（ICPs）和国际保险集团监管共同框架（以下简称共同框架）。

保险核心原则首次颁布于 2000 年，并在 2003 年和 2011 年进行了两次修订。针对金融危机暴露的问题，国际保险监督官协会借鉴了"金融部门评估规划"和《巴塞尔协议》提出的监管理念，强化了风险管理、业务行为和集团管理等内容，并引入了宏观审慎监管、跨境合作等内容，于 2011 年首次通过《保险监管核心原则、标准、指导与评估方法》，新准则对全球保险业监管改革产生了深远影响。截至 2019 年 11 月，该文件已完成了四次修订，最新修订后的保险核心原则有 25 项，涵盖了监管机构的职权与独立性、对公司治理与风险管理的定量要求、集团监管及保险市场行为监管等内容。该文件的主要内容有原则、标准和指南三个层次。原则位于最高层级，规定了保险监管的必备要素，旨在保护投保人利益、维护保险市场和金融体系的稳定性。标准在第二层，提出了实施原则的重大要求，一项原则可对应多个标准，监管机构往往通过满足这些标准来遵守上述原则。最后一层指南不做任何要求，其通过举例等方法详细阐述了如何达到上述两层的要求，以帮助监管者理解原则和标准内容。

　　国际保险集团监管共同框架是国际保险监督官协会应对全球金融危机的产物。2009 年 6 月，国际保险监督官协会决定对全球保险监管模式作出重大调整，向建立统一的保险监管准则迈出重要一步。这一行动标志着保险监管将由各自发展逐步走向国际化，保险业的"巴塞尔协议"即将诞生（赵光毅，2010）。共同框架以保险核心原则为基础，同时也是保险核心原则的补充。国际保险监督官协会于 2019 年 11 月通过了国际活跃保险集团监管共同框架。该框架重点确立了针对国际活跃保险集团（IAIGs）的全面监管标准，并提供了适合国际活动和国际活跃保险集团的定量与定性监管的最低要求。该框架旨在协助监管者应对保险集团层面的业务和风险，识别监管漏洞，并与该集团有关的其他监管者协调合作，促进监管措施的全球趋同。保险核心原则适用于所有保险公司的监管，包括国际活跃保险集团。共同框架另外附加了只适用于国际活跃保险集团的标准和指南，其层次结构与保险核心原则类似。标准是第一层，建立在特定的保险核心原则或标准的基础上。第二层指南不做任何要求。在适当的情况下，指南会提供实施某项标准的示例，以促进监管者对标准的理解和应用。①

---

　　① Insurance Core Principles and Common Framework for the Supervision of Internation ally Active Insurance Groups ［EB/OL］.［2019 - 11］. https：//www. iaisweb. org/page/supervisory - material/insurance - core - principles - and - comframe//file/91154/iais - icps - and - comframe - adopted - in - november - 2019.

在全球保险监管制度改革浪潮中，国际保险监督官协会起到了统一协调各国保险监管规则的重要作用。国际保险监督官协会致力于根据保险业务模式的独特性提出保险业系统性风险的解决办法，随着 2013 年以来评估和化解保险系统性风险方法的逐步优化，协会认为系统性风险源自单个保险公司抑或整个保险集团。因此，在多次与巴塞尔银行监管委员会（Basel Committee, 2011）开展跨部门公开合作交流的基础上，国际保险监督官协会（IAIS）于 2019 年 11 月发布了《保险业系统性风险的整体框架》（以下简称整体框架），并从 2020 年初开始实施。该框架综合了监管措施、全球监测工作和执行评估三项主要内容，旨在评估和缓解来自保险公司或保险集团的系统性风险，为全球一致监管提供支持，促进全球金融稳定。

### 2.3.5.2 金融稳定委员会（FSB）

在 2009 年 4 月召开的二十国集团（G20）伦敦峰会上，二十国集团的各国政府呼吁建立国际性的金融稳定委员会以协调各国金融机构并制定国际标准，促进金融政策的实施和全球金融稳定。同年，金融稳定委员会正式成立，其主要目标在于解决影响金融体系的脆弱性问题，并与其他国际金融机构共同维护金融体系的稳定。

在全球金融危机中，各国对一些"大而不能倒"的金融机构的救助使政府意识到针对系统重要性金融机构（SIFIs）的监管乏力。作为国际金融改革的先锋，金融稳定理事会（FSB）联合巴塞尔银行监管委员会等机构在 2010 年的二十国集团首尔峰会上提交了相关报告，初步构建了 G‑SIFIs 的监管框架。在全球系统重要性金融机构监管体系的基础上，各国将此监管框架扩展到国内系统重要性金融机构，使其在实现国内外监管一致的同时也符合本国国情（廖凡，2013）。

2011 年 4 月，金融稳定理事会利用巴塞尔银行监管委员会（Basel Committee, 2011）的评估全球系统重要性银行的方法公布了首批 29 家系统重要性银行机构（G‑SIBs）。2013 年 7 月 18 日，国际保险监督官协会公布了一套识别全球系统重要性保险公司的方法，以及适用于这些公司的政策措施。在此基础上，金融稳定理事会确立了首批 9 家全球系统重要性保险机构，其中我国的平安保险集团是新兴保险市场中唯一入选的保险机构。[①] 这一举措旨在解决"大而不能倒"的问题，降低系统性风险，维护全球金融稳定。此后，金融稳定理事会继续推进全球系统重要性保险机构的评估与认定，并制定相关监管措施，关注保险业在金融危机后的风险管理改进和实践，加强对保险消费者利益的保护。

2020 年，金融稳定理事会宣布，国际保险监督官协会已经发布了保险业系统性风险管理的整体框架，并将据此对全球保险业进行年度评测、改进监管。随着时间的推移，金融稳定理事会的风险监管制度不断扩展和深化，以应对新的挑战和风险。

---

① Global Systemically Important Financial Institutions［EB/OL］.［2022 - 12 - 09］. https：//www. fsb. org/work - of - the - fsb/market - and - institutional - resilience/post - 2008 - financial - crisis - reforms/ ending - too - big - to - fail/global - systemically - important - financial - institutions - g - sifis/.

# 第3章

# 保险市场系统性风险识别分析

## 3.1 系统性风险的来源

### 3.1.1 保险业风险的来源

保险业风险指的是保险业发展过程中体现的，能够引起保险业产生损失的不确定性因素。保险业是分散风险的行业，其本身也存在多种类型的风险。作为金融业的组成部分，保险业面临的风险同银行业、证券业等行业有着许多相似之处，而保险业自身的特殊性意味着其同时面临着不同于其他金融行业的风险。此处按照风险的来源，我们可以将保险业面临的风险分为内部风险和外部风险，前者是保险业内部各因素相互作用产生的损失的不确定性，通常与行业内部的治理环境相关；而后者则是由外部力量的推动而引起的，往往和社会宏观形势联系紧密。

#### 3.1.1.1 内部风险

保险行业内部可以看作一个复杂的系统，系统内各个环节相互作用在实现分散风险职能的同时，维持行业利润，实现保险业的平稳有序发展。尽管监管部门针对保险业发展过程中的各种可能的问题制定了详细的行业规范，就防范化解业内风险给出针对性政策，但许多内部因素相互作用而引发的风险难以避免，仍需引起足够的重视。本书将保险业内部风险按照来源进一步分为结构风险、竞争风险、资金运用风险、偿付能力风险和公司治理风险。

（1）结构风险。结构风险是保险业发展过程中各种结构性失衡引致的风险的总称。结构风险按照类别可分为两部分：市场结构带来的风险和产品结构带来的风险。市场结构带来的风险是由于市场份额的分布不合理所引起的。具体而言，我国保险业市场集中度较高，几家大型公司占据绝大多数市场份额，多数的小公司只占据较少的市场份额，这种结构的失衡不利于行业的创新发展（陈华，2008）。而较高的进入壁垒也在一定程度上削弱了市场竞争。产品结构带来的风险则是由于保险公司推出的产品结构不合理而引发的风险。保险业作为分散风险的行业，为了更好地履行保障职能，理论上应该主营传统的保障型险种，这一类险种在保险事故发生时给予被保险人保障，最能体现保险的功能。但在保险业实际的发展过程中，产品结构风险日益凸显，最典型的情况是传统的保障型险种和投连险、万能险等创新型险种的市场占比失衡。为了获取较高的收益，保险人倾向于研发和售卖创新型险种，该险种的理财功能占据了首要位置而保障功能则是第二位，投保人也极易在高回报率的诱惑下选择创新型险种，最能体现保障功能的传统险种没有引起足够的重视，其市场的生存空间受到挤压。这种产品结构的失衡强化了保险的投资职能，削弱了保险的保障功能，长期来看不利于保险业发挥社会的稳定器职能，不利于行业可持续发展。因此保监会曾专门强调：保险业姓保，必须服务和服从于保障，决不能本末倒置。防范结构风险需要监管部门制定合理的市场准入规则，同时在保险产品端引导保险公司合理配置研发资源，形成合理的产品结构。

（2）竞争风险。保险业同其他金融部门类似，以营利作为其经营的目的之一，因而行业内部的竞争日趋激烈。竞争风险源于保险业内部为了抢占市场、争夺份额而产生激烈的竞争所带来的损失风险。通常来讲，适度的业内竞争有助于行业创新发展，保险公司在良性的竞争环境中保持高效率，可以为社会提供更多的优质产品和服务。但如果不对诸多竞争手段加以规范，良性竞争极易演变为恶性竞争，由此带来的利益损失只能由保险业承担。当前我国财险与寿险市场竞争十分激烈（王稳和张运智，2014），但保险业总体而言仍处于拼规模、拼收益的低层次阶段，由于各家公司保险产品替代率较高，而研发一款新的产品难度较大、门槛较高，为了维持利润，保险公司主要选择两种手段：一是选择降低产品价格，靠资金运用获取收益弥补承保端低价带来的损失，这种做法使得收取的保险金较少，偿付能力面临很大压力，而且资金运用过程也存在未知的风险；二是根据监管部门近几年披露的保险处罚案例可以看出，不少保险公司为了尽可能地扩大市场份额、留住客户，在保险展业过程急功近利，销售误导等现象极大损害了自身形象。因此，要防范竞争风险，首要的任务是树立正确的竞争观念，引导业内进行有序竞争、良态竞争。

（3）资金运用风险。保险业获取收益的方式主要有两种：一是承保端直接收取的保费，二是对已有保险资金进行投资运作获取的投资收益。资金运用风险指的是保险公司资金运用过程中由于自身投资决策失误或者市场的不确定性带来损失的可能性。尽管当前监管部门对资金运用的各项渠道以及对应的投资比例作出了明确的规定，保险资金运用整体上处于严格的监管框架之内，但不可否认的是，投资与风险并存，保险资金运用收益取决于当期资本市场的表现，市场风险的存在使得保险资金运用存在不确定因素，这种不确定性有时是难以预期的，比如受到股票市场和证券市场低迷的影响，尽管保险业配置保险资金时各项投资渠道都满足监管部门的规定，但 2016 年的行业收益率较以往有着明显下降。而到了 2019 年受到股市回暖的影响，许多公司加大了股票投资的比例，行业整体股票收益率明显提升。2020 年初受到新冠肺炎疫情的影响，资金投资的不确定性明显增大。投资的不确定性会带来非预期的损失，保险公司也有可能会因此误判投资收益，从而产生一系列不必要的成本。因此资金运用风险同保险业资金运用是并存的，资金运用主体应尽可能基于对未来经济环境的合理预期配置保险资金，平稳波动；同时还应采取多元投资战略，因为多元化投资能够有效降低风险和稳定收益，满足保险资金增值需求（任春生，2018）。

（4）偿付能力风险。为了应对未来可能发生的保险事故，保险人需要提取责任准备金。偿付能力风险指的是因保险公司偿付能力不足而引发的风险，即由于责任准备金不足而引发的风险。保险业是典型的负债经营行业，保险人承诺在未来的保险期间内如果发生了保险事故，履行赔偿或给付义务。偿付能力的大小关系到保险人履行义务的能力，是保险发挥保障作用的前提。准备金提取不足、激进的投资策略导致的非预期投资损失，较低的产品定价导致的保险资金收入不足均是导致偿付能力不足的原因。我国从 2016 年起开始正式实施的"偿二代"便是针对保险公司偿付能力的监管体系。近年来，根据保监会披露的相关信息可以发现，已有多家公司因为偿付能力问题被监管部门处罚，这说明在偿付能力监管很严格的背景下，偿付能力风险依然是保险公司需要重视的风险之一。防范偿付能力风险要求各公司必须合理评估未来的赔偿和给付支出，提取充足的准备金；同时还要关注承保业务质量，引进风险管理人才（欧阳越秀等，2019）。

（5）公司治理风险。在我国，保险公司无论是否为上市公司，公司治理活动均须严格按照监管部门的相关规定进行。公司治理风险指的是因公司治理存在问题导致经营不规范、影响公司持续经营进而产生损失的风险。这种风险不同于公司的管理风险，它往往是由于不合理的制度设计造成的。当前我国金融业快速发展，金融体系日趋复杂，政策环境与制度环境的变化客观上要求保险公司有着合理的治理制度和健全的运行机制。但在实际的保险业经营过程中保险公司的治理问题日益凸显。尽管我国保险业长期处于严格的监管之下，保险行业的合规意识近年来明显提升，但公司治理领域问题的频发反映了业内仍存在公司治理风险。根据最近几年银保监会查实的大量违规事件来看，保险机构在公司治理方面仍存在不规范经营、股东行为违规、治理机制不健全、股权结构与治理结构不合理、董事滥用职权等问题，并由此进一步产生财务舞弊和腐败等问题。这个过程影响了保险业的社会形象，影响了保险消费者以及众多权益相关者的利益（王稳和田满霞，2020），带来的各种转换成本和经营损失只能由保险业承担。因此，防范公司治理风险需要监管部门制定合理的制度框架，公司内部及时纠正不合理的制度设计，防范公司内部治理风险的积累。

### 3.1.1.2　外部风险

保险业的发展同其所处的外部环境关系密切，特别是随着保险行业的快速发展，保险业以往相对独立的状态被打破，越来越多地同其他机构产生关联。这时外部经济环境、技术环境和政策环境的变化会对保险业产生显著影响，本书将外部风险按照来源进一步分为利率风险、汇率风险、承保风险和新兴风险。

（1）利率风险。保险业作为金融业的重要分支，对利率的变化是十分敏感的。利率风险指的是由于市场利率发生非预期的变化而产生损失的风险。利率风险主要通过两个渠道来影响保险业：一是持有的资产和负债；二是保险产品。同其他金融部门一样，保险公司也会持有大量的金融资产和负债，保险业所持有的资产和负债的价值会因为市场利率的变化而变化，如果某一时期利率的变化超出了保险公司的预期，那么极有可能产生非预期的损失，进一步产生偿付能力风险（单鹏和解强，2013），损害保险消费者的利益。另外，在研发保险产品时，保险公司也会评估未来的利率走势，比如在研发一些带有投资职能的险种时，保险人会对未来的利率环境作出预期，一旦市场利率的变化与预期相反，原来设定的投资收益目标可能难以实现，从而产生非预期的损失。特别是长期类险种，由于其时间跨度大，对利率的变化更敏感，利率风险对其影响更大。因此，防范利率风险首先是要科学合理地对未来的利率环境作出预期，其次可以采用对冲策略削弱利率变动带来的不利影响。

（2）汇率风险。保险业同其他金融行业类似，日常经营过程中可能涉及外汇。保险业汇率风险指的是保险业务涉及外汇时，由于汇率的不确定性带来的损失发生的可能性。随着我国金融行业国际化程度的提升，保险业主要通过三个途径接触外汇：一是许多保险公司开展涉外业务，保险标的、投保人、被保险人可能属于其他国家，这种情况下外汇保单提供外汇收入，比如很多国际运输业务的投保人是外方，保费的支付以及未来的赔偿给付都可能以外币支付；二是国内的保险公司同外国公司开展合资，合资公司提供的资本金通常采用外汇形式，保险公司因此持有大量的外汇资产；三是大型保险公司海外上市融资，这一过程中同境外投资者联系越来越密切，保险公司持有大量的外汇资产和负债，比如前些年太平洋保险在海外受到广大投资者的青睐。在同境外机构和个人往来的过程中，汇率的变化会影响本币相对外币的价值，非预期的汇率变化可能会影响资产和负债的价值，产生非预期损失，从而带来汇率风险。比如保险合同订立之初双方约定了保额，到保险事故发生时本币相对于外币贬值，那么保险人可能要支付更多的赔偿金额。因此，防范汇率风险要求保险业对国际汇率环境有充分且合理的评估，在产品条款制定、合同签署等方面充分考虑汇率因素，比如有些涉外保险在签订合同之初便确定了汇率水平，即使合同期间内实际汇率发生变化，双方也要按合同约定的汇率进行结算。

（3）承保风险。承保是保险经营的重要环节，承保风险指的是由于外部的风险因素增多，保险公司承保的标的受损可能性和程度加大而产生损失的可能性。根据近年的统计数据，多类险种承保风险加大已是不争的事实。一是健康险面临的承保风险越来越大。2019 年，受到多方因素的影响，医疗险和重疾险赔付大幅增长，健康险的承保业务给各家公司带来了不小的偿付压力。二是人口预期寿命延长，长寿风险不可忽视。人口预期寿命具有不断延长的趋势，这意味着重疾险和医疗险的赔付风险越来越高，各类年金产品的负债成本也越来越高。由此可见，当前的保险业尽管有着更多的分散风险的手段和技术，但在多个险种领域仍面临着承保风险带来的不确定性。承保风险的加大主要源自当今社会风险的程度和特征相较于以往发生的较大改变，如果保险公司出售的险种不能够适应风险的变化，那么赔付率很可能超出预期，进而产生偿付能力问题。防范承保风险的关键在于保险业在研发产品时应充分考虑未来的风险环境可能发生的变化，从而合理控制期望损失。

（4）新兴风险。当今世界发展进步日新月异，保险行业也身处快速发展的洪流之中。新兴风险来源于保险业所处的外部环境发生巨大变革带来的挑战。以大数据、云计算为代表的科技手段的运用显著提升了保险业的经营能力，保险业产品定价能力、服务水平得到显著改善。比如近年来新兴的车联网技术使得保险公司能够采集驾驶者行为数据，评估驾驶者给保险公司带来的理赔风险大小，使得个性化定价成为可能。而在以往传统的车险领域，驾驶人行为数据的搜集是很困难的，即便保险公司掌握了某一时期驾驶者风险事故的数据，通常也只能掌握事故频率以及损失程度等大概的信息，数据的模糊性使其难以用来计算差异化保费。但与此同时，保险业的数据收集、整合与应用能力仍有待提高，大数据由此也带来了数据隐私安全问题、信息管理风险等全新的问题，由于保险业掌握大量客户的私人信息，数据信息安全问题尤为重要，数据可能面临泄露、丢失、篡改等风险。再比如，行业会计准则不断发生变革，这对行业提出了更高要求①。外部环境的巨大变革使得保险业面临更多以往不曾有的风险，新兴风险更加多元化、复杂化。为防范新兴风险，保险业必须顺应时代潮流，及时了解前沿的环境，建立完备的管理体系，对各种风险作出应对措施。

### 3.1.2　保险业系统性风险的来源——承保业务、投资业务和其他业务

保险业系统性风险来源于其日常经营活动。当前保险业的日常经营活动众多，能够引起保险业系统性风险的活动按照来源主要可以分为两类，一类是以承保业务为代表的核心经营活动，该部分活动是保险公司最本职的工作；另一类则是以投资业务为代表的非核心经营活动，是保险公司实现价值增值的重要手段（Geneva Association，2010a）。承保业务与投资业务同时也是保险公司获取利润的两种重要手段。

#### 3.1.2.1　承保业务

承保业务指的是保险公司出售保单，承诺履行保险合同规定的赔偿或给付义务。承保类业务成为系统性风险来源的原因在于面对某些外部的巨大冲击时，部分出售的保单要求保险公司赔偿或给付，由于外部冲击影响巨大，保险公司可能无力履行保单规定的义务以及偿还债务，从而引发系统性风险。就承保业务而言，国内的许多学者从两个视角对其系统性风险的可能性展开分析。第一部分的研究主要从承保的风险这一角度展开：刘璐和王超（2019）分析了承保业务与系统性风险的关系，发现巨灾风险、利率风险及长寿风险等风险促使承保业务成为系统性风险的来源；赵桂芹和吴洪（2012）分析了

---

① 根据《中国保险业风险评估报告2020》相关资料整理而得。

承保业务后认为巨灾风险可能产生系统性风险。纵观学者们的研究可以发现，那些宏观且影响范围广泛的风险如果由保险公司承保，那么系统性风险可能在保险风险发生时产生，因为这一类风险一旦在保险期间内发生，保险公司往往难以承受赔付压力。

第二部分的研究从保险公司售卖的保险产品展开，按照产品本身的特征可以将保险产品分为新型产品和传统产品。相关的文献研究也因此分为两部分：一部分文献针对保险公司售卖的新型产品展开研究，完颜瑞云和锁凌燕（2018）认为一些非传统的业务线也伴随着主营业务的发展而发展，伴随着信用保险、保证保险等险种的发展，其他金融行业的资产负债表风险正传导至保险业。也有学者认为在保险公司出售的产品中，新型保险产品占比越高，其系统性风险就越大（徐华等，2016）。另外一部分研究针对保险公司售卖的传统保险产品，如博切夫等（Bobtcheff et al.，2016）提出传统保险产品本身不是系统性风险的来源，因为它不具备引发系统性风险的条件，但这些产品的部分附加条款可能导致系统性风险，因为他们与市场风险挂钩。[1]

根据以往的研究可以推知：承保业务产生系统性风险的原因在于保险是分散风险的工具，在实现这一职能的过程中保险公司以保单为媒介与其他的市场机构的风险因素产生联系，主要的表现是保险公司通过保单这一媒介成为了风险链中的一环，一旦某一环节产生问题，尽管这一环节同保险公司可能没有直接联系，但风险仍有可能通过风险链在各主体间传递，保险人便会被卷入到系统性风险之中。并且在承保业务中，无论是新型产品还是传统产品都有可能成为保险公司系统性风险的媒介。

### 3.1.2.2 投资业务

在当前保险公司的日常经营活动中，投资业务已成为收入的主要来源，对投资业务与系统性风险的研究也成为了学者关注的焦点。该部分的研究同样分为两部分：第一部分的研究聚焦保险公司的业务分类，将核心业务和非核心业务分别进行研究。关于以投资业务为代表的非核心业务能否产生系统

---

① Bobtcheff, C. et al. Analysis of systemic risk in the insurance industry [J]. The Genera Risk and Insurance Review, 2016, 41（1）：73 – 106.

性风险，目前学界普遍的共识是非核心业务是系统性风险的重要来源。贝尔丁和索托科诺拉（Berdin & Sottocornola，2015）比较了寿险业务和非寿险业务后认为，保险业会产生系统性风险，并且非核心业务产生系统性风险有着更大的可能性。阿查里亚（Acharya，2011）分析了金融市场中的保险业后认为，保险机构通过持有投资组合或通过关联性渠道同交易对手形成联系，这可能导致市场大面积破产。

学者普遍认为，核心保险业务与系统性风险关联不大，而像保险风险证券化等一些投资性质的业务明显有关联系统性风险因素的可能（Eling & Pankoke，2016）。康明斯和韦斯（Cummins & Weiss，2013）发现包含投资业务在内的非核心业务可能引发美国财产保险公司和人寿保险公司系统性风险。俾路支等（Baluch et al.，2011）的研究表明，保险公司除承保以外的其他业务比重逐年增加，这类业务通常加强了保险公司与银行等金融行业合作，加大了保险业发生系统性风险的可能性。畅等（Chang et al.，2017）将研究视角转向台湾地区后发现非核心业务成为了系统性风险的主要驱动因素之一。

第二部分的研究主要针对保险业具体的投资类别，探究保险公司不同投资品与系统性风险的关系。赵桂芹和吴洪（2012）等均认为，目前中国保险业发生系统性风险的可能性并不大，但如果中国的保险机构大量开展与资本融资有关的业务，会显著提高系统性风险的可能性。朱衡和卓志（2019）发现保险公司的非核心业务（投融资业务、担保业务等）显著提升了其系统重要性。刘璐和王超（2019）认为衍生品投资、程序化交易大规模趋同推动了系统性风险的产生。邹奕格和陆思婷（2020）研究了保险公司的投资业务同系统性风险的关系，利用网络模型证实了投资业务产生的风险可能会引发保险行业系统性风险，并且权益类资产价格下跌最易引发系统性风险。

从上述文献的研究中不难看出，投资业务确实会引发系统性风险，并且所带来的系统性风险主要通过持有各类资产来实现，保险公司的投资业务通过实际购买的资产同其他机构相关联，从而形成风险网络。所持资产的市场价格、交易对手的经济状况、机构间的违约行为等不确定因素均会对风险网络产生冲击，一个环节出现的问题会引发系统性风险，并且这种系统性风险

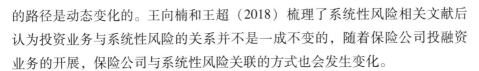

的路径是动态变化的。王向楠和王超（2018）梳理了系统性风险相关文献后认为投资业务与系统性风险的关系并不是一成不变的，随着保险公司投融资业务的开展，保险公司与系统性风险关联的方式也会发生变化。

### 3.1.2.3　其他业务

除了前文所提及的承保业务和投资业务之外，保险公司所涉及的其他非传统保险活动也可能成为系统性风险的来源。比如美国国际集团破产事件的直接原因就在于经营了过多的信用违约掉期产品，违约风险成为了系统性风险的导火索。康明斯和韦斯（2014）认为保险业如今的许多业务已超出了保险的范畴，金融保证、衍生品等类银行业务可能是系统性风险的重要来源。康明斯和韦斯（2013）同样指出信用违约互换（credit default swap，CDS）等非传统保险活动会对金融部门产生系统性的影响。投资业务类似，这类非传统保险业务同样是通过各类资产同其他部门机构或者个人产生广泛的联系从而形成风险网络。另外，前文提及的投资业务引发系统性风险的主要原因是金融机构之间相互持有资产，但这并不是一个必要条件。布伦纳迈尔等（Brunnermeier et al.，2009）分析这一问题后发现即使金融机构之间不相互持有资产，某一金融机构的资产价格变化带来的负面影响也可能将风险传递至其他金融机构。这也说明保险业系统性风险的来源是多样的，并不局限于承保业务和投资业务。

总之，无论是承保业务、投资业务还是其他非传统保险业务都有可能成为系统性风险的来源，并且保险公司与系统性风险关联的方式也会随着业务的不断发展而发生变化。

## 3.2　系统性风险的传染机制

目前业界认为系统性风险的传染机制主要有四种：再保险、消费者信心、跨境传染和跨行业传染。

### 3.2.1 再保险

系统性风险的传染机制之一是再保险。再保险是保险公司分散风险的手段之一，经营再保险的公司通过再保险合同同原保险公司建立直接的业务关系，接受保险公司分出的部分承保风险，所以再保险公司处于保险业务的顶层。再保险公司的经营问题会直接将风险传染至原保险公司，因而再保险是系统性风险的直接传染渠道（Berger et al.，1992）。此外，原保险公司可能经营再保险业务，再保险公司也可能通过转分保的形式将风险进一步分散至其他再保险人，保险人之间的关联可能更为复杂，这些情境均加重了系统性风险。

诸多学者对再保险业务与系统性风险间的关系展开了研究。一部分研究针对再保险理论展开：刘璐和王超（2019）认为再保险使保险业内部风险相互关联，再保险端的风险会通过再保险合同传染至原保险端；博切夫等（Bobtcheff et al.，2016）认为保险公司将风险分散给再保险公司，这强化了二者间的业务往来关系。保险公司间的业务互联性加强导致发生系统性风险的可能性增加；康明斯和韦斯（2014）分析了财产保险公司系统性风险的原因，发现最主要的原因就在于其风险分散手段过于依赖再保险公司；朴和谢（2014）将再保险和原保险分开，测量了再保险业与保险业的相关程度，以及不同情境下再保险市场带来的系统性风险大小，其结果表明在一些情况下，再保险是保险业系统性风险的重要来源；阿查里亚等（2009）将研究视角从保险业拓展至整个金融业，发现再保险不仅在保险业内部发挥作用，而且还提升了金融机构间的关联度，进而提高了整个金融体系的系统性风险水平。

另外一部分研究则从保险实践当中获取数据，展开实证分析：伊曼（Iman，2009）分析了欧洲再保险市场，发现再保险市场危机会显著影响非寿险原保险公司，特别是小的保险团体成员受到的影响更显著；朴和谢（2014）以美国财产保险公司为研究对象，首次分析了全球主要再保险公司破产对美国财产保险业可能产生的影响，并发现再保险公司评级的下降显著影响了保险公司的股票表现，并且这种负面影响反过来进一步影响了那些没有面临降级的保险公司。

上述理论分析和实证研究均表明再保险会通过再保险公司的主营业务同原保险公司以及其他机构高度关联，为系统性风险的发生创造条件，这一过程中再保险合同成为了系统性风险的媒介。不过也有研究表明再保险也可能通过其他途径引发系统性风险。瑞士再保险（Swiss Re，2003）提出了再保险的另外一个系统性风险传染机制，即再保险公司经营信贷衍生品从而与银行形成紧密的联系，而信贷衍生品对违约风险十分敏感，违约风险会在机构间（再保险公司与银行业）相互传递。因此，投资业务的风险可能导致系统性风险的爆发。综上可以得出结论：再保险是系统性风险的重要传导机制，且有多种传导形式。

### 3.2.2　消费者信心

以往的实践经验表明系统性风险可以建立在消费者信心动摇的基础上传染。广义上来讲，消费者信心动摇引发系统性风险的最典型的发展过程是：期初某一金融机构出现财务问题或者其他风险时，市场上投资者开始出现恐慌情绪，恐慌情绪下的不理性行为推动挤兑行为，挤兑行为进一步加剧危机，引起更大范围的金融动荡。格拉瑟曼和杨（Glasserman & Young，2016）给出了一个更为简洁的定义：投资者或消费者不考虑相关机构的风险水平而撤回投资，投资者或消费者群体内部相互模仿，从而整体上造成市场恐慌及流动性不足。上述关于消费者信心动摇引发系统性风险的论述针对的是整个市场上的投资者或消费者而并非保险业的消费者。信心动摇引发的系统性风险在保险业同样可能发生，并且已经被美国国际集团破产事件所证实。在破产事件发生之前，安然事件已经使得不少消费者对市面上的大企业抱有怀疑态度。美国国际集团破产前在美国拥有众多的保险消费者，当集团受到次贷危机的影响导致流动性紧缩而向市场释放了一个危机信号时，众多保险消费者担心权益得不到保障，消费者群体范围内恐慌情绪蔓延，产生了类似于银行挤兑的行为，这反过来又加剧了集团的财务困境，其所产生的连锁反应会使美国金融市场遭受重创（赛铮，2019）。

消费者信心如何引发保险业系统性风险，已有文献中对此定义较少。杨扬和徐汇（2018）针对保险业的特殊性梳理了消费者信心导致保险系统性风险的过程：某保险机构准备金不足，导致公司陷入困境进而保费收入持续减少，保险消费者群体恐慌，纷纷终止保险合同或者提前取现，保险机构偿付能力进一步下降，风险持续蔓延至其他保险机构，系统性风险便产生了。因此，消费者信心是影响系统性风险的又一重要因素。

### 3.2.3　跨境传染

跨境传染是系统性风险的又一传染机制，它主要指的是系统性风险波及范围不再局限于某一个国家之内，而是跨越国境在国际范围内传染。跨境传染通常来源于跨境金融关联，如金融机构互相持有资产、跨境业务往来和投资关联等。全球经济一体化推动了金融网络的快速发展，同时也带来了系统性风险跨境传染的可能性。国际上最近几次爆发的金融危机已经呈现出波及范围广、系统性强的特征，特别是 2008 年席卷全球的金融危机已表明系统性风险完全可以从局部扩展至全局，在各国金融部门之间传导。有关系统性风险跨境传染的研究主要着眼于联系日益紧密的全球金融网络。范小云（2002）分析了全球系统性风险的特点，认为全球化进程的加快使得一国的金融问题极易跨越国界演变为国际的系统性风险问题。

就保险业而言，学者的研究也表明了系统性风险跨境传染仍是存在的事实。一部分研究将保险市场分为国际保险市场和中国保险市场，分析二者之间的联动关系。比如粟芳和谭中（2012）的分析表明，由于不断加强的联动性，国际保险市场对中国市场风险溢出不断加大，财险市场领域这种情况更加明显，这说明国际金融风险波及我国的可能性不断加大。另一部分研究则聚焦于欧洲的保险市场。瓦纳特等（Wanat et al.，2018）选择了全球 8 家最大的保险公司周收益率数据对保险公司间的相关性展开分析，分析后发现保险公司之间的数据呈现高度正相关趋势，当全球市场面临巨大的外部冲击时，欧洲保险业在危机期间有更大的可能性暴露在系统性风险之下。学界的理论分析以及实际中的跨境传染案例已充分表明跨境传染已成为系统性风险的重要机制之一。特别是在当今经济全球化背景下，各国的金融机构和部门联系日益密切，这也为系统性风险跨境传染提供了条件。

### 3.2.4　跨行业传染

跨行业传染指的是系统性风险的波及范围不限于某一个行业，而是在多个行业间传导，造成大范围的损失（Glasserman & Young，2016）。从宏观视角阐明跨行业传染的实质：经济冲击使一些机构违约，这些机构的部分交易对手出现连带违约，跨行业传染便产生了。因此，跨行业传染产生的前提是不同行业间的联系十分密切，而这正是当今众多行业的发展趋势。具体到保险行业，许多学者分析了系统性风险跨行业传染的条件。完颜瑞云和锁凌燕（2018）分析了当前的产业融合趋势，认为风险跨行业传递已经成为值得关注的问题，这一过程中关联交易风险也在不断增加。杨扬和徐汇（2018）认为金融市场中业务往来的增多使资产负债关联更加复杂，风险传导路径由此产生，资本量越多风险越大。结合当前的行业发展现状，我们可以认为行业已经具备系统性风险跨行业传染的可能。

中国保险业在近年的发展过程中，与其他金融行业以及房地产业等非金融行业之间产生了紧密的联系（韩浩、王向楠和刘璐，2020）。保险业与其他行业关联度不断提高是世界主要国家的发展规律。部分学者首先对保险业同其他行业的关联度进行了实证分析。比利奥等（Billio et al.，2012）采取主成分分析法和格兰杰因果检验框架对金融部门的月度收益率数据进行度量后发现保险公司同银行等金融部门的联系趋于密切且复杂，这正是导致金融业系统性风险增加的原因。德雷克等（Drake et al.，2017）研究了美国保险机构以及银行在收益和风险上的关联关系，发现不同金融机构之间的收益和风险显著正相关，银行与保险机构之间的影响是双向且显著的，但银行对保险机构的影响的绝对值更大。托马斯·盖里格等（Thomas Gehrig et al.，2018）分析了欧洲保险业的关联情况，发现银行与保险业之间的相互关联程度越来越高，在危机时期关联程度达到最大值。从上述文献的分析我们可以发现，保险业同其他金融行业的关联度不断提高，这种关联度的提升是否直接导致系统性风险跨行业的可能性提高？具体的传导特征如何？另外一部分学者对具体的跨行业传染路径展开了分析。杜兰特（Durante，2016）比较了系统性风险在银行系统和保险系统之间的传递后认为银行业和保险业之间的系统性风险传递非常密切，就风险的传导方向而言，保险公司与银行间的风险传导是双向的，保险公司将风险传染给银行的可能性更大。韩浩、王向楠和刘璐（2020）研究了保险业风险的对外溢出效应，发现从2015年股灾前到股灾后，证券业和房地产业风险对银行业的溢出效应较大，相比之下保险行业顺序靠后；同样是研究风险溢出效应，周天芸等（2014）基于我国上市公司的数据，采用CoVaR模型分析了保险业与其他行业的风险溢出关系，研究发现银行业的风险溢出效应最大，保险业次之。托马斯·盖里格（Thomas Gehrig，2018）也发现，银行业风险的溢出效应对保险业的影响很大。

上述研究运用了不同方法，以不同的经济指标衡量风险对各行业的风险溢出效应。由于采用的数据和变量的不同，对于风险外溢效应的大小这一问题没有得出一致的结论，不过保险业、银行业、证券业等行业均有风险外溢的特征已是不争的事实。这表明系统性风险的跨行业传染会由某一行业的风险外溢效应引发。

## 3.3 保险市场系统性风险案例分析

以2008年金融危机中美国国际保险集团濒临破产为伊始，保险市场系统性风险开始正式进入大众视野。在此之前，保险公司由于其经营业务的特殊性总被认为其资产多于负债，是不存在系统性风险的。然而，一家全球保险业巨头的倒闭，刷新了人们的固有认识，也掀起了对保险市场系统性风险的研究热潮。世界保险业发展至今，已经建立了相对完善的体系机制。在其逐步壮大的过程中，有辉煌，也有不少的危机潜伏。日本寿险业的集体破产、欧洲富通集团投资亏损等事件无一不深刻揭示了保险业系统性风险的巨大破坏力。

相比于发达的欧美国家，中国的保险业虽然起步较晚，但自改革开放以来，我国保险行业保持着健康良好、持续快速的发展态势，以中国平安、中国人寿、中国太平洋为首的保险机构在当今世界保险市场上也占据了一席之地。其中，中国平安集团作为国内唯一一家保险机构，持续多年被列入由金融稳定理事会（FSB）和国际保险监督官协会（IAIS）制定的全球系统重要性保险机构（G‒SII）名单之中。然而，我国保险行业发展仍处于初级阶段，经验尚有不足。截至目前，保险市场上先后有新华人寿、中华联合和安邦被原中国保监会接管，而接管的原因最终都归咎于保险公司的违法经营和偿付能力的匮乏，我国对保险机构的监管和风险的防控仍然任重而道远。

如今，随着更多的金融保险型产品不断被开发，保险业与金融业愈加密不可分。为维护保险市场乃至金融市场整体的稳定，防范保险市场系统性风险变得尤为重要。本章节选取美国国际集团破产危机、日本寿险公司破产浪潮和安邦保险集团被接管三个国内外保险市场上的典型案例，通过详细介绍和分析，探讨保险市场系统性风险的形成原因，以及各类案例对防范保险市场系统性风险的启示，从而帮助读者增强对保险市场系统性风险的认识，也为风险的防范监控开拓新的思路。

## 3.3.1　美国国际集团破产危机

### 3.3.1.1　公司基本介绍

美国国际集团（American International Group，AIG）是一家国际性跨国保险及金融服务机构集团，它的总部位于美国纽约，企业历史悠久，底蕴深厚，曾一度是全球保险业的世界巨头（张金凤，2019；Safa et al.，2013）。根据2008年度《福布斯》杂志中关于全球2000家跨国企业名单，美国国际集团当时在全世界排名为第18。如此实力雄厚的保险公司，在2008年金融危机中却发生了命运性转变，以一种惨痛的方式让人们正式认识了保险业系统性风险。在它漫长的发展历程中，标志性事件可以归纳如下[①]。

---

① 参考《美国国际集团（AIG）危机案例分析》相关资料整理。

创立公司，迈出第一步。创始人施德于 1919 年在中国上海成立了保险代理公司美亚保险，首次将保险引入中国内地，引发反响。随后在 1921～1931 年这段时间内，为进一步扩大公司规模，美国国际集团开始在全球各地大量地设立分公司，美国纽约、中国香港、欧洲及中东等地区都有其涉足。

战争迫使总部转移。1931～1949 年，由于日本侵华战争的爆发，加上我国国内外政治环境紧张，施德便将总部从上海转移到美国，并将主要业务也与之一起转移，为日后美国国际集团在美国的开拓奠定了前提。直至新中国成立，美国国际集团在中国的保险业务几乎完全撤离，重心已经基本过渡到美国。

重换领导，改变发展策略。1967 年，传统的保险业务不再能满足公司发展的需求，公司经营呈现出"瓶颈"状态。因此，为使公司的业务重焕新机，格林伯格接替施德，正式成为了美国国际集团的接班人。此后，由于其与施德的经营侧重并不相同，在格林伯格接管公司之后，公司的经营战略发生了改变，将公司的业务重点放在了高回报的企业保障计划上。

突破创新，稳步前进。1967～1970 年，在以格林伯格为领导核心的统筹下，对美国国际集团的经营业务进行了新的调整，使其不再仅仅局限于传统的保险业务范围，开始开展新型金融保险类的业务形式，包括金融服务、金融担保、租赁和消费金融的业务领域等。如此一来，公司的服务对象得到了扩大，公司利润得到了增加，进入了快速发展阶段，从而美国国际集团也获得了上市资格。

危机袭来，命悬一线。2005～2008 年，前进发展中的美国国际集团逐步暴露出了一系列监管及风险问题。终于，在 2008～2009 年的金融危机中美国国际集团也未曾幸免，并遭受重创。巨大的财务损失以及股价下跌带来的是公司濒临破产的危机，在沉重的压力下，美国国际集团被迫重组，并寻求美国财政部和美国联邦储备委员会的帮助才度过危机。

### 3.3.1.2 破产危机

作为一个在一百三十多个国家和地区都有业务开展、客户拥有量上亿的美国最大保险机构，美国国际集团在 2008～2009 年的金融危机中也未能免于灾难：巨额亏损、股价暴跌、信用评级下降、交易对手追索抵押品，根据资料显示，2009 年 7 月末，美国国际集团的市值由 2006 年底的 1900 亿美元下降至 17.5 亿美元，经营亏损达到将近 992.89 亿美元。重重危机不是一蹴而就，而是在 2005 年便已初露端倪。

危机的开端可以追溯到 2005 年。当时，美国国际集团受到了市场监管机构——美国证券监管和保险监管机构与证券交易委员会的调查，暴露了集团内部存在着不少不合法的行为，最后以美国国际集团被罚款并且行政总裁格林伯格的位置遭到撤换而告一段落。然而，这些措施的实行并未能使得美国国际集团（AIG）摆脱困境，反而导致业绩和股价进一步下降。终于，2008 年，由于出售信用违约掉期（CDS），美国国际集团在伦敦的子公司因此遭受了 180 亿美元的损失，这也成为了集团在不久的未来濒临破产的导火索。

信用违约互换由摩根大通于 1965 年首创，它是一类金融衍生产品，可以被理解成是一种金融资产的违约保险，其作用是买家担心第三方违约不还款而寻求卖家来做担保和承担风险，即如果第三方并未出现违约情况，那么买方需要定期向卖方支付一定的保费；而若违约情况发生，则由卖方支付还款并承担买家的损失。从表面上来看，美国国际集团将这些签订的信用违约互换合同作为保险资产打包并以此为基础保证证券稳赚不赔，出售信用违约互换所获得的收益几乎是直接划为利润部分。但是，高收益的背后往往隐藏着巨大的风险。当次贷危机爆发时，大量的违约贷款纷至沓来，信用违约掉期的风险再也不能被粉饰于太平表象之下，因此破产的公司比比皆是。而作为信用违约互换的大卖家之一的美国国际集团更是损失惨重，连续三个季度出现净亏损，且亏损额呈现出上升趋势。

2008 年 9 月 12 日，美国国际集团的股价暴跌了 31%，于是，标准普尔评级服务公司向集团发出警告，股价的下跌将会使得集团的信用评级下降。为此，美国国际集团向美国联邦储备局求助，于是联邦储备局要求高盛和摩根大通给予美国国际集团 700 亿美元的帮助，但是这两个集团经过一番思考之后均决定拒绝贷款。9 月 15 日，美国国际集团的股价不可避免地再次下降，同日包括标准普尔在内的世界三大信用评级机构分别都将其信用级别相应下调。当天傍晚，美国国际集团的资金缺口已经扩大到 800 亿美元，集团危机正在以肉眼可见的速度剧烈扩大。

　　然而，美国国际集团作为全球金融的领军代表，它的业务范围可谓是遍布全球，与世界各国政府都有密切的投资与合作关系，集团规模的深度和广度是无法比拟的。在当时贝尔斯登和雷曼兄弟都已经相继倒闭的背景下，一旦美国国际集团破产倒闭，带来的连锁反应将是不可预估的，对于整个金融市场的损失都是极其惨重的。最终，为了尽可能地维持金融市场的稳定，9月16日，美联储决定可以向美国国际集团发放850亿美元的过渡性贷款，同时，美联储将获得美国国际集团将近80%的股份并且有权撤换集团的高层管理人员。当时美国国际集团的领导人维尔伦斯坦德经过利弊权衡后，采纳了美联储的方案，接受了政府的援助。

　　经过美国财政部、美联储的帮助以及出卖包括美国国际集团私人银行、恒生银行有限公司、加拿大人寿保险在内的各项业务，美国国际集团于2011年1月14日才逐渐开始有了新的起色，并且在2012年还清了美国财政部和美国联邦储备局的所有贷款。至此，美国国际集团终于从破产危机中重获生机。

### 3.3.1.3　案例分析

　　在2008～2009年的金融危机中，美国国际集团的濒临破产最终使得全球金融经济蒙上一层阴霾，同时也掀起了对保险业系统性风险研究的热浪。可以说，在此之前，保险机构被普遍认为是资本多于负债，其破产概率是微乎其微的。然而，一场美国国际集团破产危机风波，打破了大众认为保险业不存在系统风险的幻想，将保险业系统风险以一种惨烈的方式展现在人们面前。为了帮助美国国际集团摆脱破产危机，美国政府对美国国际集团的援助贷款从一开始的850亿美元逐步追加到1823亿美元，并且直到2012年集团才将贷款还清。作为保险业的典型案例，从美国国际集团破产风波到美国政府宁愿斥巨资也要力挽狂澜，都表明了保险业系统性风险具有研究价值。因此，本书以美国国际集团案例为始，结合目前现有的大量文献资料，对该案例进行深入分析。

　　（1）原因探讨。美国国际集团破产的原因可以分两类探讨，一类是来自宏观环境的外因，另一类是来自集团自身的内因。

在外因中，来自金融危机背景以及保险业与金融业高度的互联性，决定了危机的发展速度。故而，当泡沫产生，信用违约危机频频出现，大量金融机构破产关门时，作为中介的保险担保机构美国国际集团必然会遭到反噬。而且，由于出售信用违约互换的数量庞大，所以当危机发生时所带来的冲击也是显而易见的。另外，对于保险业的监管制度是缺失的。当时业内人士都普遍认为保险业务不具有系统风险，其相对来说是安全的，这一观点源于对保险机构的非传统业务的忽视。正是监管上的疏漏致使在危机萌芽初期不能及时遏止风险，使其最终累积并爆发出来。

从内因上来看，美国国际集团领导者对资金不当的管理以及风险意识的薄弱是产生该结果的主要原因。为追求高利润高发展，集团领导者将资金主要投资于为金融产品提供保险服务，美国国际集团对抵押债券的担保金额高达4000亿美元。而且集团领导没有较强的风险意识，当2006年信用违约互换成本大幅上升、2007年次贷危机初现端倪之际，集团领导仍抱有侥幸心理。风险来临时美国国际集团已经无法脱身，只能越陷越深。

（2）认识启迪。作为保险业系统风险的开源者，美国国际集团案例本身具有鲜明的典型性和代表性，我们从中所能得到的认识、经验也是丰富的（杨文生和张倩，2009）。

首先，保险业系统性风险是真实存在的。身为金融行业的世界巨头，美国国际集团在拥有庞大的客户量的同时，还在一百三十多个国家和地区都有大量的业务，这意味着它在美国国内乃至全球的经济中都拥有不容小觑的影响力和地位。因此，一旦美国国际集团真的破产，一方面，将会伤害到许多保险购买者的权益，这将会严重阻碍经济市场的发展，造成不可预估的损失；另一方面，如果不能及时制止、妥善解决，破产带来的连锁反应也会蔓延到其他金融行业，甚至将波及世界各地，对整个金融行业和世界经济的稳定产生严重冲击，后果是不堪设想的。

其次，保险机构的系统风险主要存在于非传统业务。在保险业漫长的发展历程中，为了追求更高的利润，保险机构的业务范围摆脱了单一的传统保险业务模式，不断探索创新保险与金融的各种结合。而保险机构的非传统业务便是指保险公司经营中的各类金融衍生品和金融中介服务，例如财务担保、资产贷款、信用违约互换、结构化证券投资以及短期融资等。在上文对于美国国际集团破产危机过程的介绍中不难看出，美国国际集团出售信用违约掉期是破产危机的导火索，以星星之火可以燎原之势迅速扩大影响，从最初的200亿美元资金缺口到后来的700亿美元、800亿美元乃至更多，这期间用了短短不到一个月的时间。而出现这种现象的原因也是很好理解的，因为保险的非传统业务涉及的不仅是保险机构，还包括金融机构如银行等，因此，所承担的风险其实是加总的。如果金融机构发生了风险，随着风险如击鼓传花般累积传递，金融机构破产将比比皆是。此时，保险机构的破产也注定会成为必然。

最后，美国国际集团的破产冲击显示了保险系统风险拥有破坏力大、传染性强等特点。于是，这要求我们一方面要提高对保险业系统风险的重视程度，另一方面也要大力加强对保险业的监管力度。美国国际集团案例暴露出由于缺乏对保险与金融行业之间存在互联性的认识造成潜在风险逐步扩大的缺陷，这为保险监管提供了明确的思路。保险监管机构要着重加强对保险公司非传统业务的监管，即系统风险的监管对象具有针对性和特殊性。对于保险机构日常的非传统业务要小心谨慎，不能只顾利润的追求，还需兼顾风险的防范。同时，要健全保险业的投资渠道。非传统业务具有复杂性，它是保险与金融的相互作用。这意味着保险业的系统风险监管必须与金融其他行业监管联系起来，融合之中又应有促进。除了保险监管机构的努力外，集团自身也应该加强集团内部的风险管理意识，从根源上控制风险发生的可能性。

### 3.3.2　日本寿险公司破产浪潮

#### 3.3.2.1　日本寿险公司发展

相较于欧美国家的保险市场，日本的保险行业整体起步较晚，但至今已有140年的历史（魏家齐，2017）。2018年日本的保险深度更是位居世界第五，保费收入市场占有率则排名全球第三，成为了世界保险行业发达的国家之一，其中尤以寿险为主。然而，在 1990～2003 年，日本的寿险行业遭受重创，跌落谷底，度过了一段暗无天光的日子。对日本寿险业的发展进行归纳总结，大致可以把其分成四个阶段[①]。

第一阶段，萌芽发展阶段。该阶段的起止时间为 1881～1937 年。日本最早的寿险公司是 1881 年成立的明治生命保险公司，正式拉开了日本寿险业的序幕。随后，帝国生命保险公司和日本生命保险公司相继成立，扩大了日本寿险业的规模。1901 年，《保险业法》颁布，使得寿险行业步入正轨，有效促进了行业发展。到 20 世纪 30 年代时，日本全国范围内便有了 27 家股份制寿险公司和 7 家生命保险相互公司。

第二阶段，及时调整，快速发展。该阶段的起止时间为 1937～1990 年。在 1945 年之前，受到第二次世界大战的影响，整个社会秩序和经济市场的稳定都遭到了严重冲击，战争引起的巨额财务支出造成了保险行业的停滞不前，直到 1946 年日本政府颁布了金融紧急措令，才将寿险业从水深火热之中解救出来。进一步来说，得益于第二次世界大战后日本国内经济的快速复苏以及政府的鼎力支持，日本的寿险公司较之前有了更大规模的扩张和发展，具体表现于寿险公司类型繁多、寿险险种不断创新、保险普及率飞速增长、寿险保费稳居世界前列等多个方面。甚至在 1990 年日本寿险行业的净利润高达 3.56 万亿日元，创下了 135 年的峰值。

第三阶段，泡沫危机，神话破灭。20 世纪 90 年代初，针对财政紧缩的政策被实施，日本国内利率大幅下滑，泡沫经济破灭开始。由于此次金融危机的影响，通货紧缩持续，日本寿险公司面临着保费收入下降，大量坏账产生、资产减值、退保问题严重等多个问题。终于，日产生命保险于 1997 年宣布破产，成为了日本寿险业第二次世界大战以后首家破产的保险公司，日本此前声称的"保险公司不会破产"的神话就此破灭。之后形势愈演愈烈，1997 年到 2001 年，日本寿险行业先后共有 7 家公司破产。这一阶段是日本寿险行业史上最黑暗的阶段，对寿险业稳定和发展产生了巨大挑战。[②]

---

①　参考《日本寿险业破产潮危机对我国的借鉴和启示》相关资料整理。
②　参考《日本人寿保险公司相继破产的原因及走向》相关资料整理。

第四阶段，加强监管，平稳复苏。泡沫经济的崩塌给予了日本政府关于金融监管新的认识和思考，金融监督厅和保险契约者保护机构的成立为寿险行业树立了坚固屏障，在黑暗期之后，2014年日本寿险行业结束了22年的利差损时期，迎来了利差益。在缓慢稳定的节奏下，日本寿险逐步摆脱了行业整体下降的趋势，在2015年其保费首次实现增长，保单也在逐渐增长，开始平缓进入危机后的休整发展时期。

### 3.3.2.2 危机始末

日产生命、东邦生命、第百生命、大正生命、千代田生命、协荣生命和东京生命七家日本寿险公司相继倒闭破产的背后，其实质是利差损所导致的保险业系统性风险事件。由于保单的预定利率是保单签订之初便已经设定的，但是市场的存款利率是会随着经济环境变化而变化的，所以，当投资的保险资金所获收益率低于有效保险合同的平均预定收益率时，就有了亏损的产生，而这部分亏损便称为利差损。

自20世纪70年代以来，一方面寿险公司日益增多，行业竞争愈加激烈；另一方面经济发展导致了银行利率和债权收益率不断攀升。在这种环境背景下，为扩大自身竞争力和优势，各家寿险公司纷纷通过提高预定利率来大量吸引客户购买保险。而预定利率也相应地从4%逐渐增长到6%。但是，当泡沫经济来临时，旨在促进低迷经济增长的日本政府在1985年、1986年内连续降息5次，使得市场利率不断降低。此时，日本的寿险公司并没有意识到风险来临，反而将预定利率再次提高，甚至达到了8.8%，一度高于同期存款利率。同时，寿险公司更倾向于长期保险产品的销售。最终，在抢占市场份额的同时，寿险公司的负债成本也在不断上升。

20世纪90年代，泡沫破灭后经济环境受到严重冲击，日本国内投资形势不容乐观，存款利率更是低至2000年的0.07%。萧瑟的经济对于之前连续销售大量高预定利率、强储蓄型的养老保险和个人年金的日本寿险公司而言，可以说是毁灭性打击。它不仅降低了寿险公司当期的经营利润，也放大了寿险公司偿付能力的缺陷。当时，多家寿险公司投资回报率大幅下滑，1990年寿险资金投资收益率为6.4%，到了1998年则仅有2.1%。在此之后，寿险公司下调预定利率，但仍是资不抵债。由此带来的利差损和流动性资产短缺问题，将日本寿险公司逼到了绝境。1997 年 4 月，以日本国内寿险资产规模排名第 16 位的日产生命保险公司破产为伊始，出现了未来四年内接连 7 家保险公司倒闭的现象。这些公司在破产时累计负债额都超过了 5000 亿日元，其中，第百生命公司偿付能力比率甚至跌破到 - 190.2%。大规模的破产浪潮危害了日本寿险行业的发展，使日本寿险业陷入黑暗低迷时期，引起了金融界的强烈震动。

为拯救日本寿险行业，避免灾难再次发生，日本寿险公司从负债和资产收益两个角度双管齐下。就负债而言，首先通过下调预定利率来降低负债成本；其次对产品结构及时调整，重点发展健康保险、医疗保险和变额年金的销售，以此降低自身风险、获得利润收入；最后是提高服务质量和运营效率，大幅减少退保率。而就资产收益而言，寿险公司开始以债券这类稳健型的有价证券为主要资产，优化海外资产配置，提升投资收益率。获益于有效的措施以及汇率等因素，危机发生 22 年后，日本寿险业终于迎来了新的曙光，原先的利差损也开始转变为利差益。

### 3.3.2.3 案例分析

作为国际保险业的又一典型案例，七家日本寿险公司接连破产的浪潮引发了强烈的社会反响。虽然如今的日本寿险业态势大好、在全球保险市场中占有一席之地，但是 1990～2013 年的那段危机所暴露出的保险业系统性风险仍在警示着后人。

（1）原因探讨。对于本次破产浪潮的原因，同样也可以从外因和内因的角度来分析。从外因来看，首先，泡沫经济时代的到来导致了日本政府为刺激经济增长，先后多次采取降息措施，造成市场存款利率一降再降，为后来逐步扩大的预定利率与同期存储利率的差距埋下了隐患。其次，泡沫经济使得高风险资产大量增多，提高了海外投资和在日本国内金融机构中的吸引力，大量寿险公司纷纷投资于海外股权和房地产等资产，然而，当泡沫经济破灭时又恰逢美国"第三次房地产危机"，海外投资的亏损进一步加剧了公司破产的程度。除此之外，保险市场上缺乏有效的保险监管机构的监管，当时日本保险市场上没有专门负责保险风险监控监管的机构，致使在风险萌芽时未能立即遏止，让风险越来越大。从内因来看，主要原因是寿险公司领导人员自身素养尚有欠缺、对于风险的意识薄弱和错误的行动决策的综合影响。当市场利率一直下降时，寿险公司不仅没有对此产生风险意识、及时相应地下调预定利率，反而是为了追求市场份额和收益利润，不断提高预定利率，最终，当危机来临时，寿险公司偿付能力不足，资不抵债。

（2）认识启迪。对于已经出现的危机事件，我们不能挽回失去的，却可以通过深刻的思考，做到防患于未然。日本保险业的灾难性事件是典型的，是对中国保险业的健康发展有参考意义的（冯占军，2005；尹成远，2003；孙正华，2018）。

针对保险公司而言，要尽可能从内部降低风险发生的概率。加强领导人员、从业人员的风险意识，切忌好高骛远，贪图一时收益，要坚定支持理性发展的原则；同时，企业自身也要建立健全完整的风险监管体系，从企业自身出发，严格执行内查内纠，尽早发现风险存在根源并及时应对解决；另外，坚持"保险姓保"理念，使保险产品回归本质，以分散风险为产品设计原则，从而真正地让保险保障服务于大众。

针对保险监管机构而言，要重视对保险机构的监管意识，认识到保险行业系统性风险的危害性，建立完善的保险机构监管制度，从法律层面规范保险机构经营行为。加强对保险公司偿付能力的重点监管，健全对偿付能力的考察指标体系、预警机制以及针对偿付能力未达标的保险公司相应的市场退出机制，甚至需要综合考虑保险公司破产的事后处理体系。只有严格把控政府监控关卡，才能将风险尽可能地减到最低。

### 3.3.3 安邦保险集团被接管

#### 3.3.3.1 公司基本介绍

安邦保险集团股份有限公司曾是我国国内一家大型的综合保险公司，覆盖了财险、寿险、健康险、保险经纪和资产管理等多项业务经营领域，公司规模在国内遥遥领先。然而，最令人震惊的是作为一家 21 世纪初才成立的公司仅仅用了短短的十几年时间，就从代销车险业务扩大到在全国范围服务网点达 3000 个以上、客户拥有量超 2000 万人。回顾安邦集团的发展历程，桩桩件件都让人叹为观止。

安邦集团的历史最早可以追溯到 2004 年安邦财产保险股份有限公司的成立，它拉开了安邦集团未来十几年辉煌征程的序幕。同年，第一家分支机构在北京设立。随后，安邦集团规模几乎每年都在发生新的突破。累计保费从 2005 年的 10 亿元，到 2007 年达到 100 亿元，2009 年则直接冲破 200 亿元。短短 5 年，安邦集团的注册资本从最初的 5 亿元变更到 51 亿元。2010 年，安邦人寿保险股份有限公司的创立进一步拓展了公司经营范围，为公司发展新添了可行的道路方向。到了 2011 年，安邦财产保险股份有限公司注册资本上升至 120 亿元，跃居国内保险公司第二。于是，经保监会批准，同意公司进行集团化改组。安邦保险集团股份有限公司也于 2012 年正式成立，当时安邦集团旗下就已经包含有安邦财产保险股份有限公司、安邦人寿保险股份有限公司、和谐健康保险股份有限公司及安邦资产管理有限责任公司等多家子公司，总资产规模达到 5100 亿元。

之后，安邦集团更是稳步前进，2014 年注册资本达 619 亿元，同时仅在 2016 年便实现了 7000 亿元的资产总规模，较前年增长 202%，位居国内保险行业第四；累计保费突破 5041 亿元，在国内保险公司中保险规模为第三，前两位分别是国寿保险和平安保险。然而，耀眼的成绩也抵挡不住危机的到来。危机过后，安邦集团从最大规模的保险公司之一变成继新华人寿保险、中华联合财险之后第三家被原中国保监会接管的保险机构，以致最后被解散清算。

2018 年 2 月 23 日，原中国保监会发布了关于安邦集团处理决定的公告，即日起至未来一年里，安邦集团将被原中国保监会依法监管。报告中表明，由于安邦集团原董事长、总经理吴小晖涉嫌经济犯罪，被依法提起公诉。鉴于安邦集团存在违反《保险法》规定的经营行为和公司偿付能力有被降低的可能性，所以从保持安邦集团照常经营、保护保险消费者合法权益的角度出发，依照《保险法》第 144 条规定，原中国保监会决定对安邦集团实施接管。同年 6 月，原本由民营资本股东持有的 98.23% 的安邦集团股权被中国保险保障基金有限责任公司全面接手（谢雯，2019）[①]。

2019 年 2 月 22 日，在规定的接管截止期限来临之时，银保监会出于实际情况的考虑决定将安邦集团的接管期限增加一年，并于同年 7 月批准成立大家保险集团有限责任公司来对接安邦集团各项业务，同时依法对安邦集团和安邦财险进行清算注销。2020 年 9 月 14 日，安邦保险集团在官网上发布公告，称公司拟解散并清算。曾盛极一时的安邦保险集团画上了句号（邵萌，2020）。

### 3.3.3.2　事件过程

在原中国保监会对安邦集团的处理公告中，称其有违反《保险法》规定的经营行为的同时，还有可能冲击危害到公司的偿付能力。为深入探讨安邦集团被接管问题，我们有必要对安邦集团进行全面分析。纵观安邦集团的成长历程可以看到，其中"万能险"的销售和企业并购是促成集团快速发展的两大主导因素：安邦集团通过销售万能险获得了巨额保费，而后将保费收入运用于企业并购，使得成立六年后总资产规模增长达到 3000 倍以上。这在促进集团飞跃前进的同时，也为安邦集团日后的命运埋下了隐患。

（1）万能险。万能保险（以下简称"万能险"），是处于分红险和投连险中间的一款投资型寿险产品，是传统寿险和理财产品的结合。与传统寿险有区别的是，万能险除了具备传统寿险保障投保人生命的基本功能以外，还额外赋予投保人在保险公司为其设立的投资账户范围内参与资金投资活动的权利。因此，万能险的保费缴纳包含两个部分，一是用于保险，二是用于投资。同时，万能保险具有缴费灵活、较低的保底利率、保额易调整、保单价值领取方便的特点。万能险在我国引入后，凭借其独特的优势，获得了大众青睐，从而促使保险行业获得了大量保险，而安邦集团更是借助于此积累了大量资本。2016 年，安邦集团总资产规模 7000 多亿元中的 5411 亿元资产均是安邦保险销售万能险的所得，将近超过原保险保费收入的两倍。这成为了安邦保险发展迅猛的主要原因之一。

---

[①]　参考《中国保监会依法对安邦保险集团股份有限公司实施接管》相关资料整理。

早期，由于我国金融政策改革，鼓励保险资金投资多样化发展，促使保险机构运营模式由负债驱动资产向资产驱动负债转变，不断扩张资本。故而，万能险成为了保险机构瞄准的商机，以万能险为代表的投资型保险在国内保险市场占据了一席之地，这为保险公司进入资本市场开展投资活动提供了资金支持。然而，无法忽视的是，万能险这类投资型产品的保费收入基本上是算在保险机构负债中，而不是原保费收入，这意味着无形中增大了对保险行业的偿付能力的要求。万能险为保险公司吸纳大量资本的同时，也暴露出了偿付问题的缺陷，由资金限期错配所造成的流动性风险严重危害了保险市场的稳定。因此，为有效管理保险市场资金运作，更好地发挥保险机构分散风险的金融服务，国家于 2017 年开始对万能险的销售进行严格监管监控，限制万能险销售，督促保险机构规范化运行。而这无疑对安邦集团的资金来源产生了负面影响，使公司万能险和投连险的保费规模直接从 2162 亿元骤缩到 534 亿元。

（2）企业并购。在上文中，已经介绍了安邦集团通过大量万能险的销售获得了巨额的资本规模。在公司的决策商议下，结合当时国内外经济背景，安邦集团将企业发展方向瞄准到扩充资产规模上。2011 年，安邦集团斥巨资购买了成都农商银行超过 35% 的股份，完成了"蛇吞象"并购，成为了成都农商银行的最大股东。从 2014 年开始，安邦集团在国内 A 股市场和国外并购市场均投入大量资金多次去并购银行、房地产等企业，包括民生银行、万科、华尔道夫酒店，等等。一时间，安邦集团的规模以惊人的速度扩张壮大。

（3）集团破灭。为了短期内建立金融帝国而施行的企业并购，并不能保证短期内迅速获得收益。相反，并购的企业往往收益周期都较长。因此，安邦集团通过万能险吸纳资本完成企业并购、扩大企业规模的发展方式，在国家开始明令限制万能险销售、严格防控利用投资型保险进行并购之后，其问题便逐渐暴露，保费收益规模迅速下降，企业内部资金流短缺问题开始愈演愈烈。而销售禁止的保险产品、财务造假、虚假资本金更是使得企业自身环境雪上加霜。到 2018 年，安邦集团被原中国保监会认定为偿还能力不足，为控制风险并确保其偿付资金充足，决定由原中国保监会出面将其接管，而安邦集团也注定走向了解散清算的道路。

### 3.3.3.3 案例分析

安邦保险集团在 2004 年到 2018 年的 15 年的时间里，一直都是业内人士关注的焦点。企业从兴盛到衰败的整个过程的主要原因是内部管理人员的错误领导，以及对于风险的意识不强。但是，原中国保监会对安邦集团实施接管的决策却又是另外一方面的考量。

（1）原因探讨。2020 年 2 月 2 日，在中国银保监会就安邦集团接管期限结束答记者问时表明，在两年的接管期间内，安邦集团出现了大量的保险产品满期给付和退保需求，尤以中短存续期的理财保险产品为主，其价值累积达到 1.5 万亿元。中国银保监会以切实维护广大保险消费者合法权益为原则，指导专项团队进行处理，要求严格履行合同内容，及时兑现保险金给付。截至 2020 年 1 月，所有的保险都完成兑付（陈志帮，2019）。

从上面具体的数值中，我们能够清晰认识到曾经在全国多地有保险覆盖、客户拥有量庞大的安邦集团的利益关系网络之深之广，而这也是原中国保监会决定接管安邦集团的本质原因。可以想象，如果安邦集团的偿付问题不能妥善解决，一旦其由于长期存在资金流缺陷导致公司偿付能力出现重大漏洞，"多米诺骨牌效应"必然出现。到那时，带来的后果是成千上万的消费者合法权益将不能得到有效保护，遭受严重损害。不仅如此，安邦集团在其十几年的企业征程中，并购了大量金融和房地产企业。因此，以安邦集团危机为触发点将引起一连串的经济动荡灾难，将冲击整个国内乃至世界的金融行业市场的稳定性。正由于此，强调重视保险业系统性风险的接管势在必行。保险行业系统性风险具有显著的破坏性和传染性，它所造成的冲击是不可忽视的。所以，正如《中国保监会储法对安邦保险集团有限公司实施接管》中指出，为了保护保险购买者的正当权益和金融市场的整体稳定，原中国保监会决定对安邦集团采取接管处理（吴辉，2019）。

（2）认识启迪。首先，从保险机构的资金运用角度来看，保险公司应加大内部审查力度，拒绝高风险的投资诱惑。坚定"坚守合规、尊重规律、服务立司、专业立身"的经营理念，积极推动保险业的稳定前进，让保险重回保障本质，将保险资金运用到合适的地方，切实保护投保人的利益。

其次，从保险机构的高层管理者角度来看，一方面，公司的领导者应加强自身素养，提高风险防范意识，高度重视保险行业系统性风险的存在，不能为了一味追求公司收益和发展而忽视公司的安全性和风险性；另一方面，要正确认识到保障是保险的核心内涵，大力开发的保险产品应遵循"分散风险、保障客户"的基本理念。

最后，从保险监管机构监管执行方面来看，保险监管机构应建立健全监管制度，强化保险监管手段，建立公开透明的信息披露制度，对保险机构违法行为要尽早处理尽快解决，完善对保险机构资金运用的监管体系，从严监管、从严处治。

安邦保险集团的案例在中国保险市场发展史上是典型的，它是我国第一个被清算破产的保险公司。安邦集团从崛起到衰落，大众对其关注的热度从未下降，而我们所能做的是从中吸取教训，以前车为鉴。

# 第 4 章

# 基于再保险业务的保险
# 市场系统性风险度量

再保险的重要功能之一是分散风险，但是它的存在也会给金融系统带来不稳定。首先，再保险使得原保险公司面临信贷风险，因为一旦再保险承保失败，原保险公司将会独自承担所有风险，并且还要面临随之而来的偿付能力限制和流动性约束，而且再保险市场的高度集中性和被承保风险的高度相关性也进一步助长了这种风险（Krenn & Oschischnig，2003；Cole & McCullough，2006）。其次，再保险公司可以将自己承担的风险分散给其他再保险公司，即转分保，所以再保险公司之间也存在严重的传染效应。再次，承保周期的存在使得再保险公司的利润和费率产生周期性波动，再保险公司会面临破产危机（Plantin，2006）。最后，再保险公司一般面临的监管约束比较少，这为风险的产生与传播提供了空间。本章针对我国的再保险风险进行研究，借鉴银行业系统性风险的研究范式（Upper & Worms，2004；马君潞等，2007），采用矩阵法模拟生成再保险业务转移数据，测度保险业系统性风险的业务传染效应。矩阵法将系统性风险传染与保险公司间的实际交易相联系，避免了只考虑保险公司自身数据而未对保险公司间业务进行考察所带来的分析上的失误，而且该模型还能够有效测度现有保险市场系统性风险的潜在传染程度。虽然范·利维尔德等（Van Lelyveld et al.，2011）也采用矩阵法研究了荷兰保险市场的再保险风险，但是他们没有考虑破产损失率指标，这容易导致风险高估，而且研究结果仅基于"完全分散型"市场结构，这又会造成风险低估，本章对其进行了修正，研究假设更接近我国保险业现状。

# 4.1　基于再保险业务的系统性风险传染渠道

随着保险职能的深化和风险向复杂化、多样化态势的演变，保险业自身的风险问题，尤其是系统性风险备受关注。保险业要严防系统性、区域性风险，因为我国保险市场长期高速度、粗放式发展，其背后隐藏的风险发展到一定程度可能引发系统性风险。与此同时，保险机构与其他金融机构之间的联系也变得更加紧密，这为系统性风险的传播提供了便利。

国际金融组织也认为中国保险市场存在潜在的系统性风险。2013 年 7 月中国平安保险集团被金融稳定理事会（FSB）选定为全球首批 9 家系统重要性保险机构之一，这意味着中国平安保险集团一旦发生重大风险事故或者经营失败，将会对保险市场、金融市场甚至全球经济和金融体系造成系统性风险。但是截至目前，针对我国保险市场系统性风险的研究有待加强。如何识别和防范保险市场系统性风险，降低存量风险、控制增量风险、切断传染风险、化解集聚风险是我国保险业在改革创新和转型升级过程中面临的重要现实问题。

从系统性风险的传染效应视角来看，金融机构系统性风险存在直接传染和间接传染两种渠道（Allen & Gale，2000）。对于保险机构而言，前者是通过再保险业务导致的风险在保险公司之间暴露和传染，后者则是在信息不对称条件下的趋同效应、恐慌预期和负反馈等因素导致群体性的退保潮或者续保难进而引发的系统性风险。再保险业务位于保险业务网的顶层，再保险公司破产会造成保险市场的不稳定，进而对整个经济产生外溢效应（Swiss Re，2003；Cummins，2007；Cummins & Weiss，2010）。由于信贷风险、转分保风险、承保周期风险和监管不足风险的存在，再保险公司破产将使得原保险公司承担更多的索赔，导致原保险公司面临破产危机，而原保险公司也承保再保险业务，因而破产危机将蔓延到整个保险行业（Van Lelyveld et al.，2011）。朴和谢（Park & Xie，2011）认为再保险公司降低评级也可能造成系统性风险，因为随着降低评级的再保险公司违约风险的增加，原保险公司降低评级的可能性也会增加，负面效应通过股票市场外溢至与降级再保险公司不存在直接信贷联系的其他保险公司。此后，朴和谢（Park & Xie，2014）通过测量再次验证了再保险业与保险业的密切相关性，指出再保险市场失灵可能会为保险市场带来系统性风险。而康明斯和韦斯（Cummins & Weiss，2014）也认为财产保险公司过度依赖再保险业务可能导致系统性风险。在2014年7月中国风险导向的偿付能力体系（以下简称"偿二代"）产险第一支柱第二轮征求意见稿中规定了再保险业务的交易对手违约风险的计算方法，并且对再保险公司做了分级界定。这一调整的直接结果是增加了有较多境外分保业务的直保公司的资金成本，或促使这类公司主动调整分保业务结构。虽然这一规定备受争议，但是其设计目的是控制因外资再保险公司在国内市场规模不断增加而导致的系统性风险。显然，我国监管部门已经意识到了再保险业务违约可能导致的系统性风险问题，但是目前尚没有针对我国保险业的相关理论研究。本章聚焦于基于再保险业务的系统性风险直接传染渠道，试图解决两个问题，其一是保险公司破产是否会通过再保险业务产生传染效应引发系统性风险；其二是从再保险业务风险传染的视角，哪些保险公司具有系统重要性，需要进行"特殊监管"。

## 4.2　模型构建与数据选择

### 4.2.1　矩阵法理论模型

由于无法获得保险公司之间交易双方的完整信息，所以很难对保险公司之间再保险业务交易结构做出准确判断。本书参考银行业利用同业拆借关系对系统性风险的研究范式，首先假定保险公司间业务交易市场为"完全分散型"市场结构，在数学上实现就是对保险公司在其他保险公司的分出业务和分入业务的概率分布做出相互独立的假设，并要求其概率分布尽可能分散，然后将其修正为"相对集中型"市场结构。保险公司间的业务转移关系可以采用 N×N 矩阵 X 来表示：

$$X_{N \times N} = \begin{bmatrix} x_{11} & \cdots & x_{1j} & \cdots & x_{1N} \\ \vdots & \ddots & \vdots & \ddots & \vdots \\ x_{i1} & \cdots & x_{ij} & \cdots & x_{iN} \\ \vdots & \ddots & \vdots & \ddots & \vdots \\ x_{N1} & \cdots & x_{Nj} & \cdots & x_{NN} \end{bmatrix} \begin{matrix} a_1 \\ \vdots \\ a_i \\ \vdots \\ a_N \end{matrix}$$
$$\qquad l_1 \quad \cdots \quad l_j \quad \cdots \quad l_N \tag{4.1}$$

其中，N 为保险公司数目，$x_{ij}$ 为保险公司 i 向保险公司 j 的业务转移规模，通常 $x_{ij}$ 是无法观测到的，但是每家保险公司分出业务和分入业务总规模是可以得到的，设 $a_i$ 表示公司 i 分出业务总规模，$l_j$ 表示公司 j 分入业务总规模，即有 $\sum_{j=1}^{N} x_{ij} = a_i$ 和 $\sum_{i=1}^{N} x_{ij} = l_j$ 成立。根据独立性假设并适当标准化，可以将 a 和 l 视为关于随机变量 A 和 L 的边际分布 f(a) 和 f(l) 的实现值，而 X 可视为联合分布 f(a, l) 的实现值，若 A 和 L 相互独立，则有 $x_{ij} = a_i l_j$，于是得到矩阵 X。由于保险公司自身不会发生业务转移，所以有 $x_{ii} = 0$，i = 1，2，…，N。于是修正后的矩阵 $X^*$ 为满足 $\sum_{j=1}^{N} x_{ij}^* = a_i$ 和 $\sum_{i=1}^{N} x_{ij}^* = l_j$ 约束的如下形式：

$$X_{N \times N}^* = \begin{bmatrix} 0 & \cdots & x_{1j}^* & \cdots & x_{1N}^* \\ \vdots & \ddots & \vdots & \ddots & \vdots \\ x_{i1}^* & \cdots & 0 & \cdots & x_{iN}^* \\ \vdots & \ddots & \vdots & \ddots & \vdots \\ x_{N1}^* & \cdots & x_{Nj}^* & \cdots & 0 \end{bmatrix} \begin{matrix} a_1 \\ \vdots \\ a_i \\ \vdots \\ a_N \end{matrix}$$
$$\qquad l_1 \quad \cdots \quad l_j \quad \cdots \quad l_N \tag{4.2}$$

为了求解 $X^*$ 中的其他元素，首先选择一个概率分布来最大化初始矩阵 X 的信息熵，即求解：

$$\min \sum_{i=1}^{N} \sum_{j=1}^{N} x_{ij} \ln x_{ij}$$

$$s.\,t.\ \sum_{j=1}^{N} x_{ij} = a_i$$

$$\sum_{i=1}^{N} x_{ij} = l_j$$

$$x_{ij} \geqslant 0,\ i = 1,\ \cdots,\ N,\ j = 1,\ \cdots,\ N \tag{4.3}$$

然后基于最小交叉熵原理修正初始矩阵 X，即求解：

$$\min \sum_{i=1}^{N} \sum_{j=1}^{N} x_{ij}^* \ln\left(\frac{x_{ij}^*}{x_{ij}}\right)$$

$$s.\,t.\ \sum_{j=1}^{N} x_{ij}^* = a_i$$

$$\sum_{i=1}^{N} x_{ij}^* = l_j$$

$$x_{ij}^* \geqslant 0,\ i = 1,\ \cdots,\ N,\ j = 1,\ \cdots,\ N \tag{4.4}$$

根据布林和格雷夫（Blien & Graef，1991）的研究结果，应用 RAS 算法求解最优化模型可以得到保险公司之间承保业务的转移关系。

## 4.2.2　数据选取与处理

基于 2018～2020 年《中国保险年鉴》的统计资料，财产保险业务的分出保费在所有保险业务分出保费中占比三分之二以上，并且自 2003 年以来产寿险业务分业经营，所以本书基于我国财产险公司的承保业务展开。根据《中国保险年鉴 2020》的资产负债表和利润表统计结果，本书收集了 2019 年 94 家财产险直接保险公司和再保险公司的经营数据，这些公司的总资产占财产险行业总资产的 99% 以上，具有很好的代表性。主要保险公司的分出业务和分入业务数据指标如图 4-1 所示。

在数据处理上，本书采用 2019 年的分出保费和分保费收入数据测度系统性风险的业务传染性。矩阵法要求分入业务总规模与分出业务总规模是相等的，而且在实务中也应该相等。但是近几年，国内的财产险业务分出保费中有 60% 左右由境外再保险公司承接，而境外分入业务中，以中国再保险集团为例，2019 年业务保费为 314 亿元，仅占集团再保险业务的 20%。我国以再保险企业为主的分入国际化显著落后于以保险企业为主的分出国际化（李培育，2011），基于这一现状，本书增加虚拟境外国际再保险公司，假定它们的分入业务是国内总分出业务与总分入业务之差，分出业务忽略为零。

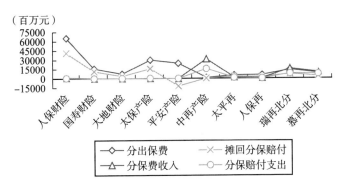

**图 4 - 1　主要保险公司的分出和分入业务**

注：按照分出保费和分保费收入的额度列举了 10 家保险公司，它们的全称分别是中国人民财产保险股份有限公司（简称"人保财险"）、中国人寿财产保险股份有限公司（简称"国寿财险"）、中国大地财产保险股份有限公司（简称"大地财险"）、中国太平洋财产保险股份有限公司（简称"太保产险"）、中国平安财产保险股份有限公司（简称"平安产险"）、中国财产再保险股份有限公司（简称"中再产险"）、太平再保险（中国）有限公司（简称"太平再"）、人保再保险股份有限公司（简称"人保再"）、瑞士再保险股份有限公司北京分公司（简称"瑞再北分"）慕尼黑再保险公司北京分公司（简称"慕再北分"），本书后文图中简称相同。

## 4.3　情　景　分　析

一般而言，系统性风险的发生主要包括三种情况，一是一个大的冲击或宏观冲击对金融机构产生巨大的负面影响，造成整个金融体系崩溃；二是部分金融机构倒闭后，冲击通过金融机构间资产的相互持有与实质交易进行传播；三是即使金融机构间并无直接的关联和交互反应，但部分金融机构的倒闭仍然可以通过第三方风险暴露上的彼此相似性，即信息作用产生的溢出效应，导致整个金融体系的崩溃（董青马，2010）。本书针对上述第二种情况，采用突发诱导因素发生后引起的其他保险公司破产数量、破产轮次和业务赔付率界值度量再保险业务风险的传染程度。其中诱导因素主要包括单一保险公司破产、多个直接保险公司同时破产和多个再保公司同时破产三种情景。以单一保险公司破产为例，传染的理论过程如下。保险公司 j 因随机冲击发生倒闭后，第一轮传染开始，当 $\sigma\theta x_{ij} > E_i$ 时保险公司 j 的破产引发保险公司 i 破产，其中 $\theta$ 为破产损失率且 $\theta \in [0, 1]$，$\sigma$ 为业务赔付率且 $\sigma \geq 0$，$E_i$ 为保险公司 i 的所有者权益；第一轮中所有与保险公司 j 相关联，并且满足 $\sigma\theta x_{ij} > E_i$ 的保险公司均发生破产。在第二轮传染中，第一轮破产的保险公司会作用于与其存在业务往来的其他保险公司，如果累计的损失额度超过自身的所有者权益，则该保险公司在第二轮传染中破产。例如，诱导因素破产保险公司 j 与保险公司 k 存在业务往来，但并未导致 k 破产，而第一轮破产的保险公司 i 也与 k 存在业务往来，如果 $\sigma\theta(x_{kj} + x_{ki}) > E_k$，保险公司 k 将在第二轮传染中破产。风险依次不断传染，第 N 轮保险公司破产累积前 N−1 轮总损失的影响，保险公司破产的规模和速度因为损失不断累积而迅速升级。

根据传染过程，每一轮传染的发生主要取决于保险公司的所有者权益、破产损失率和业务赔付率。保险公司的破产损失率主要取决于处置公司破产所处的宏观经济环境、保险业务质量以及破产成本等因素，所以破产公司的损失率一般存在差异，没有统一的标准值。本书应用富尔芬（Furfine，2003）的方法，假定破产损失率 $\theta$ 对各个保险公司相同且在不同的破产轮次内无差异，这样避免了把损失率作为之后各轮次的内生变量，从而不必对承保损失在不同保险公司间的分布做其他假设，也不必对由于破产引起的经营成本和法律费用成本等做进一步考虑。业务赔付率 $\sigma$ 是再保险赔付额与再保险保费的比值，与 $\theta$ 的处理类似，本书也假定 $\sigma$ 对各个保险公司相同且在不同的破产轮次内无差异，因为业务赔付率因具体业务的不同而不同，所以假定它在不同公司或者破产轮次内存在差异意义不大。为了方便起见，假定破产损失率 $\theta$ 始终为 100%，通过控制 $\sigma$ 来估计系统性风险的业务传染效应。根据《中国保险年鉴 2020》，财产再保险分出业务的平均赔付率为 45%，最大赔付率为 284%，而再保险分入业务的平均赔付率为 55%，最大赔付率为 13400%，其次是 262%。综合考虑这些数据，本书主要考察业务赔付率在 50% 到 1000% 范围内保险公司破产所引致的传染效应。

## 4.3.1　完全分散型市场结构下系统性风险的业务传染测度

在完全分散型市场结构下，保险公司分入和分出业务的概率分布会尽可能平均，在模型中体现为对各保险公司之间的业务往来不存在额外约束条件。本部分分别研究了保险公司单独破产和几个保险公司同时破产引发的传染效应。

### 4.3.1.1　单一保险公司破产引致的传染效应分析

假定只存在一家虚拟再保险公司承保分出业务与分入业务之差，主要保险公司破产传染效应的模拟结果如图4-2所示。当业务赔付率在0～150%

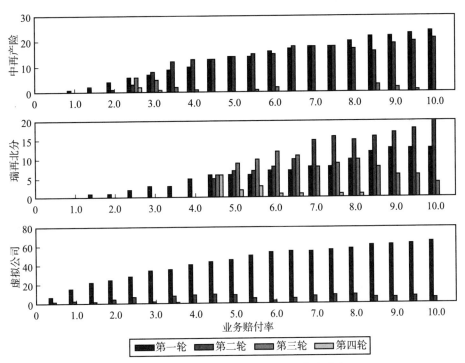

**图4-2　单一保险公司破产引发的传染效应**

注：图中纵轴表示破产公司数量。
资料来源：笔者根据模拟结果绘制而得。

范围内时，只有中再产险、瑞再北分和虚拟国际再保险公司的破产出现传染风险，其中中再产险和瑞再北分的传染效应在第一轮终止，虚拟公司在第二轮终止。当业务赔付率在 0 ~ 1000% 范围内时，前海再、法再北分、慕再北分、通用再上分和汉诺威再上分①的破产也引发了多轮传染效应，前海再、法再北分和通用再上分的传染效应在第一轮终止，汉诺威再上分在第三轮终止，慕再北分在第四轮终止。

因为中国再保险集团是国内最大的中资再保险企业，财产再保险市场份额占到30%以上，所以它的破产会对国内直接保险公司产生重要影响。如图4-2所示，相对而言，中再产险破产的直接传染效应较强，当业务赔付率为100%时，它的破产出现首次传染；当业务赔付率为500%时，它直接导致14家公司破产，间接导致14家公司破产；当业务赔付率在1000%时，它直接导致24家公司破产，间接导致21家公司破产。瑞再北分在国内财产再保险市场份额中居第二，它的破产也会产生传染效应，但是冲击力相对较小。在业务赔付率为500%时，它会直接引发6家公司破产，间接导致18家公司破产；在业务赔付率为1000%时，它会直接引发13家公司破产，间接引发24家公司破产。因为前海再、法再北分、慕再北分、通用再上分和汉诺威再上分的再保险业务份额很低，所以它们破产产生的传染性很弱，在业务赔付率为200%时汉诺威再上分的破产首次引发了传染，慕再北分为250%，法再北分为400%，通用再上分为450%，而前海再在业务赔付率为900%时才出现首次传染。因为有60%以上的再保险业务转移到了国际再保险市场，所以虚拟国际再保险公司的破产危机对中国保险业影响巨大。当业务赔付率为50%时，虚拟公司破产开始出现首次传染；当业务赔付率为500%时，虚拟公司破产会直接导致46家公司破产，间接导致9家公司破产，即导致一半以上的财产险公司破产。

虽然直接保险公司也经营再保险业务，但是由于其市场份额仅占国内再

---

① 因为前海再保险股份有限公司（简称"前海再"）、法国再保险公司北京分公司（简称"法再北分"）、慕尼黑再保险公司北京分公司（简称"慕再北分"）、德国通用再保险股份有限公司上海分公司（简称"通用再上分"）和汉诺威再保险股份公司上海分公司（简称"汉诺威再上分"）的传染性很小，所以图4-2只列出了传染性较强的三家公司。

保险市场的 7.7%，所以其由于业务传染导致直接保险公司产生系统性风险的可能性极低，这与本书的模拟结果一致，从保险业务传染风险的视角来看，再保险公司的系统重要性要远远大于直接保险公司。但是在假定存在单一虚拟国际再保险公司的情况下，因为业务过于集中可能出现风险高估。为了验证模拟结果的稳健性，并从多个方面反映我国保险业务传染的潜在可能性，本书进一步假定国内再保险公司之间不存在转分保业务，并且存在 10 家虚拟国际再保险公司，再保险境外分出业务在这 10 家公司之间平均分配。模拟结果如图 4 - 3 所示。

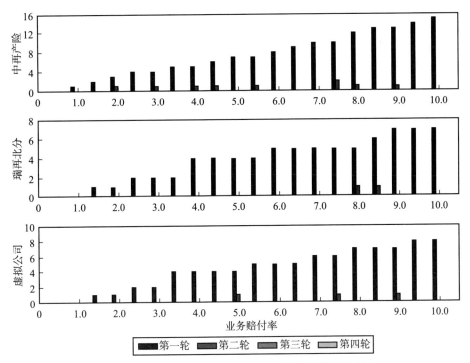

**图 4 - 3　修正假定后单一保险公司破产引发的传染效应**

注：图中纵轴表示破产公司数量。
资料来源：笔者根据模拟结果绘制而得。

取消转分保业务意味着国内再保险市场的业务集中度降低，增加国外虚拟再保险公司个数则意味着国外接受境内保险公司再保险业务的集中度降低，所以整体而言，保险公司破产导致的传染效应必然会随之降低。根据图 4 - 3

可知，当赔付率在1000%之内时，上述7家保险公司和虚拟国际再保险公司的破产出现传染效应，但传染效应有所减弱，且均在两轮之内终止。中再产险在业务赔付率为100%时破产危机出现首次传染；业务赔付率为1000%时，其破产直接传染15家公司。瑞再北分在业务赔付率为150%时首次发生传染，在业务赔付率为1000%时引发7家公司破产。虚拟再保险公司—①在业务赔付率为1000%时，直接导致8家公司破产。不难发现，将再保险业务进一步分散之后，保险公司破产引发传染效应的门槛提高、传染程度降低。

### 4.3.1.2 多个保险公司同时破产引致的传染效应分析

系统性风险可能源于共同冲击的风险流，类似于多米诺骨牌效应，使许多金融机构同时面临风险（Helwege，2010）。经济波动的周期性和不可预测的外部金融环境可能导致多家保险公司同时破产，从而引发更为严重的传染。本部分主要考察两组保险公司，第一组是国内经营财产再保险业务的7家再保险公司②，第二组是国内前三大财产保险公司③。沿袭前文假定条件：国内不存在转分保，国外存在十家业务量相当的再保险公司承保分出业务。第一组保险公司同时破产时的模拟结果如表4-1所示。

表4-1　　　　　　国内再保险公司同时破产引发的传染效应

| 业务赔付率（%） | 50 | 100 | 150 | 200 | 250 | 300 | 350 | 400 | 450 | 500 | 550 | 600 | 650 | 700 | 750 | 800 | 850 | 900 | 950 | 1000 |
|---|---|---|---|---|---|---|---|---|---|---|---|---|---|---|---|---|---|---|---|---|
| 第一轮传染数目（个） | 2 | 4 | 6 | 8 | 10 | 13 | 15 | 15 | 17 | 19 | 22 | 25 | 27 | 27 | 28 | 28 | 32 | 34 | 36 | 36 |
| 第一轮传染公司代码 | | 20 | 20 | 20 | 20 | 20 | 14 | 14 | 14 | 4 | 2 | 2 | 2 | 2 | 2 | 2 | 1 | 1 | 1 | 1 |
| | | 52 | 24 | 24 | 24 | 24 | 18 | 18 | 18 | 6 | 4 | 4 | 4 | 4 | 4 | 4 | 2 | 2 | 2 | 2 |
| | | | 52 | 52 | 34 | 31 | 20 | 20 | 20 | 14 | 6 | 6 | 6 | 6 | 6 | 6 | 4 | 4 | 4 | 4 |
| | | | 56 | 56 | 52 | 34 | 24 | 24 | 24 | 18 | 14 | 14 | 14 | 11 | 11 | 11 | 11 | 6 | 6 | 6 | 6 |
| | | | | 70 | 56 | 52 | 31 | 31 | 31 | 20 | 18 | 18 | 14 | 14 | 14 | 14 | 11 | 11 | 8 | 8 |

① 将虚拟再保险公司一作为10家虚拟再保险公司的代表，其他9家公司类似。
② 包括瑞再北分、法再北分、慕再北分、通用再上分、汉诺威再上分、中再产险、劳合社保险（中国）有限公司（简称"劳合社保险"），下同。
③ 包括人保财险、平安产险和太保产险。

| 业务赔付率（%） | 50 | 100 | 150 | 200 | 250 | 300 | 350 | 400 | 450 | 500 | 550 | 600 | 650 | 700 | 750 | 800 | 850 | 900 | 950 | 1000 |
|---|---|---|---|---|---|---|---|---|---|---|---|---|---|---|---|---|---|---|---|---|
|  |  |  | 82 | 70 | 56 | 34 | 34 | 34 | 24 | 20 | 20 | 20 | 18 | 18 | 18 | 18 | 12 | 12 | 11 | 11 |
|  |  |  |  | 73 | 67 | 52 | 52 | 52 | 31 | 24 | 24 | 24 | 20 | 20 | 20 | 20 | 14 | 14 | 12 | 12 |
|  |  |  |  | 82 | 70 | 56 | 56 | 56 | 34 | 31 | 30 | 30 | 24 | 24 | 24 | 24 | 18 | 18 | 14 | 14 |
|  |  |  |  |  | 73 | 67 | 67 | 67 | 52 | 34 | 31 | 31 | 30 | 30 | 30 | 30 | 20 | 20 | 18 | 18 |
|  |  |  |  |  | 82 | 69 | 69 | 69 | 56 | 52 | 34 | 34 | 31 | 31 | 31 | 31 | 24 | 23 | 20 | 20 |
|  |  |  |  |  |  | 70 | 70 | 70 | 67 | 56 | 43 | 43 | 34 | 34 | 34 | 34 | 30 | 24 | 23 | 23 |
|  |  |  |  |  |  | 73 | 73 | 73 | 69 | 67 | 52 | 44 | 43 | 43 | 43 | 43 | 31 | 30 | 24 | 24 |
|  |  |  |  |  |  | 82 | 74 | 74 | 70 | 69 | 56 | 52 | 44 | 44 | 44 | 44 | 34 | 31 | 29 | 29 |
|  |  |  |  |  |  |  | 77 | 77 | 73 | 70 | 67 | 56 | 52 | 52 | 52 | 52 | 43 | 34 | 30 | 30 |
|  |  |  |  |  |  |  | 82 | 82 | 74 | 72 | 69 | 67 | 56 | 56 | 56 | 56 | 44 | 41 | 31 | 31 |
|  |  |  |  |  |  |  |  |  | 77 | 73 | 70 | 68 | 58 | 58 | 58 | 58 | 48 | 43 | 34 | 34 |
|  |  |  |  |  |  |  |  |  |  | 82 | 74 | 71 | 69 | 69 | 69 | 69 | 56 | 50 | 44 | 44 |
|  |  |  |  |  |  |  |  |  |  | 77 | 72 | 70 | 70 | 70 | 70 | 58 | 52 | 48 |  |
|  |  |  |  |  |  |  |  |  |  | 81 | 73 | 71 | 71 | 71 | 71 | 67 | 56 | 50 | 50 |  |
| 第一轮传染公司代码 |  |  |  |  |  |  |  |  |  | 82 | 74 | 72 | 72 | 72 | 72 | 68 | 58 | 52 | 52 |  |
|  |  |  |  |  |  |  |  |  |  |  | 77 | 73 | 73 | 73 | 73 | 69 | 67 | 56 | 56 |  |
|  |  |  |  |  |  |  |  |  |  |  | 81 | 74 | 74 | 74 | 74 | 70 | 68 | 58 | 58 |  |
|  |  |  |  |  |  |  |  |  |  |  | 82 | 77 | 77 | 76 | 76 | 71 | 69 | 67 | 67 |  |
|  |  |  |  |  |  |  |  |  |  |  |  | 81 | 81 | 77 | 77 | 72 | 70 | 68 | 68 |  |
|  |  |  |  |  |  |  |  |  |  |  |  | 82 | 82 | 81 | 81 | 73 | 71 | 69 | 69 |  |
|  |  |  |  |  |  |  |  |  |  |  |  |  |  | 82 | 82 | 74 | 72 | 70 | 70 |  |
|  |  |  |  |  |  |  |  |  |  |  |  |  |  |  |  | 76 | 73 | 71 | 71 |  |
|  |  |  |  |  |  |  |  |  |  |  |  |  |  |  |  | 77 | 74 | 72 | 72 |  |
|  |  |  |  |  |  |  |  |  |  |  |  |  |  |  |  | 81 | 76 | 73 | 73 |  |
|  |  |  |  |  |  |  |  |  |  |  |  |  |  |  |  | 82 | 77 | 74 | 74 |  |
|  |  |  |  |  |  |  |  |  |  |  |  |  |  |  |  |  | 81 | 76 | 76 |  |
|  |  |  |  |  |  |  |  |  |  |  |  |  |  |  |  |  | 82 | 77 | 77 |  |
|  |  |  |  |  |  |  |  |  |  |  |  |  |  |  |  |  |  | 81 | 81 |  |
|  |  |  |  |  |  |  |  |  |  |  |  |  |  |  |  |  |  | 82 | 82 |  |

续表

| 业务赔付率（%） | 50 | 100 | 150 | 200 | 250 | 300 | 350 | 400 | 450 | 500 | 550 | 600 | 650 | 700 | 750 | 800 | 850 | 900 | 950 | 1000 |
|---|---|---|---|---|---|---|---|---|---|---|---|---|---|---|---|---|---|---|---|---|
| 第二轮传染数目（个） | 0 | 0 | 0 | 0 | 0 | 0 | 0 | 0 | 1 | 0 | 0 | 1 | 0 | 0 | 0 | 4 | 2 | 2 | 0 | 3 |
| 第二轮传染公司代码 | | | | | | | | | 72 | | | 11 | | | | 1 | 23 | 8 | | 19 |
| | | | | | | | | | | | | | | | | 12 | 41 | 29 | | 22 |
| | | | | | | | | | | | | | | | | 48 | | | | 78 |
| | | | | | | | | | | | | | | | | 50 | | | | |

注：表4-1及下文中各保险公司及其代码分别是：1（中国人民财产保险股份有限公司）；2（中国人寿财产保险股份有限公司）；3（中国大地财产保险股份有限公司）；4（太平财产保险有限公司）；5（中国出口信用保险公司）；6（中国太平洋财产保险股份有限公司）；7（中国平安财产保险股份有限公司）；8（中华联合财产保险股份有限公司）；9（阳光财产保险股份有限公司）；10（阳光信用保证保险股份有限公司）；11（泰康在线财产保险股份有限公司）；12（华泰财产保险有限公司）；13（天安财产保险股份有限公司）；14（史带财产保险股份有限公司）；15（华安财产保险股份有限公司）；16（永安财产保险股份有限公司）；17（富德财产保险股份有限公司）；18（永诚财产保险股份有限公司）；19（安信农业保险股份有限公司）；20（安华农业保险股份有限公司）；21（安盛天平财产保险股份有限公司）；22（阳光农业相互保险公司）；23（合众财产保险股份有限公司）；24（渤海财产保险股份有限公司）；25（都邦财产保险股份有限公司）；26（华农财产保险股份有限公司）；27（亚太财产保险有限公司）；28（安诚财产保险股份有限公司）；29（中银保险有限公司）；30（英大泰和财产保险股份有限公司）；31（长安责任保险股份有限公司）；32（国元农业保险股份有限公司）；33（鼎和财产保险股份有限公司）；34（中煤财产保险股份有限公司）；35（紫金财产保险股份有限公司）；36（浙商财产保险股份有限公司）；37（国任财产保险股份有限公司）；38（泰山财产保险股份有限公司）；39（锦泰财产保险股份有限公司）；40（众诚汽车保险股份有限公司）；41（长江财产保险股份有限公司）；42（诚泰财产保险股份有限公司）；43（新疆前海联合财产保险股份有限公司）；44（鑫安汽车保险股份有限公司）；45（北部湾财产保险股份有限公司）；46（众安在线财产保险股份有限公司）；47（华海财产保险股份有限公司）；48（中路财产保险股份有限公司）；49（恒邦财产保险股份有限公司）；50（中原农业保险股份有限公司）；51（东海航运保险股份有限公司）；52（安心财产保险有限责任公司）；53（易安财产保险股份有限公司）；54（久隆财产保险有限公司）；55（黄河财产保险股份有限公司）；56（融盛财产保险股份有限公司）；57（建信财产保险有限公司）58（中意财产保险有限公司）；59（国泰财产保险有限责任公司）；60（美国友邦保险有限公司上海分公司）；61（美国友邦保险有限公司广东分公司）；62（美国友邦保险有限公司深圳分公司）；63（美国友邦保险有限公司北京分公司）；64（美国友邦保险有限公司江苏分公司）；65（美国友邦保险有限公司东莞分公司）；66（美国友邦保险有限公司江门分公司）；67（美亚财产保险公司）；68（东京海上日动火灾保险（中国）有限公司）；69（瑞再企商保险有限公司）；70（安达保险有限公司）；71（三井住友海上火灾保险（中国）有限公司）；72（三星财产保险（中国）有限公司）；73（京东安联财产保险有限公司）；74（日本财产保险（中国）有限公司）；75（利宝保险有限公司）；76（中航安盟财产保险有限公司）；77（苏黎世财产保险（中国）有限公司）；78（现代财产保险（中国）有限公司）；79（爱和谊财产保险（中国）有限公司）；80（日本兴亚财产保险（中国）有限责任公司）；81（乐爱金财产保险（中国）有限公司）；82（富邦财产保险有限公司）；83（信利保险（中国）有限公司）；84（中国财产再保险股份有限公司）；85（太平再保险（中国）有限公司）；86（人保再保险股份有限公司）；87（前海再保险股份有限公司）；88（瑞士再保险股份有限公司北京分公司）；89（法国再保险公司北京分公司）；90（慕尼黑再保险公司北京分公司）；91（德国通用再保险股份公司上海分公司）；92（汉诺威再保险股份公司上海分公司）；93（RGA美国再保险公司上海分公司）；94（劳合社保险（中国）有限公司）。

资料来源：笔者根据模拟结果整理得到。

根据表4-1可知，当保险业务赔付率达到50%时，再保险公司同时破产开始产生传染；在业务赔付率为500%时，传染效应直接导致19家公司破产；而在业务赔付率为1000%时，传染效应直接导致36家公司破产，间接导致3家公司破产，所以多个保险公司同时破产的直接冲击力增大。

为了分析易被传染保险公司的特征，图4-4描述了本书所选择保险公司的分出业务、所有者权益以及分出业务与所有者权益之比。观察图4-4发现，易受传染的保险公司包括20、24、52、56等，它们的分出保费与所有者权益之比偏大，即分出业务相对较多，而股本、资本公积、盈余公积等相对较少，因为它们应对这种非预期损失的能力有限，一旦再保险交易对手丧失承保能力，就很容易受到传染。这表明再保险运用是一把"双刃剑"，一方面，通过安排再保险业务，保险公司可以有效释放资本金用于支持新业务，同时削减准备金，并满足偿付能力的需要；但是另一方面，如若分入公司破产，那么分出业务将继续由原保险公司承担，这势必会加重原保险公司的负担，反而弱化偿付能力。

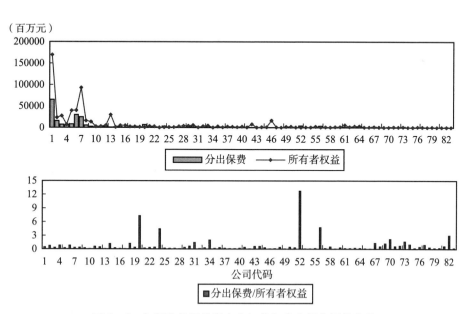

图4-4 各保险公司的所有者权益与分出保费及其比值

资料来源：笔者参考保险公司资产负债表数据绘制而得。

第二组保险公司同时破产引发的传染效应极低，只有业务赔付率足够大时才会通过业务产生传染，该组保险公司导致的第一轮传染效应如表4-2所示①。当业务赔付率达到1600%时，三大保险公司的破产出现首次传染，而且不产生间接传染，直到业务赔付率达到2800%时，才引发第二家保险公司破产。根据《2020年中国保险年鉴》可知，虽然三大财产险公司的直保业务占整个市场的62%，但是因为他们承保的分入业务是非常有限的，总计不到15亿元，所以直保公司破产通过业务传染导致系统性风险的可能性几乎不存在。

表4-2　　　　国内前三大财产险公司同时破产引发的传染效应

| 赔付率（%） | 1600 | 2800 | 4200 | 4500 | 6700 | 9100 |
|---|---|---|---|---|---|---|
| 第一轮传染数目（个） | 1 | 2 | 3 | 4 | 5 | 6 |
| 第一轮传染公司代码 | 52 | 20 | 20 | 20 | 20 | 20 |
| | | 52 | 52 | 24 | 24 | 24 |
| | | | 56 | 52 | 52 | 52 |
| | | | | 56 | 56 | 56 |
| | | | | | 82 | 70 |
| | | | | | | 82 |

资料来源：笔者根据模拟结果整理得到。

### 4.3.2　相对集中型市场结构下系统性风险的业务传染测度

完全分散型市场结构下对系统性风险业务传染的测度可能存在两方面的偏差，其一是该市场结构要求保险公司之间分入和分出业务概率尽可能分散，这会造成对传染风险的低估；其二是该市场结构忽视了保险公司在安排再保险时的选择偏好，直接保险公司一般会选择资质较好的分入公司以防范交易对手风险，所以完全分散型市场又可能导致对传染风险的高估。下面通过分

---

① 因为第一轮传染导致瑞再产出现破产，所以第二轮的传染主要是由于瑞再产的破产导致的，所以这里仅列出了第一轮破产的传染结果。

析分出公司的选择偏好对完全分散型市场结构进行修正。

### 4.3.2.1 再保险分出业务公司选择偏好分析

假定保险公司在经济活动中属于"理性人",它们只将再保险业务分给它们"偏好"的公司。再保险业务的实现是分出公司和分入公司共同意愿的体现,为了得到直接保险公司的再保险分出公司选择偏好,本书进一步假定直接保险公司没有主动寻求再保险业务的激励,其分入业务主要由分出公司的需求决定。基于此,下面对各直接保险公司的分入业务进行检验,研究分入业务与公司规模、偿付能力以及公司性质的关联性。其中,分入业务指标 Premium 采用对数分入保费衡量;公司规模 Size 采用资产对数衡量;偿付能力指标 S 和公司性质指标 D 均为虚拟变量,前者以偿付能力充足率是否大于 200%①界定,后者以是否中资公司划分。构建回归方程如下:

$$Premium_{i,t} = \alpha_1 Size_{i,t-1} + \alpha_2 S_{i,t-1} + \alpha_3 D_{i,t-1} + \varepsilon_{i,t} \qquad (4.5)$$

采用 2019 年各财产险公司的截面数据进行回归,结果如表 4 - 3 所示:

表 4 - 3 分入业务回归结果

| 名称 | 分入保费 |
|---|---|
| Size | 0.478 **<br>(4.27) |
| S | 0.782<br>(0.94) |
| D | - 1.481 *<br>( - 1.77) |
| $R^2$ | 0.780 |

注:括号中的数字是 t 统计量,** 、* 分别表示在 5% 、10% 的水平上显著。

根据表 4 - 3 可知,分入保费关于规模变量的回归系数为 0.478,在 5%

---

① 考虑各保险公司的实际偿付能力和再保险业务要求的安全性,这里以 200% 为临界值。

的水平上显著。这表明规模大的保险公司分入保费较多，保险公司更愿意将业务分给大型保险公司。同时，偿付能力也是保险公司选择再保险交易对象的重要指标，因为偿付能力水平高于200%的保险公司的分入业务在10%的置信水平内显著多于偿付能力低于200%的公司。表4-3的结果还表明，中资保险公司的分入业务都普遍偏少，而外资公司的分入业务则较多。之所以会出现这一现象，可能是因为一方面，外资公司承保了较多来自于母公司或者母公司的其他子公司的业务；另一方面，中资公司可能倾向于选择外资公司进行分保，这体现了保险公司通过再保险业务在世界范围内分散风险的本质思想，同时，外资保险公司为了扩大承保面也愿意接受中资保险公司的业务。

基于回归分析得到的公司选择偏好，本书做了两方面的假定，其一是直接保险公司愿意将业务分给规模大、偿付能力强的公司；其二是中资保险公司更愿意将业务分给外资保险公司。于是，在求解矩阵（4.2）时需要增加约束条件：

$$x_{ij}^* = 0，当 Solvency_j \leqslant 200\% 或者 Size_i \geqslant Size_j，i \in Z，j \in Z \qquad (4.6)$$

其中，Solvency 表示公司偿付能力，Size 表示公司规模，Z 表示中资或者合资保险公司集合。式（4.6）表明，中资保险公司不会将业务分给偿付能力低于200%，或者规模比自己小的非外资公司，但对外资公司没有限制。

### 4.3.2.2 相对集中型市场结构下的业务传染效应分析

在模型（4.4）中增加约束条件（4.6）并应用 RAS 算法求解业务转移矩阵，分别模拟单一保险公司破产、国内再保险公司同时破产和前三大财产险公司同时破产引发的传染效应。图4-5显示了相对集中型市场下单一公司破产引致的传染性结果。在相对集中型市场结构下1000%的赔付率内，单一直接保险公司破产不会产生传染效应。比较图4-3和图4-5可知，完全分散型市场和相对集中型市场的传染效应较为类似，因为完全分散型市场下中再产险破产的直接传染公司最多为15家，瑞再北分的直接传染公司为7家，而在相对集中型市场下，中再产险和瑞再北分的直接传染公司分别为14家和7家，传染数目和完全分散型市场大致相同。进一步观察发现，在相对集中型市场下，中再产险的第二轮传染主要发生在业务赔付率较高时，这主要是

因为分出公司的选择偏好导致分入公司在一定程度上出现集中化的趋势。

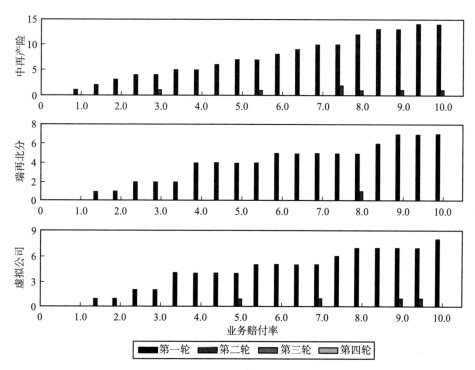

**图 4 - 5　相对集中型市场下单一保险公司破产引发的传染效应**

资料来源：笔者根据模拟结果绘制而得。

表 4 - 4 是相对集中型市场结构下再保险公司同时破产的传染结果。类似于单一保险公司破产的情形，相对集中型市场结构下所有再保险公司同时破产传染公司数目与完全分散型市场类似，且在业务赔付率高于 700% 时传染数目和轮次多于完全分散型市场。将表 4 - 4 与图 4 - 4 结合分析发现，易受传染的保险公司仍然是那些分出业务较多，而资本水平或者偿付能力相对较低的公司。

通过对前三大财产险公司同时破产的情景模拟分析发现，在相对集中型市场前三大财产公司同时破产导致的传染风险也与相对集中型市场基本一致。值得注意的是，本书的研究是在破产损失率为 100% 的假设下进行的，而实际的破产损失率很可能低于100%。同时本书假定在同一诱导因素下，业务赔付率对于各个保险公司相同且在不同破产轮次内无差异，这一条件也非常苛刻。所以无论是在完全分散型市场还是相对集中型市场，研究结果都高估了保险公司破产导致的业务传染风险。然而即使是在这样的条件下，保险市场因为业务传染产生系统性风险的潜在可能性依然很低。因此，保险公司破产通过再保险业务产生传染效应引发系统性风险的概率极小。

表4-4　相对集中型市场结构下再保险公司同时破产引发的传染效应

| 业务赔付率（%） | 50 | 100 | 150 | 200 | 250 | 300 | 350 | 400 | 450 | 500 | 550 | 600 | 650 | 700 | 750 | 800 | 850 | 900 | 950 | 1000 |
|---|---|---|---|---|---|---|---|---|---|---|---|---|---|---|---|---|---|---|---|---|
| 第一轮传染数目（个） | 2 | 4 | 6 | 8 | 10 | 13 | 15 | 15 | 17 | 19 | 22 | 25 | 27 | 27 | 28 | 29 | 33 | 35 | 36 | 36 |
| 第一轮传染公司代码 | 20 | 20 | 20 | 20 | 20 | 14 | 14 | 14 | 4 | 2 | 2 | 2 | 2 | 2 | 2 | 2 | 1 | 1 | 1 | 1 |
| | 52 | 24 | 24 | 24 | 24 | 18 | 18 | 18 | 6 | 4 | 4 | 4 | 4 | 4 | 4 | 4 | 2 | 2 | 2 | 2 |
| | | 52 | 52 | 34 | 31 | 20 | 20 | 20 | 14 | 6 | 6 | 6 | 6 | 6 | 6 | 6 | 4 | 4 | 4 | 4 |
| | | 56 | 56 | 52 | 34 | 24 | 24 | 24 | 18 | 14 | 14 | 14 | 11 | 11 | 11 | 11 | 6 | 6 | 6 | 6 |
| | | | 70 | 56 | 52 | 31 | 31 | 31 | 20 | 18 | 18 | 18 | 14 | 14 | 14 | 14 | 11 | 11 | 8 | 8 |
| | | | 82 | 70 | 56 | 34 | 34 | 34 | 24 | 20 | 20 | 20 | 18 | 18 | 18 | 18 | 12 | 12 | 11 | 11 |
| | | | | 73 | 67 | 52 | 52 | 52 | 31 | 24 | 24 | 24 | 20 | 20 | 20 | 20 | 14 | 14 | 12 | 12 |
| | | | | 82 | 70 | 56 | 56 | 56 | 34 | 30 | 30 | 30 | 24 | 24 | 24 | 18 | 18 | 18 | 14 | 14 |
| | | | | | 73 | 67 | 67 | 67 | 52 | 34 | 31 | 31 | 30 | 30 | 30 | 30 | 20 | 20 | 18 | 18 |
| | | | | | 82 | 69 | 69 | 69 | 56 | 52 | 34 | 34 | 31 | 31 | 31 | 31 | 24 | 23 | 20 | 20 |
| | | | | | | | 70 | 70 | 70 | 56 | 43 | 43 | 34 | 34 | 34 | 34 | 30 | 24 | 23 | 23 |
| | | | | | | 73 | 73 | 73 | 69 | 67 | 52 | 44 | 43 | 43 | 43 | 43 | 31 | 30 | 24 | 24 |
| | | | | | | 82 | 74 | 74 | 70 | 56 | 52 | 44 | 44 | 44 | 44 | 44 | 34 | 31 | 29 | 29 |
| | | | | | | | 77 | 77 | 73 | 70 | 67 | 56 | 52 | 52 | 52 | 52 | 43 | 34 | 30 | 30 |
| | | | | | | | 82 | 82 | 74 | 72 | 69 | 67 | 56 | 56 | 56 | 56 | 44 | 41 | 31 | 31 |
| | | | | | | | | | 77 | 73 | 70 | 68 | 58 | 58 | 58 | 58 | 48 | 43 | 34 | 34 |
| | | | | | | | | | 82 | 74 | 72 | 69 | 67 | 67 | 67 | 67 | 50 | 44 | 41 | 41 |
| | | | | | | | | | | 77 | 73 | 70 | 68 | 68 | 68 | 68 | 52 | 48 | 43 | 43 |
| | | | | | | | | | | 82 | 74 | 71 | 69 | 69 | 69 | 69 | 56 | 50 | 44 | 44 |

续表

| 业务赔付率（%） | 50 | 100 | 150 | 200 | 250 | 300 | 350 | 400 | 450 | 500 | 550 | 600 | 650 | 700 | 750 | 800 | 850 | 900 | 950 | 1000 |
|---|---|---|---|---|---|---|---|---|---|---|---|---|---|---|---|---|---|---|---|---|
| 第一轮传染公司代码 | | | | | | | | | | | 77 | 72 | 70 | 70 | 70 | 70 | 58 | 52 | 48 | 48 |
| | | | | | | | | | | | 81 | 73 | 71 | 71 | 71 | 71 | 67 | 56 | 50 | 50 |
| | | | | | | | | | | | 82 | 74 | 72 | 72 | 72 | 72 | 68 | 58 | 52 | 52 |
| | | | | | | | | | | | | 77 | 73 | 73 | 73 | 73 | 69 | 67 | 56 | 56 |
| | | | | | | | | | | | | 81 | 74 | 74 | 74 | 74 | 70 | 68 | 58 | 58 |
| | | | | | | | | | | | | 82 | 77 | 77 | 76 | 76 | 71 | 69 | 67 | 67 |
| | | | | | | | | | | | | | 81 | 81 | 77 | 77 | 72 | 70 | 68 | 68 |
| | | | | | | | | | | | | | 82 | 82 | 81 | 81 | 73 | 71 | 69 | 69 |
| | | | | | | | | | | | | | | | 82 | 82 | 74 | 72 | 70 | 70 |
| | | | | | | | | | | | | | | | | | 76 | 73 | 71 | 71 |
| | | | | | | | | | | | | | | | | | 77 | 74 | 72 | 72 |
| | | | | | | | | | | | | | | | | | 81 | 76 | 73 | 73 |
| | | | | | | | | | | | | | | | | | 82 | 77 | 74 | 74 |
| | | | | | | | | | | | | | | | | | | 81 | 76 | 76 |
| | | | | | | | | | | | | | | | | | | 82 | 77 | 77 |
| | | | | | | | | | | | | | | | | | | | 81 | 81 |
| | | | | | | | | | | | | | | | | | | | 82 | 82 |
| 第二轮传染数目（个） | 0 | 0 | 0 | 0 | 0 | 0 | 0 | 0 | 1 | 0 | 0 | 1 | 0 | 0 | 0 | 3 | 1 | 1 | 0 | 2 |
| 第二轮传染公司代码 | | | | | | | | | 72 | | | 11 | | | | 1 | 23 | 8 | | 19 |
| | | | | | | | | | | | | | | | | 12 | | | | 78 |
| | | | | | | | | | | | | | | | | 50 | | | | |
| 第三轮传染数目（个） | 0 | 0 | 0 | 0 | 0 | 0 | 0 | 0 | 0 | 0 | 0 | 0 | 0 | 0 | 0 | 1 | 0 | 0 | 0 | 0 |
| 第三轮传染公司代码 | | | | | | | | | | | | | | | | 48 | | | | |

资料来源：笔者根据模型计算结果统计而得。

# 4.4 本章小结

在后危机时代保险业职能深化、市场化改革和金融市场环境错综复杂的背景下，本书基于我国保险数据研究了不同市场结构下再保险承保业务风险的传染效应，并分析了再保险业务导致系统性风险的可能性。本书首先借鉴银行业对系统性风险的研究范式，构建再保险业务转移矩阵；其次利用最小交叉熵原理建立最优化模型，在完全分散型市场和相对集中型市场下，分别模拟单一保险公司破产、再保险公司同时破产和前三大直接保险公司同时破产所引致的传染效应。研究结果表明，我国保险业通过再保险业务传染引发系统性风险的可能性非常小。主要结论和政策建议如下。

首先，从承保业务风险传染的视角来看，系统性危机发生的门槛非常高，而且传染性很弱。研究结果表明，在破产损失率为100%时，（再）保险公司破产引发传染效应的最低业务赔付率为100%，这高于实际分出业务平均赔付率45%和分入业务平均赔付率55%的水平。

其次，再保险公司，尤其是中国财产再保险股份有限公司和中国人寿再保险股份有限公司处于系统性风险的中心，属于系统重要性公司，是系统性风险的可能来源。模拟结果表明，中再财破产导致的传染效应远远大于其他保险公司。作为风险集合与分散的"节点"，再保险公司一旦出现危机将直接导致多家保险公司丧失风险保障，造成较大的财务和经营压力，甚至形成系统性风险。所以再保险公司必须将稳健性经营放在首位，最大限度保证自身经营安全，同时监管部门要重视风险诱导因素发生前的预防和风险传染过程的干预，尤其要加强对再保险公司的"特殊"监管，实现对系统性风险的有效防范和及时处置。

再次，境外再保险市场破产危机也可能是国内保险业系统性风险的潜在来源。研究结果表明，境外再保险市场承接国内60%以上的分出业务，当只存在一家虚拟国际再保险公司时，该公司破产对中国保险市场的冲击非常大，而当存在十家虚拟公司时，一家公司破产产生的冲击就会大大降低。可见，保险公司需要在境外再保险市场做好整体规划，均衡分散风险，避免分出业务风险聚集。同时，虽然再保险属于全球性业务，但是再保险公司只需要满足当地的监管要求，此时可能会产生监管漏洞，而监管漏洞的存在为再保险业务风险的产生与传染提供了空间。所以各国的监管机构有必要加强跨境监管中的协调合作，一旦境外再保险公司出现破产危机，境内监管部门要能够快速反应并及时应对，避免风险转移或者扩散。

最后，相对于完全分散型市场，在相对集中型市场下，再保险公司传染效应的直接冲击力减弱，但是间接传染性增强。之所以出现这一结果，主要是因为考虑了直接保险公司的业务分出选择偏好，在偏好相似的条件下出现了再保险业务"风险集聚"。这一研究结果表明，一方面，各保险公司需要谨慎并灵活使用再保险工具，避免分出业务过于集中；在充分考虑公司规模、偿付能力等经营指标的同时，还要注意挖掘经营稳健的其他中小型公司，防止风险在大型（再）保险公司或者（再）保险集团聚集和传染。另一方面，保险公司需要权衡应用再保险产生的内部风险分散效应与外部风险传染效应之间的关系，适当、有效地进行再保险。

# 第 5 章

# 基于分保偏好和风险组合冲击的保险市场系统性风险度量

　　基于保险行业的特点，系统性风险的产生主要存在以下传染途径，其一是分保业务导致的（再）保险公司之间风险的传染；其二是保险资金运用导致的（再）保险公司与其他金融机构之间的风险的暴露和传染；其三是负向市场预期使得消费者信心丧失导致的群体性的退保风险的传染。本章主要研究我国保险市场基于分保业务的系统性风险传染效应，虽然这一问题在学术领域的研究较少，但是保险业界已经开始关注这一问题。中国风险导向的偿付能力体系（以下简称"偿二代"）自提出至今一直备受全球保险业界关注，根据"偿二代"制定的再保分出的信用风险资本标准要求，直接保险公司向境外的再保险公司分出的保费需按74.5%的比例提取信用风险资本。基于这一规定，保险公司的境外分保业务对于公司偿付能力的改善会大打折扣，这会增加有较多境外分保业务公司的资金成本，或者促使它们调整再保险业务结构，其设计目的之一就是控制境外风险通过分保业务向境内保险公司传染。保险公司之间通过分保业务紧密关联，然而分保在为直接保险公司分散风险、扩大承保面的同时，也使其面临信贷风险。如果分保业务失败，直接保险公司就不得不承担所有损失，这可能导致偿付能力不足或者流动性不足甚至破产，而直接保险公司也承担分保业务，风险由此出现蔓延。本章拟基于我国保险公司的财务数据和分保偏好构建理论模型，测度财产保险市场上的系统性风险。

# 5.1　基于分保偏好和风险组合冲击的保险市场系统性风险传染效应

随着人们收入水平的提高和保险意识的增强，以及风险向复杂多样化态势的演变，中国保险业的职能亟待充分而有效地发挥，保险业将在更深的层次和更广的领域渗透到社会生产和生活中，而保险业职能的不断开发和挖掘使得其自身的稳定性至关重要。2013年7月，金融稳定理事会（FSB）公布了首批9家全球系统重要性保险机构（G-SII）名单，中国平安保险集团是发展中国家及新兴保险市场中唯一入选的保险机构，为保证全球金融系统的安全性，今后它将面临更加严格的监管以及更高的资本金要求。这表明我国保险业在国际保险市场上的影响和地位得到了认可，我国在参与国际金融治理、维护全球金融稳定的重要性被肯定，但是同时也表明国际金融组织认为我国保险业存在潜在的系统性风险，中国平安集团一旦发生重大风险事故或者经营失败，将会危及全球保险、金融市场甚至整个经济体系。

我国保险业起步晚、发展快且粗放式经营，长期以来聚集的风险可能形成系统性风险，而且保险业目前正处于改革创新和市场化发展的关键时期，复杂的保险市场环境也为系统性风险的产生提供了空间。一方面，我国保险业资金运用改革不断拓宽投资渠道。2014年2月中国保险监督管理委员会发布了《关于加强和改进保险资金运用比例监管的通知》，2014年4月又发布了《关于修改〈保险资金运用管理暂行办法〉的决定》，此后，2018年4月其宣布实施《保险资金运用管理办法》[①]，在2020年11月，中国银保监会又根据《保险资金运用管理办法》等规定发布了《关于保险资金财务性股权投资有关事项的通知》等，取消保险资金开展财务性股权投资行业限制[②]。显然，各类政策

---

① 保险资金运用管理办法 ［EB/OL］.［2018-01-24］. http：//www.gov.cn/gongbao/content/2018/content_5288834.htm.

② 中国银保监会取消保险资金开展财务性股权投资行业限制 ［EB/OL］.［2020-11-16］. http：//www.gov.cn/xinwen/2020-11/16/content_5561873.htm.

推进了保险资金运用体制的市场化改革，提高了资金运用效率。截至2022年末，保险资金已为实体经济提供融资支持超过21万亿元①。但与此同时，保险机构与其他金融机构之间的联系也变得更加紧密，这为系统性风险的传播提供了便利。另一方面，保险业费率市场化改革正在逐步推进，商业车险条款费率改革于2016年7月由试点地区推广到全国范围，普通型人身保险费率改革也于2015年8月正式启动，2017年6月再次扩大保险公司自主定价权以释放商业车险费率市场化改革红利②，这些政策将定价等选择权交给保险公司和市场，有利于促进保险资源有效配置，但是也会加剧保险公司之间的竞争，造成风险在不同业务领域之间的相互传染。为了防范系统性风险，探索建立具有中国特色的保险监管制度，提升保险机构的公司治理水平和危机处置能力，2016年，中国保险监督管理委员会评选出16家系统重要性保险机构，此后，在2018年中国人民银行、中国银行保险监督管理委员会与中国证券监督管理委员会三部门联合发布《关于完善系统重要性金融机构监管的指导意见》，其中规定系统重要性金融机构是包括系统重要性保险业机构在内的具有系统重要性、从事金融业务的机构。自此，国内系统重要性保险机构监管制度建设正式开启。

目前国内对保险业系统性风险的研究主要集中于三个方面，一是定性分析国际保险业的系统性风险问题（赵桂芹、吴洪，2012），二是定量分析国内银行、保险、证券等金融机构的系统关联性问题（高波、任若恩，2013；刘璐、韩浩，2016），三是定量或定性分析国内的系统重要性保险公司（谢志刚，2016）。由于我国保险市场尚未成熟，上市公司较少，将基于财务数据的矩阵法应用于保险市场系统性风险的研究是非常适合的，所以本节利用财务数据采用矩阵法进行研究。本节主要测度基于分保偏好和风险组合冲击的中国保险市场的系统性风险传染性，其创新点主要体现在两个方面。其一，已有研究主要基于完全分散市场进行研究，而本节基于分保偏好对保险公司

①　中国银保监会加强财会监管推动保险公司稳妥实施两个新准则［EB/OL］．［2023－04－25］．http：//www. cbirc. gov. cn/cn/view/pages/ItemDetail. html？ docId＝1105618&itemid＝915&generaltype＝0.
②　商业车险费率改革进一步深化　好车主有好折扣［EB/OL］．［2017－06－12］. http：//www. gov. cn/zhengce/2017－06/12/content_5201699. htm.

进行分类，并据其设定分保意愿构建偏好市场，使模拟结果能更好地反映我国再保险市场现状。其二，已有研究主要针对信用违约风险，而本节在考虑直接信用违约导致的破产风险基础上，还考虑了信息不对称条件下的趋同性、恐慌预期和负反馈等因素导致的"退保潮"和"续保难"对保险公司造成的流动性冲击风险。其三，本节从承保业务的角度识别了系统重要性公司和系统脆弱性公司。

## 5.2　保险市场系统性风险传染模型

由于保险公司之间的分保数据难以获得，本书采用矩阵法生成保险公司之间的业务转移数据。为了保证模拟得到的数据的合理性，首先要对保险市场结构作出假定，其次基于市场结构调整矩阵法理论模型，最后分析保险市场的风险组合冲击及其传染过程。

### 5.2.1　基于分保偏好的保险市场结构构建

已有研究对银行间市场的分析比较深入，银行间市场结构主要包括完全市场结构。在完全分散市场结构下，保险公司之间均存在分保行为，分出业务和分入业务的概率分布相互独立并且尽可能分散。但是，我国的财产保险公司具有明显的层级特征，根据 2023 年底的各公司年报，中国人民财产保险股份有限公司、平安财产保险股份有限公司、中国太平洋财产保险股份有限公司、中国人寿财产保险股份有限公司和中国出口信用保险公司的资产规模在 1000 亿元以上，而中国大地财产保险股份有限公司、中华联合财产保险股份有限公司等 20 家财产保险公司的资产规模达百亿，诚泰财产保险股份有限公司等五十多家公司的资产规模达十亿，简单的完全分散型市场结构不能较好地刻画我国保险市场的实际特征，有可能造成对系统性风险的高估或者低估。

通过对我国再保险市场进行深入调查，并对业界专家进行深层访谈发现，一方面，偿付能力充足且规模相当的公司承保能力比较接近，它们更容易达成分保协议；另一方面，在相同条件下，再保险分出公司倾向于选择资产规模大、偿付能力充足的分入公司。基于此，本书以公司资产规模为100亿元和30亿元为临界值，将直接保险公司分为大型公司A类、中型公司B类和小型公司C类。同时，以偿付能力充足率150%和100%为临界值，将保险公司分为充足Ⅰ类D、充足Ⅱ类E和不足类F。建立分保偏好假定如下。

第一，再保险分入公司只关注业务风险，根据业务风险程度和自身承保能力决定是否接受业务。

第二，在其他条件相同的情况下，再保险分出公司对大型公司、中型公司和小型公司的分保意愿依次递减。

第三，在其他条件相同的情况下，再保险分出公司对充足Ⅱ类公司的分保意愿大于对充足Ⅰ类的公司，对偿付能力不足类公司的分保意愿为零。

假设 $Q_{ij}$ 表示分出公司I对分入公司J分保意愿的强弱，用于刻画保险公司之间的分保偏好，建立市场结构如图5-1、图5-2所示。根据分保偏好假定，对于A、B和C类保险公司，分保意愿满足 $Q_{aa} > Q_{ab} > Q_{ac}$、$Q_{ba} > Q_{bb} > Q_{bc}$ 和 $Q_{ca} > Q_{cb} > Q_{cc}$。对于D、E类保险公司，分保意愿满足 $Q_{dd} > Q_{de}$ 和 $Q_{ed} > Q_{ee}$。根据《中国保险法》第139条规定，对偿付能力不足的保险公司，监管机构可以采取责令其增加资本金、办理再保险、限制业务范围等监管措施，所以，此处假定偿付能力不足类保险公司F可以分出业务，但不能分入业务，它们的分保意愿满足 $Q_{fd} > Q_{fe}$。

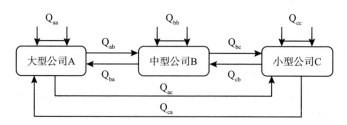

图5-1 基于公司规模的分保偏好

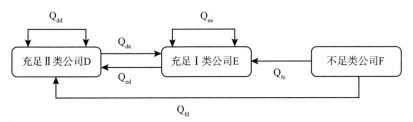

图5-2 基于偿付能力的分保偏好

为了构建业务转移矩阵，本书对再保险业务转移情况做了进一步约束：一是假定直接保险公司可以将业务转移给其他直接保险公司或者再保险公司；二是假定再保险公司只能将业务转移给其他再保险公司，即转分保只针对再保险公司。因为我国以再保险企业为主的分入国际化显著落后于以保险企业为主的分出国际化，所以本书增加了10家虚拟境外国际再保险公司以保证总分入业务与总分出业务相等，因此这些虚拟公司的分入业务之和是国内总分出业务与总分入业务之差，而分出业务之和忽略为零。

## 5.2.2 矩阵法模型构建与求解

假设保险市场存在 N 个（再）保险公司，那么它们之间的业务转移关系可以表示为式（5.1）所示的双边风险敞口矩阵：

$$X_{NN} = \begin{bmatrix} x_{11} & \cdots & x_{1j} & \cdots & x_{1N} \\ \vdots & \ddots & \vdots & \cdot\cdot & \vdots \\ x_{i1} & \cdots & x_{ij} & \cdots & x_{iN} \\ \vdots & \cdot\cdot & \vdots & \ddots & \vdots \\ x_{N1} & \cdots & x_{Nj} & \cdots & x_{NN} \end{bmatrix} \begin{matrix} a_1 \\ \vdots \\ a_i \\ \vdots \\ a_N \end{matrix} \qquad (5.1)$$

$$l_1 \quad \cdots \quad l_j \quad \cdots \quad l_N$$

其中，$x_{ij}$ 为保险公司 i 向保险公司 j 的再保险业务转移规模，$a_i$ 表示公司 i 的分出业务总规模，$l_j$ 表示公司 j 的分入业务总规模，即有 $\sum_{j=1}^{N} x_{ij} = a_i$ 和 $\sum_{i=1}^{N} x_{ij} = l_j$ 成立。

假定各分出公司的最大分保意愿为 1，其他分保意愿介于 1 和 0 之间。基于独立性假设，采用最大化熵方法可以得到初始解 $x_{ij} = a_i l_j$。依据上文构建的分保偏好对初始解进行修正得到矩阵 $X_{NN}^1$ 如下：$x_{ij} = Q_{mn} a_i l_j$，其中 $Q_{mn}$ 的值为：

$$Q_{mn} = \begin{cases} Q_{ab}, & i \in A, \ j \in B \\ Q_{ac}, & i \in A, \ j \in C \\ Q_{bb}, & i \in B, \ j \in B \\ Q_{bc}, & i \in B, \ j \in C \\ Q_{cb}, & i \in C, \ j \in B \\ Q_{cc}, & i \in C, \ j \in C \end{cases} \quad \text{or} \quad Q_{mn} = \begin{cases} Q_{de}, & i \in D, \ j \in E \\ Q_{ee}, & i \in E, \ j \in E \\ Q_{fe}, & i \in F, \ j \in E \end{cases} \quad (5.2)$$

以矩阵 $X_{NN}^1$ 为初始值，基于最小交叉熵原理求解模型（5.3）：

$$\min \sum_{i=1}^{N} \sum_{j=1}^{N} x_{ij}^* \ln\left(\frac{x_{ij}^*}{x_{ij}}\right)$$

$$\text{s. t.} \sum_{j=1}^{N} x_{ij}^* = a_i \quad (5.3)$$

$$\sum_{i=1}^{N} x_{ij}^* = l_j, \ x_{ij}^* \geqslant 0, \ i = 1, \cdots, N, \ j = 1, \cdots, N$$

根据布林和格雷夫（Blien & Graef, 1991）的研究结果，模型（5.3）可以应用计算投入产出的 RAS 算法进行求解。

### 5.2.3 不同风险组合冲击与传染过程分析

部分金融机构倒闭后，冲击通过金融机构间资产的相互持有与实质交易进行传播，保险机构之间因为彼此持有对方的再保险业务而导致风险出现传染效应。本书主要考虑两方面的风险冲击，其一是针对直接信用违约导致的破产冲击，其二是在直接破产冲击的基础上产生的间接冲击，即信息不对称条件下的趋同性、恐慌预期和负反馈等因素导致的"退保潮"和"续保难"造成的流动性冲击。

假定初始风险源于单一公司破产或者由于共同风险敞口导致的多个公司同时破产。以单一保险公司 j 破产为例，该公司出现破产之后，风险开始出现传染。首先考虑直接信用违约冲击，公司 j 破产会导致公司 i 对公司 j 分出业务的赔偿责任 $\sigma x_{ij}$ 由公司 i 承担，这里 $\sigma$ 为业务赔付率且 $\sigma \geq 0$。假设 $\theta$ 为破产损失率且 $\theta \in [0, 1]$，$E_i$ 为保险公司 i 的所有者权益，那么当 $\sigma \theta x_{ij} > E_i$ 时，保险公司 j 破产引发保险公司 i 破产。进一步考虑流动性冲击，当公司 i 因为公司 j 的破产而导致客户产生恐慌预期进而出现"退保潮"或者"续保难"时，会产生两方面的后果，一方面是保费收入降低，假定保费损失率为 $\gamma$，$P_i$ 为公司 i 的保费收入，则保费的损失为 $\gamma P_i$；另一方面是保费收入降低会减少保险公司现金的流动性，容易出现流动性危机。为了保证正常的保险赔付和费用支出，保险公司需要出售相关资产来满足公司流动性的需要。假定保险公司流动性萎缩导致的资产缩水程度为 $\delta$，则保险公司 i 不得不减价出售账面价值为 $(1 + \delta) \gamma P_i$ 的资产来保证公司的正常经营，其中 $P_i$ 为公司 i 的保费收入。于是，当 $\sigma \theta x_{ij} + \delta \gamma P_i > E_i$ 时保险公司 j 的破产引发保险公司 i 破产。由于不同保险公司在不同承保业务中的赔付率差别较大，而将它们设定为相同的值是不合理的，所以本书只研究第一轮传染效应的影响。

## 5.3　保险市场系统性风险传染模拟分析

### 5.3.1　数据选取与参数假定

在数据处理上，本书采用 2017～2019 年 91 家财产（再）保险公司的资产负债表和利润表数据来测度系统性风险的业务传染性。其中，直接保险公司 81 家，再保险公司 10 家。这些公司的总资产占财产险公司总资产的 99% 以上，具有较好的代表性。2017 年、2018 年和 2019 年境内再保险业务的总分入保费与分出保费之比分别为 63.0%、38.6% 和 33.9%。列举主要保险公司的分出业务和分入业务数据如图 5－3 所示。观察图 5－3，再保险公司主要承接再保险业务，分保费收入非常高，而直接保险公司主要承接原保险业务，分保费收入则很低。

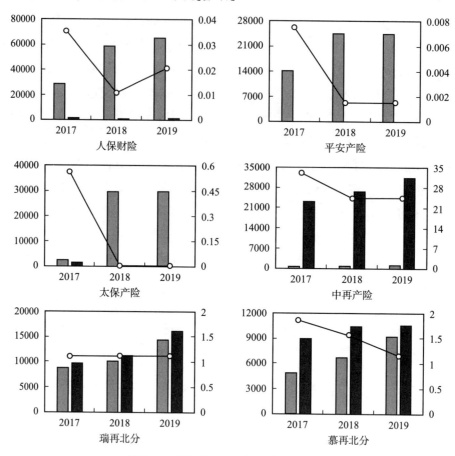

**图 5 - 3　主要保险公司的分出分入保费**

注：图 5 - 3 中横坐标是年份，双坐标轴中的左纵坐标是保费，每个年份对应的两个柱状图分别是分出保费（左）和分保费收入（右），单位为百万元，双坐标轴中的右纵坐标是分入分出保费之比，用折线图标识。数据来源于 2018 ～ 2020 年《中国保险年鉴》。

在对风险传染过程进行模拟时，需要对相关参数进行假定。根据 2018 ～ 2020 年的《中国保险年鉴》可知，2017 ～ 2019 年再保险分出业务的平均赔付率分别为 51%、45%、45%，再保险分入业务的平均赔付率分别为 55%、53%、55%，而最大赔付率达到了 14400%。综合考虑这些数据，本书假定业务赔付率的范围为 50% ～ 1000%。参考弗雷克萨斯等（Freixas et al.，2000）、范·利维尔德等（Van Lelyveld et al.，2011）以及菅野（Kanno，

2016）的观点，假定信用违约损失率 θ 为 100%，通过控制业务赔付率 σ 来估计风险的传染效应。假定客户恐慌预期导致的保费损失率 γ 为 20%，资产的缩水程度 δ 为 20%，不同公司之间的分保意愿为 $Q_{aa} = Q_{ba} = Q_{ca} = Q_{dd} = Q_{ed} = Q_{fd} = 1$，$Q_{ab} = Q_{bb} = Q_{cb} = 0.8$，$Q_{fe} = Q_{ac} = Q_{bc} = Q_{cc} = 0.5$，$Q_{de} = Q_{ee} = 0$[①]。这部分内容前已述及，此处是对初始解进行修正，实质是对它们重新赋予权重，所以只要确定分保偏好的相对值即可。

## 5.3.2 基于分保偏好的市场网络结构分析

根据以上假设对模型（5.3）进行求解，得到了再保险业务转移矩阵，将各保险公司的再保险业务转移关系通过网络图画出，具体如图 5-4～图 5-6 所示。其中圆圈内的数字代表各个保险公司[②]，带方向的箭头表示业务的转移关系。观察 2017～2019 年完全分散市场和具有分保偏好的市场网络图不难发现，偏好市场比完全分散市场的业务转移关系更加集中，并且再保险公司和大型直接保险公司位于再保险业务转移关系密集的区域，而中小型保险公司则与其他保险公司的业务转移关系较弱。通过网络图指标——出度（out-

---

① 此处只有利宝 2012 和长安责任 2013 处于充足 Ⅰ 类，其他都属于充足 Ⅱ 类，而且利宝和长安责任当年的分入保费之和均为 0，所以此处实际上是假设为零，对最终结果不产生影响。

② 具体而言，c1 表示人保财险，c2 表示国寿财险，c3 表示大地财险，c4 表示太平财险，c5 表示中国信保，c6 表示太保产险，c7 表示平安产险，c8 表示中华财险，c9 表示阳光产险，c10 表示阳光信保，c11 表示泰康在线，c12 表示华泰财险，c13 表示天安财险，c14 表示史带财险，c15 表示华安保险，c16 表示永安保险，c17 表示富德财险，c18 表示永诚财险，c19 表示安信农险，c20 表示安华农险，c21 表示安盛天平，c22 表示阳光农险，c23 表示合众财险，c24 表示渤海财险，c25 表示都邦财险，c26 表示华农财险，c27 表示亚太财险，c28 表示安诚财险，c29 表示中银保险，c30 表示英大财险，c31 表示长安责任，c32 表示国元农险，c33 表示鼎和财险，c34 表示中煤财险，c35 表示紫金财险，c36 表示浙商财险，c37 表示国任财险，c38 表示泰山财险，c39 表示锦泰财险，c40 表示众诚车险，c41 表示长江财险，c42 表示诚泰财险，c43 表示前海财险，c44 表示鑫安车险，c45 表示北部湾财险，c46 表示众安在线，c47 表示华海财险，c48 表示中路财险，c49 表示恒邦财险，c50 表示中原农险，c51 表示东海航运，c52 表示安心财险，c53 表示易安财险，c54 表示久隆财险，c55 表示建信财险，c56 表示中意财险，c57 表示国泰产险，c58 表示友邦上海，c59 表示友邦广东，c60 表示友邦深圳，c61 表示友邦北京，c62 表示友邦江苏，c63 表示友邦东莞，c64 表示友邦江门，c65 表示美亚保险，c66 表示东京海上日动，c67 表示瑞再企商，c68 表示安达保险，c69 表示三井住友，c70 表示三星财险，c71 表示京东安联，c72 表示日本财险，c73 表示利宝保险，c74 表示中航安盟，c75 表示苏黎世财险，c76 表示现代财险，c77 表示爱和谊财险，c78 表示兴亚财险，c79 表示乐爱金财险，c80 表示富邦财险，c81 表示信利保险，c82 表示中再产险，c83 表示太平再，c84 表示人保再，c85 表示前海再，c86 表示瑞再北分，c87 表示法再北分，c88 表示慕再北分，c89 表示通用再上分，c90 表示汉诺威再上分，c91 表示劳合社保险，c92～c101 表示虚拟境外再保险公司。

degree）和入度（in-degree）之和来衡量相互关联性，前十家关联性较强的保险公司主要包括：人保财险、太保产险、平安产险、中再产险、瑞再北分、慕再北分、汉诺威再上分、前海再、法再北分和国寿财险。相对于完全分散市场，偏好市场上关联性较强的这些保险公司的度值更大，这表明其业务关系存在集中化特点。

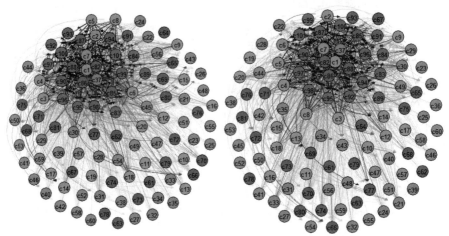

图 5-4　2017 年完全分散市场（左）和偏好市场（右）再保险网络图

资料来源：笔者根据模拟结果绘制而得。

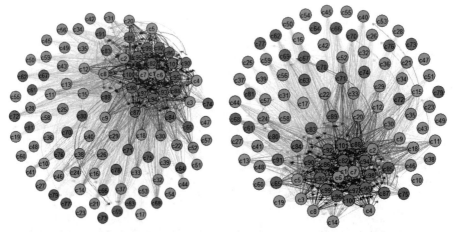

图 5-5　2018 完全分散市场（左）和偏好市场（右）再保险网络图

资料来源：笔者根据模拟结果绘制而得。

图5－6　2019年完全分散市场（左）和偏好市场（右）再保险网络图

资料来源：笔者根据模拟结果绘制而得。

### 5.3.3　不同市场结构和风险冲击组合下的系统性风险传染性分析

在不同的市场结构和风险组合冲击下，本书分别模拟2017～2019年完全分散市场和具有分保偏好市场的网络结构下单一冲击和双重冲击导致的系统性风险传染情况。为了更加清楚地展现系统性风险的传染情况，图5－7以2019年为例，画出了赔付率为500%时不同市场结构和风险冲击下系统性风险传染的网络图。其中，左上图是基于分散市场、单一冲击，右上图是基于分散市场、双重冲击，左下图是基于偏好市场、单一冲击，右下图是基于偏好市场、双重冲击。通过观察图5－7不难发现，中国再保险是传染性较强的公司，而安华农险、渤海财险和安心财险则是被传染性较强的公司。

表5－1①是具有一定系统重要性的公司破产传染其他公司倒闭的数目。由于2017年的友邦上海和2018年的长安责任所有者权益为负，因此破产传染至这两家公司的保险公司不计。通过观察表5－1发现，对于承保业务可能导致的系统性风险，只有再保险公司才会产生风险传染，直接保险公司的破产风险不会通过承保业务传染给其他保险公司。根据模拟结果，境内再保险

---

① 表5－1中只列出了一个虚拟境外再保险公司92作为代表，其他虚拟境外再保险公司没有一一列出。

公司和虚拟境外再保险公司的破产存在传染性，其中中国再保险的传染性最强，其次是瑞再北分和慕再北分。

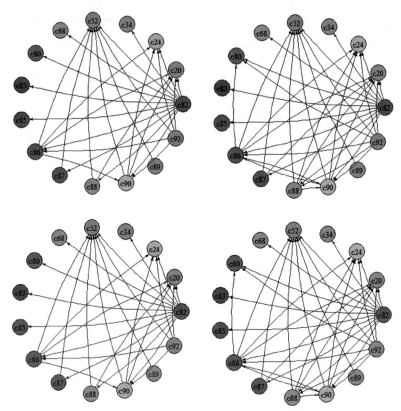

**图 5 - 7　2019 年不同市场结构和风险冲击下的风险传染模拟网络图**

资料来源：笔者根据模拟结果绘制而得。

　　通过比较完全离散市场和具有分保偏好的市场发现，两种市场结构下的传染数目较为类似。进一步比较存在信用风险下的单一冲击和流动性风险同时存在下的双重冲击的风险传染性，不难发现，双重冲击所导致的风险传染深度和广度要大于单一冲击。例如，在 2019 年赔付率为 400% 时，在完全分散市场上中再产险、前海再、瑞再北分、法再北分、慕再北分、汉诺威再上分和虚拟境外再保险公司在双重冲击下风险传染数目分别为 12、0、4、1、2、3、5，在单一冲击下风险传染数目为 9、0、3、1、2、2、5；在偏好市场

**表 5 – 1　2017～2019 年不同市场结构和风险冲击下的风险传染模拟结果**

| 年份 | 冲击形式 | 公司代码 | 分散市场 赔付率 | | | | | | | | | | | | 偏好市场 赔付率 | | | | | | | | | | | |
|---|---|---|---|---|---|---|---|---|---|---|---|---|---|---|---|---|---|---|---|---|---|---|---|---|---|---|
| | | | 0.5 | 1 | 1.5 | 2 | 3 | 4 | 5 | 6 | 7 | 8 | 9 | 10 | 0.5 | 1 | 1.5 | 2 | 3 | 4 | 5 | 6 | 7 | 8 | 9 | 10 |
| 2017 | 单一冲击 | 82 | 0 | 1 | 1 | 2 | 6 | 7 | 8 | 10 | 12 | 13 | 14 | 17 | 0 | 1 | 1 | 2 | 6 | 7 | 8 | 10 | 12 | 13 | 14 | 17 |
| | | 85 | 0 | 0 | 0 | 0 | 0 | 0 | 0 | 1 | 1 | 1 | 1 | 2 | 0 | 0 | 0 | 0 | 0 | 0 | 1 | 1 | 1 | 1 | 1 | 2 |
| | | 86 | 0 | 0 | 0 | 1 | 1 | 1 | 1 | 4 | 5 | 5 | 6 | 6 | 0 | 0 | 0 | 1 | 1 | 1 | 1 | 4 | 5 | 5 | 6 | 6 |
| | | 87 | 0 | 0 | 0 | 0 | 0 | 1 | 1 | 1 | 1 | 2 | 2 | 2 | 0 | 0 | 0 | 0 | 1 | 1 | 1 | 1 | 1 | 2 | 2 | 2 |
| | | 88 | 0 | 0 | 0 | 1 | 1 | 1 | 2 | 3 | 4 | 5 | 5 | 6 | 0 | 0 | 0 | 1 | 1 | 2 | 3 | 4 | 5 | 5 | 6 | |
| | | 90 | 0 | 0 | 0 | 0 | 1 | 1 | 1 | 2 | 2 | 4 | 5 | | 0 | 0 | 0 | 1 | 1 | 1 | 2 | 2 | 4 | 5 | | |
| | | 92 | 0 | 0 | 0 | 0 | 0 | 1 | 1 | 1 | 2 | 2 | 4 | | 0 | 0 | 0 | 1 | 1 | 1 | 2 | 2 | 4 | | | |
| | 双重冲击 | 82 | 0 | 1 | 2 | 4 | 7 | 7 | 9 | 12 | 13 | 14 | 18 | 19 | 0 | 1 | 2 | 4 | 7 | 7 | 9 | 11 | 13 | 14 | 17 | 19 |
| | | 85 | 0 | 0 | 0 | 0 | 0 | 0 | 0 | 1 | 1 | 1 | 2 | 2 | 0 | 0 | 0 | 0 | 0 | 0 | 1 | 1 | 1 | 2 | 2 | |
| | | 86 | 0 | 0 | 0 | 1 | 1 | 1 | 3 | 5 | 6 | 6 | 6 | 6 | 0 | 0 | 0 | 1 | 1 | 1 | 3 | 5 | 6 | 6 | 6 | 6 |
| | | 87 | 0 | 0 | 0 | 0 | 0 | 1 | 1 | 2 | 2 | 3 | | | 0 | 0 | 0 | 1 | 1 | 1 | 2 | 2 | 3 | | | |
| | | 88 | 0 | 0 | 0 | 2 | 3 | 4 | 5 | 6 | 6 | 6 | | | 0 | 0 | 1 | 2 | 3 | 4 | 5 | 6 | 6 | 6 | | |
| | | 90 | 0 | 0 | 0 | 0 | 1 | 1 | 1 | 2 | 2 | 4 | 5 | | 0 | 0 | 1 | 1 | 1 | 2 | 2 | 4 | 5 | | | |
| | | 92 | 0 | 0 | 0 | 0 | 0 | 1 | 1 | 2 | 2 | 4 | | | 0 | 0 | 0 | 1 | 1 | 1 | 1 | 2 | 2 | 4 | | |
| 2018 | 单一冲击 | 82 | 0 | 0 | 0 | 1 | 3 | 4 | 7 | 10 | 12 | 18 | 20 | 21 | 0 | 0 | 1 | 3 | 4 | 7 | 10 | 12 | 18 | 20 | 21 | |
| | | 85 | 0 | 0 | 0 | 0 | 0 | 0 | 0 | 1 | 1 | 1 | 2 | | 0 | 0 | 0 | 0 | 0 | 0 | 0 | 1 | 1 | 1 | 2 | |
| | | 86 | 0 | 0 | 0 | 0 | 0 | 0 | 2 | 2 | 2 | 3 | | | 0 | 0 | 0 | 0 | 0 | 2 | 2 | 2 | 3 | | | |
| | | 87 | 0 | 0 | 0 | 0 | 0 | 0 | 0 | 0 | 1 | 1 | 1 | | 0 | 0 | 0 | 0 | 0 | 0 | 0 | 1 | 1 | 1 | | |
| | | 88 | 0 | 0 | 0 | 0 | 1 | 2 | 2 | 3 | 3 | 3 | | | 0 | 0 | 0 | 0 | 2 | 3 | 3 | 3 | | | | |
| | | 90 | 0 | 0 | 0 | 0 | 0 | 1 | 2 | 2 | 3 | 3 | 3 | | 0 | 0 | 0 | 1 | 2 | 2 | 3 | 3 | 3 | | | |
| | | 92 | 0 | 0 | 0 | 0 | 0 | 1 | 2 | 3 | 3 | 4 | 6 | 7 | 0 | 0 | 0 | 1 | 2 | 3 | 4 | 6 | 7 | | | |
| | 双重冲击 | 82 | 0 | 0 | 1 | 1 | 4 | 6 | 9 | 11 | 16 | 19 | 22 | 23 | 0 | 0 | 1 | 1 | 4 | 6 | 9 | 11 | 16 | 19 | 22 | 23 |
| | | 85 | 0 | 0 | 0 | 0 | 0 | 0 | 0 | 1 | 1 | 2 | 3 | | 0 | 0 | 0 | 0 | 0 | 0 | 1 | 1 | 2 | 3 | | |
| | | 86 | 0 | 0 | 0 | 0 | 0 | 3 | 4 | 5 | 5 | | | | 0 | 0 | 0 | 3 | 4 | 5 | 5 | | | | | |
| | | 87 | 0 | 0 | 0 | 0 | 0 | 0 | 0 | 1 | 1 | 1 | 2 | | 0 | 0 | 0 | 0 | 0 | 1 | 1 | 1 | 2 | | | |
| | | 88 | 0 | 0 | 0 | 0 | 0 | 1 | 2 | 4 | 4 | 5 | | | 0 | 0 | 0 | 1 | 2 | 4 | 4 | 5 | | | | |
| | | 90 | 0 | 0 | 0 | 0 | 0 | 1 | 3 | 4 | 4 | 5 | | | 0 | 0 | 0 | 1 | 3 | 4 | 4 | 5 | | | | |
| | | 92 | 0 | 0 | 0 | 0 | 1 | 2 | 4 | 4 | 5 | 6 | 9 | 10 | 0 | 0 | 0 | 0 | 1 | 2 | 4 | 4 | 5 | 6 | 9 | 10 |

续表

| 年份 | 冲击形式 | 公司代码 | 分散市场 | | | | | | | | | | | | 偏好市场 | | | | | | | | | | | |
|---|---|---|---|---|---|---|---|---|---|---|---|---|---|---|---|---|---|---|---|---|---|---|---|---|---|---|
| | | | 赔付率 | | | | | | | | | | | | 赔付率 | | | | | | | | | | | |
| | | | 0.5 | 1 | 1.5 | 2 | 3 | 4 | 5 | 6 | 7 | 8 | 9 | 10 | 0.5 | 1 | 1.5 | 2 | 3 | 4 | 5 | 6 | 7 | 8 | 9 | 10 |
| 2019 | 单一冲击 | 82 | 0 | 1 | 2 | 2 | 5 | 9 | 12 | 14 | 16 | 19 | 20 | 21 | 0 | 1 | 2 | 2 | 5 | 9 | 12 | 14 | 16 | 19 | 20 | 21 |
| | | 85 | 0 | 0 | 0 | 0 | 0 | 0 | 0 | 0 | 0 | 0 | 1 | 1 | 0 | 0 | 0 | 0 | 0 | 0 | 0 | 0 | 0 | 0 | 1 | 1 |
| | | 86 | 0 | 0 | 1 | 1 | 2 | 3 | 4 | 4 | 6 | 8 | 10 | 11 | 0 | 0 | 1 | 1 | 2 | 3 | 4 | 4 | 6 | 8 | 10 | 11 |
| | | 87 | 0 | 0 | 0 | 0 | 0 | 1 | 1 | 1 | 2 | 2 | 2 | 3 | 0 | 0 | 0 | 0 | 0 | 1 | 1 | 1 | 2 | 2 | 2 | 3 |
| | | 88 | 0 | 0 | 0 | 0 | 1 | 2 | 2 | 2 | 4 | 5 | 5 | 6 | 0 | 0 | 0 | 0 | 1 | 2 | 2 | 2 | 4 | 5 | 5 | 6 |
| | | 90 | 0 | 0 | 0 | 1 | 2 | 2 | 3 | 4 | 5 | 6 | 8 | 10 | 0 | 0 | 0 | 1 | 2 | 2 | 3 | 4 | 5 | 6 | 8 | 10 |
| | | 92 | 0 | 0 | 1 | 2 | 5 | 5 | 7 | 11 | 12 | 12 | 14 | 14 | 0 | 0 | 1 | 2 | 5 | 5 | 7 | 11 | 12 | 12 | 14 | 14 |
| | 双重冲击 | 82 | 1 | 2 | 2 | 4 | 7 | 12 | 12 | 15 | 17 | 20 | 21 | 22 | 1 | 2 | 2 | 4 | 7 | 12 | 12 | 15 | 17 | 20 | 21 | 22 |
| | | 85 | 0 | 0 | 0 | 0 | 0 | 0 | 0 | 1 | 1 | 1 | 1 | 1 | 0 | 0 | 0 | 0 | 0 | 0 | 0 | 1 | 1 | 1 | 1 | 1 |
| | | 86 | 0 | 1 | 1 | 2 | 2 | 4 | 5 | 6 | 8 | 11 | 11 | 11 | 0 | 1 | 1 | 2 | 2 | 4 | 5 | 6 | 8 | 11 | 11 | 11 |
| | | 87 | 0 | 0 | 0 | 0 | 1 | 1 | 2 | 2 | 2 | 2 | 4 | 5 | 0 | 0 | 0 | 0 | 1 | 1 | 2 | 2 | 2 | 2 | 4 | 5 |
| | | 88 | 0 | 0 | 1 | 1 | 2 | 4 | 5 | 5 | 6 | 6 | 6 | 6 | 0 | 0 | 1 | 1 | 2 | 4 | 5 | 5 | 6 | 6 | 6 | 6 |
| | | 90 | 0 | 0 | 1 | 1 | 2 | 3 | 4 | 5 | 6 | 7 | 11 | 11 | 0 | 0 | 1 | 1 | 2 | 3 | 4 | 5 | 6 | 7 | 11 | 11 |
| | | 92 | 0 | 1 | 1 | 2 | 4 | 5 | 7 | 9 | 12 | 12 | 14 | 15 | 0 | 1 | 1 | 2 | 4 | 5 | 7 | 9 | 12 | 12 | 14 | 15 |

资料来源：笔者根据模拟结果绘制而得。

上这五家公司的传染数目与分散市场上相同。在考虑流动性冲击时，前文假定保费损失率和资产缩水程度均为20%，如果实际结果超过20%，双重冲击导致的风险传染性会更大。

为了分析被传染公司的系统脆弱性特征，表5-2列出了2017～2019年不同市场结构和组合风险冲击下具有一定系统脆弱性的公司被传染出现倒闭的次数。这些被传染的公司主要集中于小型直接保险公司和部分再保险公司，包括太平再、瑞再北分、法再北分等再保险公司以及渤海财险、国任财险、安心财险等直接保险公司。通过分析这些保险公司的财务数据发现，它们的分出保费相对于自身的所有者权益普遍偏高，所以当再保险分入公司因为破产危机而出现风险传染时，这些公司极容易被传染，具有一定的系统脆弱性。

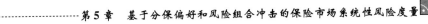
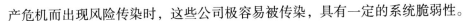

表5-2　　　　　　　　　　被传染公司倒闭次数

| 公司代码 | 2017年 | | | | | | | | | | | | 2018年 | | | | | | | | | | | | 2019年 | | | | | | | | | | | |
|---|---|---|---|---|---|---|---|---|---|---|---|---|---|---|---|---|---|---|---|---|---|---|---|---|---|---|---|---|---|---|---|---|---|---|---|---|
| | 分散市场 | | | | | | 偏好市场 | | | | | | 分散市场 | | | | | | 偏好市场 | | | | | | 分散市场 | | | | | | 偏好市场 | | | | | |
| | 单一冲击 | | | 双重冲击 | | | 单一冲击 | | | 双重冲击 | | | 单一冲击 | | | 双重冲击 | | | 单一冲击 | | | 双重冲击 | | | 单一冲击 | | | 双重冲击 | | | 单一冲击 | | | 双重冲击 | | |
| | 1 | 2 | 5 | 1 | 2 | 5 | 1 | 2 | 5 | 1 | 2 | 5 | 1 | 2 | 5 | 1 | 2 | 5 | 1 | 2 | 5 | 1 | 2 | 5 | 1 | 2 | 5 | 1 | 2 | 5 | 1 | 2 | 5 | 1 | 2 | 5 |
| 20 | 0 | 0 | 0 | 0 | 0 | 0 | 0 | 0 | 0 | 0 | 0 | 0 | 0 | 1 | 14 | 0 | 1 | 14 | 0 | 1 | 14 | 0 | 1 | 14 | 0 | 1 | 14 | 1 | 12 | 15 | 0 | 1 | 14 | 1 | 12 | 15 |
| 24 | 0 | 0 | 0 | 0 | 0 | 0 | 0 | 0 | 0 | 0 | 0 | 0 | 0 | 0 | 0 | 0 | 0 | 0 | 0 | 0 | 0 | 0 | 0 | 0 | 0 | 0 | 13 | 0 | 1 | 14 | 0 | 0 | 13 | 0 | 1 | 14 |
| 37 | 1 | 3 | 16 | 1 | 3 | 17 | 1 | 3 | 16 | 1 | 3 | 17 | 0 | 0 | 0 | 0 | 0 | 0 | 0 | 0 | 0 | 0 | 0 | 0 | 0 | 0 | 0 | 0 | 0 | 0 | 0 | 0 | 0 | 0 | 0 | 0 |
| 52 | 0 | 0 | 0 | 0 | 0 | 0 | 0 | 0 | 0 | 0 | 0 | 0 | 0 | 0 | 11 | 0 | 0 | 12 | 0 | 0 | 11 | 0 | 0 | 12 | 1 | 13 | 16 | 12 | 14 | 16 | 1 | 13 | 16 | 12 | 14 | 16 |
| 68 | 0 | 0 | 0 | 0 | 0 | 1 | 0 | 0 | 1 | 0 | 0 | 1 | 0 | 0 | 1 | 0 | 0 | 1 | 0 | 0 | 1 | 0 | 0 | 1 | 0 | 0 | 1 | 0 | 0 | 1 | 0 | 0 | 1 | 0 | 0 | 1 |
| 71 | 0 | 0 | 1 | 0 | 0 | 1 | 0 | 0 | 1 | 0 | 0 | 1 | 0 | 0 | 1 | 0 | 0 | 1 | 0 | 0 | 1 | 0 | 0 | 1 | 0 | 0 | 1 | 0 | 0 | 1 | 0 | 0 | 1 | 0 | 0 | 0 |
| 80 | 0 | 0 | 0 | 0 | 0 | 0 | 0 | 0 | 0 | 0 | 0 | 0 | 0 | 0 | 0 | 0 | 0 | 0 | 0 | 0 | 0 | 0 | 0 | 0 | 0 | 0 | 1 | 0 | 0 | 12 | 0 | 0 | 1 | 0 | 0 | 12 |
| 83 | 0 | 0 | 0 | 0 | 0 | 0 | 0 | 0 | 0 | 0 | 0 | 0 | 0 | 0 | 0 | 0 | 0 | 0 | 0 | 0 | 0 | 0 | 0 | 0 | 0 | 0 | 1 | 0 | 0 | 1 | 0 | 0 | 1 | 0 | 0 | 1 |
| 86 | 0 | 1 | 2 | 0 | 1 | 2 | 0 | 1 | 2 | 0 | 1 | 2 | 0 | 0 | 1 | 0 | 0 | 11 | 0 | 0 | 1 | 0 | 0 | 11 | 0 | 0 | 11 | 0 | 0 | 12 | 0 | 0 | 11 | 0 | 0 | 12 |
| 87 | 0 | 0 | 1 | 0 | 1 | 3 | 0 | 0 | 1 | 0 | 1 | 3 | 0 | 0 | 1 | 0 | 0 | 1 | 0 | 0 | 1 | 0 | 0 | 1 | 0 | 0 | 1 | 0 | 0 | 1 | 0 | 0 | 1 | 0 | 0 | 1 |
| 88 | 0 | 0 | 1 | 0 | 1 | 2 | 0 | 0 | 1 | 0 | 1 | 2 | 0 | 0 | 1 | 0 | 0 | 1 | 0 | 0 | 1 | 0 | 0 | 1 | 0 | 0 | 11 | 0 | 0 | 1 | 0 | 0 | 11 | 0 | 0 | 11 |
| 90 | 0 | 0 | 1 | 0 | 0 | 1 | 0 | 0 | 1 | 0 | 0 | 1 | 0 | 0 | 1 | 0 | 0 | 1 | 0 | 0 | 1 | 0 | 0 | 1 | 0 | 0 | 12 | 0 | 1 | 13 | 0 | 0 | 12 | 0 | 1 | 13 |
| 91 | 0 | 0 | 1 | 0 | 0 | 1 | 0 | 0 | 1 | 0 | 0 | 1 | 0 | 0 | 1 | 0 | 0 | 1 | 0 | 0 | 1 | 0 | 0 | 1 | 0 | 0 | 0 | 0 | 0 | 0 | 0 | 0 | 0 | 0 | 0 | 0 |

# 5.4　本章小结

随着保险行业的改革发展以及保险职能的不断深化，防范化解风险成为当前我国保险市场的一项重要任务，而系统性风险因其传染性强、影响面广、危害程度大的特点而备受关注。在此背景下，本书基于分保偏好和风险组合冲击研究了我国保险市场系统性风险的传染性问题。首先建立分保偏好假设构建偏好市场网络结构，其次考虑信用违约风险和流动性风险，根据不同的风险组合冲击分析风险传染过程，最后基于矩阵法和财务数据求解模型，分析完全分散市场和偏好市场的网络结构以及不同市场和组合风险冲击下的风险传染性。主要研究结论和政策建议如下。

首先，从保险业务风险传染的视角来看，境内外的再保险公司具有系统重要性。根据市场网络结构图发现，再保险公司和大型直接保险公司位于再保险业务转移关系密集的区域，而中小型保险公司则与其他保险公司的业务转移关系较弱。与此同时，风险传染性模拟结果也显示，只有再保险公司才会产生风险传染，直接保险公司的破产风险不会通过承保业务传染给其他保险公司。所以，再保险公司必须增强自身经营的稳健性，防止自身成为系统性风险的传染源；监管部门也要针对再保险公司的再保险业务关联风险进行必要的监管，将风险扼杀于萌芽状态。

其次，系统脆弱性公司主要集中于分出保费占比较高的小型直接保险公司和部分再保险公司。这些公司极易被传染，因为它们的分出保费相对于自身的所有者权益普遍偏高，所以当再保险分入公司因为破产危机而出现风险传染时，它们的风险防御能力有限，具有一定的系统脆弱性。这些公司一方面要努力提升自身的抗风险能力，另一方面要权衡再保险所产生的风险分散正向效应与风险传染负向效应之间的关系，进行适当再保险。

最后，双重冲击所导致的风险传染深度和广度要大于单一冲击，信息不对称条件下的趋同性、恐慌预期和负反馈等因素导致的"退保潮"和"续保难"造成的流动性冲击需要高度重视。保险公司是负债经营的金融机构，消费者一旦对保险公司失去信心，这种类似于"银行挤兑"的流动性冲击对其影响将远大于信用违约风险。因此，消费者信心对于保险公司而言至关重要，保险公司需要通过改善服务质量和速度树立良好形象，以赢得客户的认可，防范恶性"羊群效应"的出现。

## 第6章

# 基于消费者信心的保险
# 市场系统性风险度量

本章在微观视角上对传统从资产负债表出发研究银行等金融机构系统性风险传染的模型进行了改进，从保险公司的业务结构出发，通过构建封闭的市场模型来研究投保人行为对保险公司系统性风险传染效应的影响，并且提出根据投资资金撤回率来预测退保率的方法，为目前的保险资金运用监管提出相应的建议。

## 6.1 基于消费者信心的保险市场系统性风险分析

系统性风险指的是市场上无法通过资产配置来消除的风险，又称为市场风险。系统性风险在金融行业内部具有传染效应，并且也会外溢至其他金融机构中。2007 年次贷危机之后，系统性风险的复杂程度及其传播的广度已经引起国际的广泛关注。随着金融市场上混业经营的进一步深化，金融机构之间的联系更加紧密，在金融全球化的同时也为系统性风险提供了更多外溢传染的渠道。因此，加强对系统性风险的防范已经成为了各国金融监管的重点内容。

近年来，我国金融国际化进程取得了较大进步，利率市场化和人民币加入特别提款权（Special Drawing Right，SDR）等一系列金融事件都表明我国在国际金融中占据着不可或缺的重要地位。保险行业作为金融系统中重要的组成部分，不但发挥着分散风险的作用，也广泛参与着市场上资本投资、资金融通、信用担保等各类金融活动，与整个金融市场的联系甚为密切。2014年2月中国保险监督管理委员会发布《关于加强和改进保险资金运用比例监管的通知》，对保险资金投资于金融市场的比例进行了调整，同年4月又发布《关于修改〈保险资金运用管理暂行办法〉的决定》，此后，于2018年4月宣布实施《保险资金运用管理办法》①，在2020年11月，中国银保监会又根据《保险资金运用管理办法》等规定发布了《关于保险资金财务性股权投资有关事项的通知》等，取消保险资金开展财务性股权投资行业限制②，进一步放宽对于资金管理的限制，推动保险资金运用市场化，加强保险市场与其他金融机构之间的联系。但这些政策的出台也逐渐降低了保险市场对系统性风险传染的免疫能力，对保险公司的风险保障能力造成了较大影响。并且保险行业自身存在着较为明显的顺周期性，这也大幅增加了保险行业系统性风险传染的可能性。如图6-1所示，我国保费收入与GDP具有明显的相关关系，

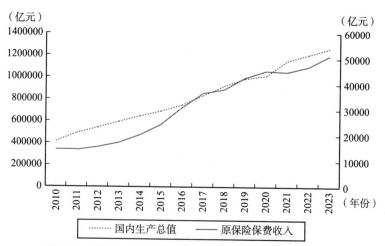

**图 6 - 1　2010～2023 年 GDP 与原保险保费收入变化情况**

资料来源：根据国家统计局相关资料整理，笔者自行绘制而得。

---

① 保险资金运用管理办法 [EB/OL]. [2018 - 01 - 24]. http://www. gov. cn/gongbao/content/2018/content_5288834. htm.
② 中国银保监会取消保险资金开展财务性股权投资行业限制 [EB/OL]. [2020 - 11 - 16]. http://www. gov. cn/xinwen/2020 - 11/16/content_5561873. htm.

基本保持同步增长：2023 年，保险公司原保险保费总收入为 51247 亿元，相比 2010 年增长 2.52 倍，而 2023 年 GDP 总量为 1260582 亿元，相比 2010 年增长 2.06 倍[①]。

保险行业中的顺周期性放大了系统性风险的传染作用，对保险业及金融系统的稳定性产生了更大影响。在内外环境的共同作用下，我国保险业的系统性风险逐渐累积到不容小觑的程度。随着保险逐渐渗透金融系统的方方面面，研究保险系统性风险的风险源以及风险传染渠道，并且调整相关政策规定，及时切断系统性风险的传染途径，控制其影响范围，保障保险行业安全已经成为摆在保险业监管者面前亟待解决的问题。

目前，国内外对保险行业系统性风险的研究还不是很多，大多集中于系统性风险的定义、存在性、测度方法以及监管方式等方面。

哈特和辛加莱斯（Hart & Zingales, 2009）认为系统性风险是一个宏观概念，指影响大、范围广、对整个行业具有破坏性作用的风险。国际货币基金组织（IMF）等机构将系统性风险定义为一种由于金融系统崩溃而对实体经济造成巨大危害使得金融服务中断的风险（FSB、IMF & BIS, 2011）。董青马（2010）将系统性风险的内涵概括为三个方面：一是一个大的冲击或宏观冲击对国内的经济系统产生了巨大的负面影响，进而造成整个金融体系的崩溃；二是部分金融机构倒闭后，冲击通过金融机构间的资产相互持有与实质交易进行传播；三是即使金融机构间并无直接的关联和交互反应，但部分金融机构的倒闭仍然可以通过第三方风险暴露上的彼此相似性，即信息作用产生的溢出效应，进而导致整个金融体系的崩溃。埃林和潘科克（Eling & Pankoke, 2012）指出系统性风险（systemic risk）源于银行破产和货币危机，之后被广泛应用于对其他金融系统的冲击。而系统性风险的定义需从风险事件、影响结果与原因三个角度进行考察（Eling & Pankoke, 2016）。伯努瓦等（Benoit et al., 2017）定义系统性风险是指系统中的参与者同时遭受到因系统中风险事件而引发的严重损失且这种损失又传染到整个系统的风险。

尽管学者们对于系统性风险的定义众说纷纭，但是学术界广泛认可系统

---

[①] 根据中国国家统计局相关数据整理。

性风险的危害严重性、传播广泛性，认为系统性风险是金融监管中不容忽视的重点监管对象。

而保险行业的系统性风险相对来说更为特殊，其存在性成为学者们讨论的焦点。一方面，学者认为就几次危机中保险行业的表现来看，保险是社会经济波动的减震器而不是放大器，因此不大可能产生或传播系统性风险；另一方面，保险行业不断创新发展非核心表外业务，与其他金融机构之间的相互关联逐渐密切，对系统性风险的抵御能力下降。国际保险监督官协会确定了判断保险业系统性风险的四个要素：规模、风险相关性、可替代性以及时效性。赵桂芹和吴洪（2012）根据这四个要素，从宏观角度和微观角度分别讨论，认为保险公司规模较小，风险关联性低，可替代性强，赔付速度缓慢，并且其主要业务是传统承保业务，所以不大可能引致系统性风险。韦斯（Weiss，2010）认为保险行业不会产生系统性风险，因为保险体系内各部门风险相关性弱，预收保费模式使保险公司资金充足，并且长期内保险公司能够通过资产重组等方式妥善应对偿付能力危机。埃林等（Eling et al.，2014）总结前人研究，认为非寿险和再保险部门的传统保险活动既不会造成系统性风险，也不会降低保险公司面对外溢系统性风险的抵御能力。贝尔丁和索托科诺拉（Berdin & Sottocornola，2015）通过对比寿险与非寿险业务发现，涉及寿险业务与非核心业务的保险公司产生系统性风险的可能性更高。恩格尔等（Engle et al.，2015）根据系统性风险的大小对非美国的金融机构进行排序，发现在系统性风险排行榜上的196家金融机构中只有8家保险公司，且排名相对靠后，显然这说明了相对于其他金融机构，保险公司的系统性风险较小。博斯等（Bierth et al.，2015）在对大量保险公司进行了长期抽样调查后，认为保险行业对系统性风险的贡献相对较小，并表示在2007~2008年的金融危机期间，这一贡献达到了顶峰。除此之外，博切夫等（Bobtcheff et al.，2016）也提出虽然保险产品的附加条款可能导致系统性风险的产生，但是传统的保险业务并不会产生系统性风险。

也有不少学者通过测量保险公司的系统性风险贡献度说明保险行业存在着产生及传播系统性风险的可能性。阿查里亚等（Acharya et al.，2010）提出用系统性期望损失（SES）来衡量机构的系统性风险贡献度。范小云等

（2011）在此基础上加入边际期望损失（MES）指标，对我国24家上市金融机构的系统性风险贡献度进行测算，认为在正常情况下边际风险贡献度对金融机构在危机时的风险外溢性具有正向影响。比利奥等（Billio et al.，2012）通过主成分分析以及格兰杰因果关系网络发现银行、经销商、保险公司等部门变得高度相关，将会通过复杂关系网络增加金融和保险行业的系统性风险水平。贝纳尔等（Bernal et al.，2014）在CoVaR方法的基础上加入K-S检验评估金融机构风险贡献度，认为保险行业对系统性风险有重大影响，但是其系统性风险贡献度要小于银行。谢远涛等（2014）从时间和空间两个角度，运用Copula方法和SV模型对我国上市保险公司的尾部依赖性进行分析，结果表明我国保险市场处于金融体系中的系统性风险传染链上，并且其自身也可能存在系统性风险。刘璐和王春慧（2016）基于MES方法，采用DCC-GARCH模型对平安、人寿、太保三家上市公司的风险贡献度进行研究，认为保险公司动态相关性在金融危机时波动剧烈，系统性危机不容忽视。王培辉等（2017）根据实证研究结论，指出保险行业与其他金融子行业甚至是整个金融系统存在双向溢出效应，而保险公司的在险价值、净资产收益率、财务杠杆、资产规模、每股净资产以及GDP增长率等指标影响着公司系统性风险的溢出大小。张晓明等（2019）认为金融机构经营同质化对金融市场系统性风险有着重要的影响作用，资产组合、投资分布等角度的测度结果显示，我国保险业内部及其与银行业之间的经营同质化水平不断上升，这严重增加了我国金融体系的系统性风险。

通过梳理已有文献可以发现，学者们对于保险行业系统风险的讨论多从宏观角度入手，以市场结构以及保险功能特点为基础进行定性讨论，也有以复杂的数学模型为依托，选取保险公司历史经营数据来观测系统性风险的大小。但遗憾的是，以往文献中均未明确指出保险行业系统性风险产生及传染的方式，并且关于测度系统性风险贡献度的数学模型使用性也存在许多争议。因此，本书在微观视角上对传统从资产负债表出发研究银行等金融机构系统性风险传染的模型进行改进，从保险公司的业务结构出发，构建封闭的市场模型来研究投保人行为对保险公司系统性风险传染效应的影响，并且提出根据投资资金撤回率来预测退保率的方法，为目前的保险资金运用监管提出相应的建议。

## 6.2 基于投保人行为的封闭保险市场风险传染模型

本部分内容通过构建一个封闭保险市场的传染模型来研究当保险公司经营状况变化时,投保人的行为对于保险公司系统性风险传染效应的影响。所谓封闭保险市场,指的是在保险市场面临经营危机的时候,其所能得到的政府救助或者其他机构救助是有限的。由于寿险的保险责任期间一般较长,涉及利率变动、通货膨胀等问题,因此我们选取保险期间较短全额投保的财产保险作为讨论对象,不考虑免赔率及保单价值增长等问题。为方便讨论叙述,本书做出以下假设。

第一,首先对封闭保险市场结构进行简化:假设市场上只存在三种人,投保人、保险人以及项目企业。此处我们将被保险人和投保人视作同一人。

第二,将整个保险期间分为三个时期,$t=0$ 时,保险人收到投保人所缴付的保费,开始承担保险责任。$t=1$ 时,为保险公司的一个会计年度结算时间,此时保险公司将应监管机构要求,披露其基本的资产负债、保险资金运用情况等信息。$t=2$ 时,保险期间结束,保险公司承保 $t=0$ 至 $t=2$ 期间内发生的保险事故。

第三,保险公司在 $t=0$ 时对资产进行组合,其中一部分为现金等能够不损失价值尽快变现的流动性储备 $C$;其余部分 $I$ 投资给项目企业以获取额外收益。假设项目期限为 $t=0$ 至 $t=2$,在项目结束后,保险公司一单位的投资能够获取收益 $R(R>1)$。如果保险公司违反合同约定,提前终止项目,作为违约惩罚,保险公司一单位的投资只能收回 $r(r<1)$。

第四,根据保险公司的经验数据,保险事故 A 发生的概率为 $p_0$。假设保险事故一旦发生将会造成标的物全损,损失为 $L$,保险公司将根据保险合同全额赔付被保险人遭受的损失,此处规定免赔额为 0。因此,保险公司将保费定为 $P=p_0L$。

第五,假设在 $t=0$ 时刻至 $t=1$ 时刻期间发生洪水、地震等超出预期的重大灾害，保险事故发生的概率增加为 $p'(p' > p_0)$，灾害索赔额为 $L_0$，极有可能对保险人的偿付能力造成影响。假设保险人在 $t = 1$ 时刻之前完成对本次事故的损失索赔，其抛售资产补充资金流动性等行为都反映在资产负债表内。

第六，投保人有权在保险合同存续期间退保，保险人退还保单现金价值。我们假定初始退保率为 $\theta_0$。未发生损失的投保人要求退保时，保险公司将会退还部分保费 $Q(t, P)$，$Q$ 是一个与退保时间、所交保费相关的变量，并且 $Q_t < 0$，$Q_p > 0$[①]，为方便叙述，假定退保时偿还给投保人的保单现金价值 $Q$ 为常数，且 $0 < Q < P$。

第七，发生索赔后，保险公司动用易变现的流动性储备对投保人或者被保险人进行损失补偿。当保险人的流动性储备不足以支付当前的索赔总额时，保险公司需要撤回部分投资于项目企业的资产，增加其流动性。此处定义资金撤回率 $\alpha_T = \alpha_L + \alpha_\theta = (L_0 - C + \theta Q)/Ir$，其中 $\alpha_L = \max\{0, (L_0 - C)/Ir\}$，表示由于灾害损失索赔而导致的资金撤回率，$\alpha_\theta = (\theta Q + \min\{0, L_0 - C\})/Ir$，表示由于 $\theta$ 部分人的退保要求而导致的资金撤回率。但是，在封闭市场条件下，保险公司能够得到的融资有限，因此，当保险公司在撤回全部资金之后，即 $\alpha_T = 1$，保险人仍然无法偿还投保人或被保险人的索赔时，保险公司最终资不抵债，进入破产清算阶段。一旦保险公司进行破产清算即视作其经营失败。

第八，$t = 1$ 时，保险公司已经赔偿完受到损失的被保险人的灾害索赔，并且向市场公开披露其资产负债表。此时，投保人能够从资产负债表中获取的信息只有 $\alpha_L$，并据此判断保险人是否处于流动性不足或者偿付能力不足状态，从而选择是否退保。因此退保率 $\theta$ 是一关于 $\alpha_L$ 的变量，即 $\theta(\alpha_L)$。

首先我们将所有未发生损失的投保人作为一个整体，简化其效用函数。假设这部分投保人的初始总财富为 $W_0$，缴付保费后剩余财富为 $W_0 - P$，$t = 1$ 时刻至 $t = 2$ 时刻保险事故发生的概率为 $p_0$，因此投保人的期望总损失为 $D = p_0 \cdot P/p_0 = P$。$t = 1$ 时，$\theta$ 部分人退保，得到保险公司退还的保单现金价值

---

① 《中华人民共和国保险法》第五十四条规定：保险责任开始后，投保人要求解除合同的，保险人应当将已收取的保险费，按照合同约定扣除自保险责任开始之日起至合同解除之日止应收的部分，退还投保人。此处假定退还的保单现金价值为一固定值 $Q$。

Q，并且退保后发生的损失全部由投保人自己承担，因此这部分退保人的期望效用为 $U_\theta = \theta p_0 \cdot (W_0 - P + Q - P/p_0) + \theta(1 - p_0)(W_0 - P + Q) = \theta(W_0 - 2P + Q)$，而对于其余未退保的人来说，保险公司可以覆盖其在 $t = 1$ 时刻至 $t = 2$ 时刻可能发生的损失，因此其期望效用为 $U_{1-\theta} = (1 - \theta) \cdot (W_0 - P)$，投保人整体期望效用为：

$$U(\alpha_L) = W_0 - P + \theta(\alpha_L)(Q - P) \qquad (6.1)$$

投保人根据市场信息判断保险公司资金流动性以及偿付能力状况，决定是否退保以最大化其期望效用。但是需要注意的是，如果保险公司留存的流动性储备不足以偿付已发生的损失索赔，就需要提前撤回投入企业的资金补充资金流动性，$\alpha_L$ 从 0 开始逐渐增大，退保率 $\theta$、保险公司的实际偿付能力、期望效用函数的形式等也随之变化。

## 6.3　保险市场风险传染模型分析

通常情况下，事故发生概率 p 在 $p_0$ 附近波动，满足 $p = p_0 + \mu$，其中 $\mu$ 为误差干扰项，且 $E(\mu|p) = 0$。保险公司根据经验数据推算出事故发生的平均概率 $p_0$，并据此计算保费以及提取流动性储备资金，通过自身资产组合，在满足流动性需求的同时实现自身利益最大化。但是，事故发生概率 p 并不总是在 $p_0$ 附近小范围波动，当遭受巨灾冲击时，事故发生概率将发生跳跃性变化，索赔总额大大增加，保险公司资金流动性以及保险公司偿付能力有可能受到影响。投保人根据资产负债表中披露的 $\alpha_L$ 值决定是否退保，但是 $\alpha_L$ 通过退保率变化对投保人整体效用的影响较为复杂，如果投保人的保单现金价值或者损失偿付不能得到完全赔偿，投保人的效用函数形式也不一样，其通过最大化效用而确定的退保决策也有所不同。因此我们需要对保险公司的经营状况进行分类，进一步讨论在不同程度的资金撤回时，投保人退保率以及效用函数的变化，以此来说明巨灾冲击下投保人行为对保险公司系统性风险传染效应的影响。保险公司具体的经营状况如图 6 - 2 所示。

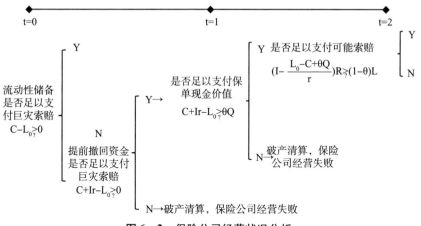

**图 6 - 2　保险公司经营状况分析**

我们将保险公司的经营状况分为五种类型：Y 型、NYYY 型、NYYN 型、NYN 型以及 NN 型。定义临界值 $\alpha_{L1}$，使得 $C + Ir - L_0 = Ir(1 - \alpha_{L1}) = \theta Q$；定义 $\alpha_{L2}$，使得 $[I - (L_0 - C + \theta Q)/r]R = [(1 - \alpha_{L2})I - \theta Q/r]R = (1 - \theta)L$。下面我们分别就这几种类型的经营状况进行讨论，并根据投保人效用最大化确定每种情况下的退保率 $\theta$。

## 6.3.1　Y 型（$C - L_0 > 0$，$\alpha_L = 0$）

巨灾风险冲击后保险事故发生概率增加至 p′，引发大规模索赔。由于 $C > L_0$，保险公司预先留存的流动性储备足够对被保险人的损失进行补偿。由式（6.1）可知，投保人整体效用函数为：

$$U_1 = W_0 - P + \theta_0(Q - P) \tag{6.2}$$

前文中我们已经假定在 $t_0$ 时刻退保率为 $\theta_0$，并且此时保险公司财务状况良好，没有出现资金流动性不足的危机，$\alpha_L$ 为 0。保险公司的利润函数为：

$$V_1 = IR + C - L_0 + \theta_0(P - Q) - P \tag{6.3}$$

这种情况可以视作一种均衡状态，尽管巨灾冲击导致索赔增加，但是保险公司的留存的收益仍然能够维持其资金的流动性，保险公司通过其自身资产配置等既可以满足投保人的索赔或退保需求，并且还可以最大化保险公司利润。

如果 $L_0 > C$，保险公司所留存的流动性资金显然不够赔偿被保险人的损失，产生流动性不足的危机。在封闭市场上，保险公司得不到任何形式的外界援助，只能提前撤回部分投入到企业项目中的资金以弥补流动性不足带来的资金缺口，此时的资金撤回率 $\alpha_L$ 不再为零。其余未产生损失的投保人获取保险人资金流动性不足的信息，其中 $\theta(\alpha_L)$ 部分投保人立刻对保险公司失去信心，进一步推断保险公司偿付能力不足，要求退保并返还部分保费，保险人还需要继续撤回资金以退还投保人的保单现金价值 $\theta Q$。同时仍有 $1 - \theta(\alpha_L)$ 部分风险厌恶程度较大的投保人，仍愿意以小额确定损失来替代不确定的大额损失，选择继续维持保险合同关系。

如果 $Ir + C - L_0 = Ir(1 - \alpha_L) < \theta Q$，则表明即使保险公司撤回所有的资金仍不能够满足这部分投保人的退保诉求，此处定义偿付率 $\beta_1 = \min\{(Ir + C - L_0)/\theta Q, 1\} = \min\{Ir(1 - \alpha_L)/\theta Q, 1\}$，表示保险公司对退保人保单现金价值的偿付率。这种情况下，保险公司向市场释放出偿付能力不足的信号，其余投保人也争相退保，退保率迅速增至 1，保险公司无力承担损失及退保索赔，只能宣告失败。但是如果 $Ir + C - L_0 = Ir(1 - \alpha_L) > \theta Q$，就还需要进一步考虑保险人偿还退保人的保单现金价值之后，是否还有能力偿还 $t = 1$ 时刻至 $t = 2$ 时刻剩余未退保投保人可能发生的损失，此处定义偿付率 $\beta_2 = \min\{[(Ir - L_0 + C - \theta Q)R/r]/(1 - \theta)L, 1\} = \min\{(I - \alpha_L I - \theta Q/r)R/(1 - \theta)L, 1\}$，表示保险公司对于这部分投保人可能发生的损失索赔的偿付率。

### 6.3.1.1 NYYY 型（$C + Ir - L_0 > \theta Q$ 且 $[I - (L_0 - C + \theta Q)/r]R > (1 - \theta)L$，即 $0 < \alpha_L < \alpha_{L2}$）

此种经营情况下，保险公司重新配置资产后能够满足损失索赔以及退保请求，并且其偿付能力充足，剩余资金足以偿付未退保投保人的可能损失索赔，因此 $\beta_1 = \beta_2 = 1$。此时，投保人整体效用函数为：

$$U_{(1)} = W_0 - P + \theta(\alpha_L)(Q - P) \tag{6.4}$$

投保人通过最大化效用函数来决定是否退保，即：

$$\frac{\partial U}{\partial \alpha_L} = \frac{\partial \theta}{\partial \alpha_L}(Q - P) = 0 \tag{6.5}$$

因为 $Q < P$，所以 $\partial\theta/\partial\alpha_L = 0$，说明当 $0 \leqslant \alpha_L < \alpha_{L2}$ 时，退保率 $\theta$ 是不随着资金撤回率的变化而变化的。此时 $\theta(\alpha_L) = \theta_0$。

我们在前面已经假定保险公司资产重组过程中提前撤回投资与项目的资金违反了合同约定，作为惩罚，企业仅需要偿还保险人 $r(r < 1)$。相比于均衡状态，此时保险公司没有从项目投资中获取额外收益，因此其公司利润函数变为：

$$V_{(1)} = \left(I - \frac{L_0 - C + \theta_0 Q}{r}\right)R - (1 - \theta_0)P = (1 - \alpha_L)IR - \frac{\theta_0 QR}{r} - (1 - \theta_0)P$$

(6.6)

### 6.3.1.2 NYYN 型（$C + Ir - L_0 \geqslant \theta Q$ 但 $[I - (L_0 - C + \theta Q)/r]R \leqslant (1 - \theta)L$，即 $\alpha_{L2} \leqslant \alpha_L \leqslant \alpha_{L1}$）

保险公司提前撤回部分资产以弥补巨灾损失造成的资金流动性不足，但是，在赔付损失索赔和退保索赔后，保险公司的剩余资金不足以赔偿 $t = 1$ 时刻至 $t = 2$ 时刻未退保投保人可能发生的损失，此时 $\beta_1 = 1$，$\beta_2 < 1$。因此，投保人的效用函数也将发生变化：

$$U_{(2)} = \theta(W_0 - 2P + Q) + (1 - \theta)(W_0 - 2P) + (1 - \theta)\beta_2 P \qquad (6.7)$$

对 $\alpha_L$ 求导：

$$\frac{\partial U}{\partial \alpha_L} = \frac{\partial\theta}{\partial\alpha_L}Q - \frac{\partial\theta}{\partial\alpha_L}\beta_2 P + (1 - \theta)\frac{\partial\beta_2}{\partial\alpha_L}P = 0 \qquad (6.8)$$

将 $\beta_2$ 及 $\partial\beta_2/\partial\alpha_L$[①] 的值代入式 (6.8) 求解，得 $\partial\theta/\partial\alpha_L = IRp_0/[Q(1 - Rp_0/r)] > 0$。据此我们可以推导出 $\theta$ 与 $\alpha_L$ 的关系式：

$$\theta = \frac{IRp_0}{Q\left(1 - \dfrac{Rp_0}{r}\right)}\alpha_L + \varepsilon \qquad (6.9)$$

其中，$\xi$ 为一常数。

由于此时投保人收到的信息只有 $\alpha_L$，仅仅据此推测保险公司的经营状

---

① $\beta_2 = \dfrac{\left(I - l\alpha_L - \dfrac{\theta Q}{r}\right)R}{(1 - \theta)L}$，$\dfrac{\partial\beta_2}{\partial\alpha_L} = \dfrac{R\left[\dfrac{\partial\theta}{\partial\alpha_L}\left(1 - l\alpha_L - \dfrac{Q}{r}\right) - I(1 - \theta)\right]}{L(1 - \theta)^2}$。

况，并没有明确的信息确定保险公司偿付能力不足，经营失败，所以此时的退保率不会发生突变，即临界值 $\alpha_{L2}$ 对应的退保率仍为 $\theta_0$。因此，$\alpha_{L2} = [(I - \theta_0 Q/r)R - (1 - \theta_0)L]/I^{①}$。将 $\alpha_{L2}$ 的值代入式（6.9）中，可求得 $\xi$。因此，当保险公司处于该营业水平时，退保率与资金撤回率的关系为：

$$\theta = \frac{IRp_0}{Q\left(1 - \dfrac{Rp_0}{r}\right)}\alpha_L + \theta_0 - \frac{\left(I - \dfrac{\theta_0 Q}{r}\right)R^2 p_0 - (1 - \theta_0)PR}{Q\left(1 - \dfrac{Rp_0}{r}\right)} \qquad (6.10)$$

对于临界值 $\alpha_{L1}$ 来说，由于 $Ir + C - L_0 = (1 - \alpha_{L1})Ir = \theta(\alpha_{L1})Q$，所以将式（6.10）代入可求得 $\alpha_{L1} = \dfrac{(Ir - \theta_0)(r - p_0 R)Q + (Ir - \theta_0 Q)R^2 p_0 - (1 - \theta_0)RPr}{IQr(r - Rp_0) + IRp_0}$。

对于保险公司来说，其所有资产及收益在赔付被保险人的损失和其余投保人的保单现金价值后，用于赔付在 $t = 1$ 至 $t = 2$ 期间可能发生的损失索赔，因此保险公司的利润函数形式与 $V_{(1)}$ 类似：

$$V_{(2)} = (1 - \alpha_L)IR - \frac{\theta QR}{r} - (1 - \theta)P < 0 \qquad (6.11)$$

### 6.3.1.3　NYN 型（$0 < C + Ir - L_0 < \theta Q$，即 $\alpha_{L1} < \alpha_L < 1$）

保险公司提前撤回部分资金用于巨灾损失索赔，并且需要继续撤回资金以满足增长的退保诉求。如果保险公司提前撤回全部的资金即 $\alpha_T = 1$，仍然无法完全赔偿这部分投保人的保单现金价值，则 $\beta_1 < 1$，$\beta_2 = 0$。此时，部分要求退保的投保人保单现金价值无法得到偿还，保险公司资不抵债，必须进入破产清算。市场上接收到这一信息后，其余投保人必然全部要求退保，退保率迅速突变至 1。因此，投保人的整体效用函数为：

$$U_{(3)} = W_0 - 2P + \beta_1 Q = W_0 - 2P + Ir + C - L_0 \qquad (6.12)$$

而保险公司利润函数为：

$$V_{(3)} = Ir + C - L_0 - Q < 0 \qquad (6.13)$$

---

① $\left(I - I\alpha_{L2} - \dfrac{\theta_0 Q}{r}\right)R = (1 - \theta_0)L$。

## 6.3.2 NN 型（$C + Ir - L_0 = 0$，即 $\alpha_L = 1$）

这种情况下，保险公司提前撤回所有投资于企业的资金后，仍然无法赔偿投保人的损失索赔，因此，保险公司破产清算，经营失败。此时，其余未发生损失的投保人全部要求退保，退保率仍为 1。投保人效用函数以及保险公司利润函数都与上述 NYN 型相同。

综上，我们可以得到退保率 $\theta$ 与保险公司由于损失索赔而提前撤回资金的程度 $\alpha_L$ 之间的关系。当 $0 \leqslant \alpha_L < \alpha_{L2}$ 时，$\theta = \theta_0$，不随资金撤回率的变化而变化；当 $\alpha_{L2} \leqslant \alpha_L \leqslant \alpha_{L1}$ 时，随着资金撤回率增加，退保率也增加；当 $\alpha_{L1} < \alpha_L \leqslant 1$ 时，所有投保人均对保险公司的偿付能力失去信任，退保率突变为 1。具体变化形式如图 6 - 3 所示。

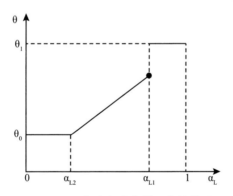

**图 6 - 3　退保率与资金撤回率的关系**

投保人对于保险公司系统性风险传染性的影响主要通过退保率来表现，保险公司流动性不足时退保率由 0 逐渐增加，进一步增加保险公司的偿付压力，间接导致其偿付能力不足，从而引发更多的投保人要求退保，直至退保率跳跃至 1，使得保险公司在类似于银行的挤兑效应中经营失败。而影响退保率的因素主要为保险公司在赔付初始损失索赔后流动性不足的程度，即保险公司提前撤回资金的程度 $\alpha_L$，本书中的简化模型为预测退保率提供了一个基本思路，根据这一关系，保险公司可以预先推测出不同经营状况下可能的退保率，从而合理配置资产，避免因投保人的退保行为而导致的经营失败。

# 6.4 本 章 小 结

随着保险资金运用的市场化，保险公司与其他金融机构的关系也更为密切，这也使得保险机构受系统性风险影响的概率大大增加，保险行业也有可能发生类似于银行、证券等其他金融行业的大规模系统性风险传染。根据保险行业的系统性风险传染机制的不同，保险市场上系统风险的传染效应可分为两种类型：一种是在保险公司财务变动等情况下，投保人对保险公司的流动性或偿付能力产生不同程度的怀疑，导致退保率突增，挤兑保险公司直至经营失败；另外一种是建立在复杂的再保险关系的基础上进行广泛传播。本书基于第一种微观传染渠道，建立了一个封闭的保险市场模型，考虑在不同程度的资产变动情况下，退保率对保险公司经营状况的影响，从而说明投保人的行为对保险公司系统性风险传染效应的放大作用。综上，本书得出以下结论。

第一，巨灾等外生冲击对保险公司的影响不只是直接的索赔需求增加，同时还有当保险公司流动性不足进行一定程度的财务变动时，可能对投保人产生一定程度的心理暗示，投保人对保险公司的偿付能力产生怀疑，要求保险公司返还部分保费。退保率的跳跃性变化导致保险公司的支出超出预期范围，当保险公司资金不足以满足投保人的退保诉求时，将引发更大面积投保人恐慌，进而对保险公司挤兑直至其经营失败。因此，投保人的行为对于保险公司的系统性风险传染效应具有一定的放大作用。这对于传统微观审慎监管具有重要的补充意义：传统系统风险监管方式仅从保险公司的角度出发控制风险，但是，退保率也是影响系统性风险的一大因素。监管当局应当随时关注市场上的退保率变化情况，通过对保险公司的财务信用担保等方式从上层重建投保人信心，避免信息不对称市场中因投保人行为造成的系统性风险扩散。

第二，保险公司因流动性不足而对资产进行重新配置，通过提前撤回部分投资资金、股东追加资本、向外筹资等方式补足资金流动性。本书中，我们将 $\alpha_{12}$ 视为投保人对投资资金撤回率的临界敏感点，在 $0 < \alpha_L < \alpha_{12}$ 时，投保人不会对保险公司的偿付能力产生怀疑，退保率也不会因此而增加。在 $\alpha_{12} \leqslant \alpha_L \leqslant \alpha_{L1}$ 时，$\theta(\alpha_L)$ 的斜率为投保人对于此区间内资金撤回率的敏感程度。因此，理论上可以通过降低投资资本使得投保人对于资金撤回的敏感程度降低，从而降低投保人对于系统性风险传染效应的放大作用。但同时，降低投资资本又使得临界敏感点 $\alpha_{12}$ 以及跳跃点 $\alpha_{L1}$ 均变小，也就是说更低程度的资金撤回率敏感极有可能引发退保率的增大。综上所述，保险公司在充分考虑偿付能力的前提下，应当综合退保率变化的临界点和斜率两方面来考虑，合理配置资产，在取得利益最大化的同时降低投保人行为对保险公司系统性风险的影响。

# 第7章

# 基于跨行业因果关系的
# 保险机构与其他金融
# 机构系统性风险度量

如今，金融机构混业经营已经成为不争的事实，混业经营虽然有助于提高整个金融体系效率，但是也有可能导致其系统性风险增加。本章借鉴了高和任（Gao & Ren，2013）构建金融系统有向网络模型的方法，研究了我国保险机构与其他金融机构的系统关联性和系统重要性。

## 7.1 基于跨行业传染的保险市场系统性风险度量

自美国《金融服务现代化法案》颁布以来，金融机构混业经营的趋势已经成为不争的事实。为了提高自身效率、减少交易成本，金融机构采取了诸如并购、成立金融控股公司等"强强联合"的方式。这些做法在提高整个金融体系效率的同时，也增加了其系统性风险。譬如在 2008 年美国金融危机中，除了经营住房抵押贷款业务的银行业，其他金融机构也遭受了巨大影响。许多保险机构受信贷市场恶化的影响，在信用违约互换业务中不得不承担巨额损失，美国国际集团依靠美联储斥资一千多亿美元才避免陷于破产境地，其他诸如证券和基金公司也因市场的不景气导致的股票下跌而损失巨大，甚至破产清算。美国上市保险公司在此期间的股票平均损失达到 6.5%，而银行的股票平均损失仅有 1.63%（Acharya et al.，2010），这一现状证实了保险业对于系统性风险的敏感性，而且美国国际集团的破产使得保险学者和监管者重新审视了保险公司与其他金融机构的系统关联性问题。

2013 年 7 月，中国平安入选为全球首批 9 家系统重要性保险机构（G - SII），我国保险机构的系统重要性问题引起社会各界的高度关注。最近几年，随着我国经济增长"新常态"和保险行业的壮大，我国保险机构在海外频频"出手"，并购与海外投资的频率和规模迅速增加，与其他市场的联系越来越紧密，其系统性风险也在逐渐增加。党的十八大以来，我国日渐重视系统性风险的防范工作。在 2014 年十二届全国人大二次会议上，国务院政府工作报告强调，要守住不发生系统性和区域性金融风险的底线。2016 年 3 月，中国保监会下发了《国内系统重要性保险机构监管暂行办法（征求意见稿）》，该办法将针对国内系统重要性保险机构（D - SII）提出额外监管要求，重点关注可能引发系统性风险的公司治理、外部关联性、非传统保险业务活动、可替代性等方面，并可能以后在国内选出 2 至 3 家"大而不倒"的保险机构。同年 5 月，中国保监会公布了中国人民保险集团股份有限公司、中国人寿保险（集团）公司、中国太平保险集团有限责任公司、中国再保险（集团）股份有限公司等 16 家首批入选国内系统重要性保险机构（D - SII）的险企名单，并在 8 月发布《国内系统重要性保险机构监管暂行办法（第二轮征求意见稿）》。2017 年 10 月，党的十九大把防范化解重大系统性风险作为全面建成小康社会三大攻坚战之首[①]。2018 年 11 月，中国人民银行、中国银行保险监督管理委员会与中国证券监督管理委员会三部门联合发布《关于完善系统重要性金融机构监管的指导意见》。2019 年 2 月，在中共中央政治局第十三次集体学习时习近平总书记进一步指出防范化解金融风险特别是防止发生系统性金融风险，是金融工作的根本性任务[②]。

显然，保险监管研究重点应当包含对金融系统性风险的防范与处理（赛铮，2019）。为了继续发挥保险机构在国家经济建设中的特殊作用，防止出现

---

① 坚持底线思维防范化解重大风险［EB/OL］.［2019 - 02 - 21］. http：//theory. people. com. cn/n1/2019/0221/c40531 - 30851349. html.
② 习近平：防止发生系统性金融风险是金融工作根本任务［EB/OL］.［2019 - 02 - 23］. https：//news. hexun. com/2019 - 02 - 23/196252891. html.

2008 年金融危机的多米诺骨牌效应，我们亟须对保险机构和其他企业风险相关性进行研究，力争探究出各部门间的风险传递链条，以便更好地在危机爆发前进行防范与监管。而在与其他部门的联系中，保险机构与银行、证券等金融机构的联系最为紧密，因此研究保险机构与其他金融机构的系统关联性问题具有重要的意义。

总体来看，目前研究系统关联性方面的文献较少，研究我国保险机构对其他金融机构之间系统关联性的文献几乎没有。下面本书从系统关联性、系统性风险的传染机制、系统重要性三个方面对相关文献进行评述。

首先是围绕系统关联性的研究。国际货币基金组织（IMF）、国际清算银行（BIS）和金融稳定理事会（FSB）（2009）把金融体系关联性界定为当金融机构陷入财务困境时使其他机构也陷入财务困境的概率显著提高的可能性。全国经济研究协会（NERA）（2010）将关联性定义为一个主体对其他主体的影响程度和受其他主体的影响程度，认为该指标可以较好地测量与评估系统性风险。班特和哈特曼（Bandt & Hartmann，2000）将其概念的核心界定为"金融传染"，即负面状况从一个市场或机构向另外其他市场或机构传播的过程。海尔韦格（Helwege，2010）认为系统性风险产生于金融机构的相互关联性，源于共同冲击的风险流，类似于多米诺骨牌效应，使许多金融机构同时面临风险。朴和谢（2011）认为再保险公司降低评级也可能造成系统性风险，因为随着降低评级的再保险公司违约风险的增加，原保险公司降低评级的可能性增加，负面效应通过股票市场外溢至与降级再保险公司不存在直接信贷联系的其他保险公司，从而产生系统关联性。阿查里亚和理查森（Acharya & Richardson，2014）认为，保险行业之所以可能构成系统性风险，是因为该行业与金融市场其他行业的关联性日渐密切，其不再是传统行业，保险业的系统性风险主要来自非传统和非保险活动，如金融担保保险和衍生品交易，这些活动使保险公司受到来自银行的风险传染。马利克和徐（Malik & Xu，2017）基于全球银行和保险公司的样本研究，认为保险业与银行业之间存在互联性，而这种互联性可能导致系统性风险。博斯等（Bierth et al.，2015）与鲁克尼等（Roukny et al.，2018）根据研究结论指出，保险业存在系统性风险最主要的原因之一就是其与其他金融机构的关联性，这种关联性会为系统性风险提供传染路径。

其次是关于风险传染机制的研究。恩典（2010）认为外溢效应、负外部性或者市场失灵的存在使得风险具有传染效应，一个企业破产会直接导致与它存在经济联系的其他企业破产并进一步扩散。张晓朴（2010）以动态演进机制的方式进行了研究，认为系统性风险的扩散的方式有三种，分别是盯市计价规则方式、资产负债表方式和信心的崩溃。宫晓琳（2012）通过分离我国经济体系各因子，对金融稳定性快速下滑状态及系统危机发生的演变过程进行了详细分析。比利奥等（Billio et al.，2012）认为，系统性风险是金融系统中流动性不足、偿付能力不足和损失通过业务联系快速传播导致的风险。苗文龙（2013）以中、美、德三国为例，根据金融部门资产负债的关系，揭示了部门间风险传递的网络，并推理了各市场间风险传染机制。通过比较，他认为中国某些金融市场之间的传染效应甚至高于市场主导型国家，金融市场之间的传染冲击使不同金融市场之间的波动周期趋于同步，而这又强化了金融市场之间的风险传染。

最后是专门针对保险业系统重要性的研究。2008 年金融危机使得保险学者和监管者重新审视了保险公司的系统重要性。恩典（2010）通过分析 2008年金融危机期间破产事件窗口股票数据的累积异常回报指出，美国国际集团（AIG）之所以具有系统重要性，是因为它持有的交易对手风险以及它与其他金融机构的高度关联性。魏斯等（2014）基于 $\Delta$CoVaR 和 MES 估计了美国2007 年至 2008 年金融危机的系统性风险，认为规模更大、对来自非投保人负债的依赖程度更高和投资收入占比更高的保险机构有着更高的系统性风险，具有较强的系统重要性。博斯等（2015）认为保险部门在较长时间范围内对于系统性风险的"贡献"很小，但在 2007 年至 2008 年金融危机中保险部门确实是系统性风险的重要发起者。邦吉尼等（Bongini et al.，2017）应用国际保险监督官协会（IAIS）公布的 G – SIIs 评估方法，遴选出 44 家全球系统重要性保险机构。卡塞勒和克莱因（Kaserer & Klein，2019）通过讨论 2005年 1 月至 2014 年 12 月金融危机前和危机期间由 183 家主要银行和保险公司组成的全球金融体系情况，发现虽然在行业层面，保险行业对全球金融体系中系统性风险总量的贡献通常很小，但从单个机构的层面上来看，几家多业务保险公司和寿险公司的系统风险与风险最高的银行几乎一样高。克莱门特和科尔纳罗（Clemente & Cornaro，2020）提供了一种市场措施和网络方法相结合的评估机制，通过设定一个特定的网络指标——加权有效阻力中心性（the Weighted Effective Resistance Centrality）来捕捉特定保险公司移除对金融系统的影响情况，并用此来评估全球金融市场中的系统重要性保险公司。

由于我国保险业起步较晚，而且受 2008 年金融危机的影响较小，因此国内针对保险业系统关联性和系统重要性的研究不多。赵桂芹和吴洪（2012）通过宏观和微观两个层面的分析指出，目前国际保险市场产生系统性风险的可能性不大，但是随着保险公司业务创新的进一步推进，保险业引发系统性风险的可能性将逐渐增加。温博慧等（2014）基于险倍率扩增指数、规模和复杂性的影响因素，以最大熵客观赋权后形成评估系统重要性机构的综合指标。研究认为，诸如中国平安、招商证券等非银行金融机构的系统重要性往往显著高于相关银行，且评价结果更加依赖于业务复杂度因素。高波和任若恩（2013）以及高和任（Gao & Ren，2013）基于金融机构异质风险关系构建了金融系统的有向网络模型，研究表明，银行部门和保险部门是熊市时风险传播的主要渠道。郭金龙等（2016）归纳了我国保险业的潜在系统性风险事件和表现，并提出了积极参与保险业系统性风险的国际监管规则制定、加强我国保险业系统性风险监管制度体系建设、加强对国际活跃保险集团的监管等建议。刘志洋和孟祥璐（2019）指出保险公司之间的关联度是造成行业系统性风险的重要原因，故其基于 SJC-Vine-Copula 函数进行实证研究，考察了我国上市保险公司之间关联度。牛晓健和吴新梅（2019）基于复杂网络，构建了风险传染动力学模型，对我国再保险市场的系统性风险传导机制进行了研究，结果表明，保险业的风险可能因过度再保险等原因传染到其他金融子行业，从而造成金融系统的不稳定，论证了保险机构因"联系太紧密而不能倒"的观点。邹奕格和粟芳（2020）通过分析保险业系统性风险的重要影响因素，发现我国保险公司以中国平安为核心，具有较大的关联度，在面对巨灾事件冲击时，具有显著的风险传染性和外溢性，未来可能会给金融系统带来不稳定性。王耀东等（2020）基于 AR –（GJR）GARCH – Skew-t 模型与 Copula 函数进行实证研究，结论证实了保险业在金融系统性风险传染机制中具有重要的媒介作用。潘铭玥和马小龙（2020）基于动态的 CoVaR 模型，对我国 6 家上市保险公司的系统性风险行业贡献度进行了实证研究，得出了影响保险公司系统性风险贡献率的主要因素。

本节借鉴了高和任（2013）构建金融系统有向网络模型的方法，研究了我国保险机构与其他金融机构的系统关联性和系统重要性。本书的创新之处主要体现在三个方面，其一是专门以保险机构为视角，探求其与其他金融部门间的系统关联性，研究结果具有较强的针对性。其二是分别分析了股市在一般情况和两次牛市、熊市转化的极端情况下我国不同类别金融机构间的系统关联性，研究角度更加多样。其三是在进行系统性风险排名时，在关联度和规模两个因素的基础上增加了对复杂度的考察，从多方面探究系统重要性，研究结论更具有参考价值。

## 7.2　数据分析与理论模型

### 7.2.1　数据选取

由于我国资本市场发展时间尚短，主要的保险机构和城市商业银行都是在 2007 年以后上市的，故本书样本区间选定为 2007 年第一个交易日至 2015 年最后一个交易日，选取的金融机构为 2008 年前上市且在 2015 年仍然存在的 29 家金融机构[①]，包括商业银行 14 家，保险机构 5 家，证券公司 8 家，信托公司 3 家。为了尽量得出一般性的结论，本书同时选取 2 次连续的牛市、

---

① 分别为民生银行、南京银行、宁波银行、北京银行、工商银行、华夏银行、建设银行、交通银行、平安银行（原深圳发展银行）、招商银行、中国银行、中信银行、浦发银行、兴业银行、中国平安、中国人寿、中国太保、中国人保、中国太平、中信证券、东北证券、海通证券、国金证券、国元证券、长江证券、西南证券、爱建集团（原爱建证券）、安信信托和陕国投 A。因为农业银行、光大银行等金融机构上市时间均在 2008 年以后，宏源证券于 2015 年退市，故这些金融机构均不在样本中。

熊市的时间段加以研究。如图 7-1 所示，牛市第一区间为 2007 年 4 月 5 日至 2007 年 11 月 5 日，牛市第二区间为 2014 年 7 月 22 日至 2015 年 6 月 15 日；熊市第一区间为 2007 年 11 月 14 日至 2008 年 8 月 5 日，熊市第二区间为 2015 年 6 月 15 日至 2015 年 12 月 31 日。

**图 7-1 2007~2015 年上证综指变化**

资料来源：根据 Wind 数据库数据整理。

## 7.2.2 数据处理与平稳性检验

假设第 i 个金融机构的股票收益率为 $R_i$，这里 $R_i = \ln(p_t/p_{t-1})$；无风险收益率为 $R_f$，它是一年期定期存款的日利率；市场平均收益率为 $R_m$，它用金融机构上市地点的大盘指数的对数变化率表示。由 CAPM 模型 $R_i = R_f + \beta_i(R_m - R_f) + \varepsilon_i$ 通过回归分析得出反映该金融机构系统风险的 $\hat{\beta}_i$，$\varepsilon_i$ 代表其残差项，并令 $\overline{R}_i = (R_i - R_f) - \hat{\beta}_i(R_m - R_f)$。

由于金融收益率的时间序列通常存在波动集聚的特点，因此使用 GARCH（1，1）模型对数据进行再处理，消除其异方差和自相关性，使金融机构间的联系动态稳定。

$$\overline{R}_t^i = \mu_i + \sigma_{it}\varepsilon_t^i, \quad \varepsilon_t^i \sim WN(0, 1) \tag{7.1}$$

$$\sigma_{it}^2 = \overline{\omega}_i + \alpha_i(\overline{R}_{t-1}^i - \mu_i)^2 + \beta_i\sigma_{it-1}^2 \tag{7.2}$$

其中，$\mu_i$ 为条件均值，$\sigma_{it}$ 为条件方差，$\varepsilon_t^i$ 为强白噪声过程，$\overline{\omega}_i$、$\alpha_i$、$\beta_i$

为参数，并令 $\widetilde{R}_t^i = \overline{R}_t^i / \hat{\sigma}_{it}$。

以中国平安和工商银行为例，首先，利用 CAPM 回归得到各自的贝塔系数 $\hat{\beta}_i$，分别为和 1.1919 与 0.735，并通过 $\overline{R}_i = (R_i - R_f) - \hat{\beta}_i(R_m - R_f)$ 得到残差项 $\overline{R}_i$。然后，利用 GARCH（1，1）模型，得到每时刻的样本条件标准差 $\sigma_{it}$，并由 $\widetilde{R}_t^i = \overline{R}_t^i / \hat{\sigma}_{it}$ 分别得到两个金融机构表示其异质性风险的序列 $\widetilde{R}_t^i$ 与 $\widetilde{R}_t^j$。

为了避免变量之间出现虚假回归结果，本书采用 ADF 和 PP 两种方法进行序列平稳性检验。结果表明，无论是一般情况还是极端情况，所有的时间序列均是平稳的。以中国平安为例，其 $\widetilde{R}_t^i$ 序列的 t 值为 -44.12，小于 1% 水平下的 -2.57，所以拒绝原假设，序列平稳。

### 7.2.3 格兰杰（Granger）因果网络模型

在本模型的时间序列下，变量 $\widetilde{R}_t^i$ 与 $\widetilde{R}_t^j$ 之间的格兰杰因果关系可如下定义：若在包含了 $\widetilde{R}_t^i$、$\widetilde{R}_t^j$ 过去信息的条件下，对 $\widetilde{R}_t^i$ 预测的效果要优于只单独由 $\widetilde{R}_t^i$ 的过去信息对 $\widetilde{R}_t^i$ 进行预测的效果，即 $\widetilde{R}_t^j$ 有助于解释 $\widetilde{R}_t^i$ 将来的变化，则认为 $\widetilde{R}_t^j$ 是引致 $\widetilde{R}_t^i$ 的格兰杰原因。

$$\widetilde{R}_{t+1}^j = a^j \widetilde{R}_t^j + b^{ji} \widetilde{R}_t^i + e_{t+1}^j \tag{7.3}$$

$$\widetilde{R}_{t+1}^i = a^i \widetilde{R}_t^i + b^{ij} \widetilde{R}_t^j + e_{t+1}^i \tag{7.4}$$

其中，$a^j$、$a^i$、$b^{ji}$ 与 $b^{ij}$ 为模型系数，$e_{t+1}^j$ 与 $e_{t+1}^i$ 为白噪声过程，二者不相关。

在式（7.3）中，当 $b^{ji} \neq 0$ 显著成立时，拒绝原假设，认为 $\widetilde{R}_t^i$ 为 $\widetilde{R}_t^j$ 的格兰杰原因。同理，若在式（7.4）中 $b^{ij} \neq 0$ 显著成立，也拒绝原假设，认为 $\widetilde{R}_t^j$ 为 $\widetilde{R}_t^i$ 的格兰杰原因。若上述两者均满足，那么认为 $\widetilde{R}_t^i$ 与 $\widetilde{R}_t^j$ 序列是互为因果关系。

定义关联指标（i→j）：若 $\widetilde{R}_t^i$ 为 $\widetilde{R}_t^j$ 的格兰杰原因，则（i→j）= 1。若 $\widetilde{R}_t^i$ 不为 $\widetilde{R}_t^j$ 的格兰杰原因，则（i→j）= 0。若（i→j）= 1，则画出从金融机构 i 到金融机构 j 的有向线段，并令（i→i）= 0，即金融机构不能成为自身的格兰杰原因。根据不同金融机构之间的格兰杰因果关系画出的有向线段组成的图即为格兰杰因果网络图。

# 7.3 系统关联性与系统重要性分析

## 7.3.1 系统关联性分析

### 7.3.1.1 一般市场

基于前述理论模型，首先在一般市场对不同金融机构进行格兰杰因果检验。以中国平安和中国工商为例，检验结果如表 7 – 1 所示，在 10% 的显著性水平下，工商银行是中国平安的异质风险的格兰杰原因，而中国平安不是工商的异质风险的格兰杰原因。因此采用从工商银行到中国平安的有向线段连接两家金融机构，但是没有从中国平安到工商银行的有向线段。

表 7 – 1                 中国平安与工商银行格兰杰检验结果

| 原假设 | 观察值 | F 统计量 | P 值 |
|---|---|---|---|
| 中国平安不是工商银行的格兰杰原因 | 2095 | 0.117 | 0.733 |
| 工商银行不是中国平安的格兰杰原因 | 2095 | 2.909 | 0.089 |

照此步骤，选取 28 家金融机构中的任意两家金融机构进行格兰杰因果检验，并画出拒绝原假设的有向线段，构成格兰杰因果网络图。图 7 – 2 即为金融系统四部门的格兰杰因果网络。其中，有向线段表示上市的银行、保险、证券和信托类金融机构对其他金融部门机构的格兰杰因果影响。

为衡量不同金融部门之间的格兰杰因果关联程度，令金融部门 $\alpha$ 对金融部门 $\gamma$ 的关联指标为 $(\alpha \rightarrow \gamma)$，则有 $(\alpha \rightarrow \gamma) = \sum_{i \in \alpha} (i \rightarrow \gamma) = \sum_{i \in \alpha} \sum_{j \in \gamma} (i \rightarrow j)$。为消除样本中每类金融部门中金融机构个数不同的问题，采用平均数方法来度

量在金融部门 α 中平均每一个金融机构是其他每个部门中多少金融机构的格兰杰原因，数量表示为 $\sum\limits_{i \in \alpha} \sum\limits_{j \in \gamma} (i \to j)/N_\alpha$，其中 $N_\alpha$ 为部门 α 中金融机构的个数。表7－2为不同类别金融部门之间的格兰杰因果总关联度和平均关联度。

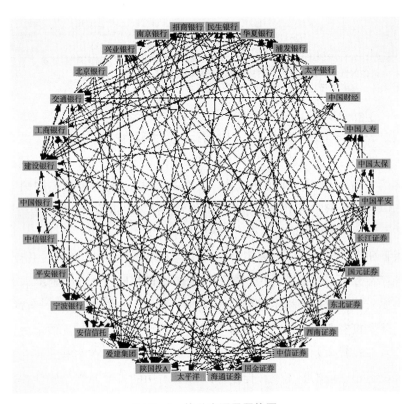

**图7－2　格兰杰因果网络图**

资料来源：笔者基于格兰杰因果网络的统计结果整理而得。

表7－2　　　　不同金融部门的总关联度和平均关联度统计

| 指标 | 金融部门 | 银行 | 证券 | 保险 | 信托 |
|------|---------|------|------|------|------|
| 总关联度 | 银行 | 45 | 25 | 4 | 14 |
| | 证券 | 30 | 14 | 9 | 11 |
| | 保险 | 15 | 5 | 2 | 8 |
| | 信托 | 7 | 1 | 0 | 3 |

续表

| 指标 | 金融部门 | 银行 | 证券 | 保险 | 信托 |
|------|---------|------|------|------|------|
| 平均关联度 | 银行 | 3.21 | 1.79 | 0.29 | 1.00 |
| | 证券 | 3.75 | 1.75 | 1.13 | 1.38 |
| | 保险 | 3.00 | 1.00 | 0.40 | 1.60 |
| | 信托 | 2.33 | 0.33 | 0 | 1.00 |

注：表格内的数字表示行向部门对列向部门的格兰杰原因。

资料来源：笔者基于格兰杰因果网络的统计结果整理而得。

观察表 7-2 发现，银行类在四类金融部门关联度指标中均占有绝对领先位置，每一银行类金融机构分别是 1.79、0.29 和 1.00 个证券、保险、信托类金融机构的格兰杰原因，而每个证券类、保险类和信托类金融机构则分别是 3.75、3.00 和 2.33 个银行类金融机构的格兰杰原因，这反映了传统银行类金融机构在我国金融体系中依然具有最重大的影响力。

根据研究结果可知，保险类金融机构在不同金融部门间的相关程度较弱，这可能存在以下三方面的原因。其一，由于我国保险机构上市时间较晚，满足本书要求的保险机构样本较少，故可能存在由于样本数量少而导致的偏差；其二，除了投资业务，保险公司还主要经营承保业务，这与其他金融机构的业务经营存在较大差异；其三，即使是投资业务，虽然在本书的研究区间内保险资金运用渠道不断拓宽，但是保险资金运用的首要原则是安全性，保险机构的资金运用相对保守，这也可能导致保险类金融机构在不同金融部门间相关程度较弱。随着保险机构投资方式的多样化，保险机构与其他金融机构以及相关实体经济的联系将更加密切，例如，当前保险公司频繁举牌上市公司，可能导致保险部门因为股权关系而与其他部门产生较强的关联性，这有待后续进一步研究。

同时，将保险类金融机构整体作为"被影响方"的情况是所有关联度指标中最小的，平均每一个银行、证券和信托类金融机构仅分别是 0.29、1.13 和 0 个保险类金融机构的格兰杰原因，这可能是由居民和企业对保险类业务的刚需决定的。比如：对个人来说，无论处于何种阶段的居民都要解决生老病死可能带来的各种风险；对企业来说，其经营中也都有防范信用风险和处理突发事故的需求，这些风险都不随市场涨跌走势的变化发生较大变化甚至消失，故其他类金融部门与保险类金融部门的因果关联程度相对较弱。

此外，各金融部门内部的格兰杰因果关联程度也有所不同。银行、证券、保险和信托分别是自身类别内部 3.21、1.75、0.40 和 1.00 个金融机构的格兰杰原因，这可能与同部门中金融机构经营业务差异化程度有关。我国银行类金融机构所提供的金融服务大多仍以存贷业务为主，中间业务的差异化程度也较小，故其关联性程度较高。样本选区中保险类金融部门类别过少也会对金融机构内部自身关联程度结果产生影响。

### 7.3.1.2 极端市场

极端情况下不同类别金融部门之间的格兰杰因果关联度如表 7 - 3 所示。①

表7-3　　极端情况下保险机构与其他金融机构的平均关联度统计

| 第一次转化 | 牛市 1 | | | | 熊市 1 | | | |
|---|---|---|---|---|---|---|---|---|
| | 保险 | 银行 | 证券 | 信托 | 保险 | 银行 | 证券 | 信托 |
| 保险 | 2.00 | 3.80 | 3.20 | 0.80 | 0.80 | 4.00 | 1.20 | 0.60 |
| 银行 | 1.29 | — | — | — | 1.43 | — | — | — |
| 证券 | 1.13 | — | — | — | 1.25 | — | — | — |
| 信托 | 1.33 | — | — | — | 1.67 | — | — | — |
| 第二次转化 | 牛市 2 | | | | 熊市 2 | | | |
| | 保险 | 银行 | 证券 | 信托 | 保险 | 银行 | 证券 | 信托 |
| 保险 | 2.14 | 3.14 | 1.86 | 0.43 | 1.29 | 3.57 | 1.43 | 0.29 |
| 银行 | 0.50 | — | — | — | 0.43 | — | — | — |

① 为了解决上市保险公司较少的问题，在极端状况研究的第二次牛市转熊市过程中，本书又增加了第一次牛市转熊市之后才上市的两家保险机构，分别为新华保险和中国人保。为了处理两次极端状况的样本数量不同的问题，本书使用平均数的处理方法，详见表7-3。

续表

| 第二次转化 | 牛市2 | | | | 熊市2 | | | |
|---|---|---|---|---|---|---|---|---|
| | 保险 | 银行 | 证券 | 信托 | 保险 | 银行 | 证券 | 信托 |
| 证券 | 1.13 | — | — | — | 0.38 | — | — | — |
| 信托 | 0 | — | — | — | 0 | — | — | — |

资料来源：笔者基于格兰杰因果网络的统计结果整理而得。

在两次牛市至熊市的转化过程中，保险部门迅速增加了对银行部门的格兰杰影响。第一次由牛市转为熊市的过程中，保险部门中的每一机构平均对银行部门的格兰杰联系由3.80条转变为4.00条。第二次由牛市转为熊市的过程中，保险部门中的每一机构对银行部门的格兰杰联系更是显著地由3.14条变为3.57条。这可能是因为在牛市时，各种金融资产的损失率均相对较低，导致消费者风险规避意识减弱，对保险产品的需求下降。而当牛市转化为熊市时，金融市场中的投资回报率变低，消费者的资产配置中可能出现损失甚至违约的情况，这增加了消费者对风险的重视程度，故其对保险产品的需求增大，导致保险部门对诸如银行等其他金融部门的关联性显著增加。保险部门在不同情况下对其他金融部门的格兰杰因果关系情况具体如图7-3和图7-4所示。

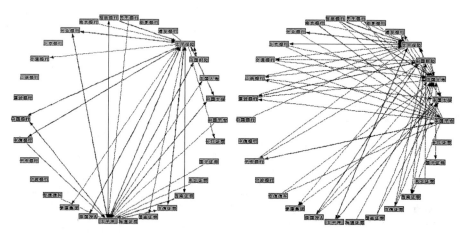

图7-3 牛市1（左图）和熊市1（右图）保险机构对其他
金融机构的格兰杰（Granger）因果网络图

资料来源：笔者基于格兰杰因果网络的统计结果整理而得。

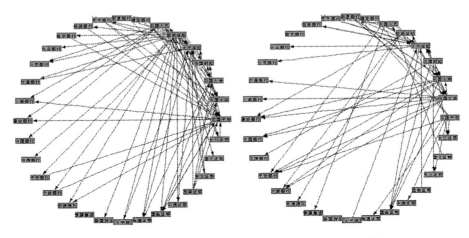

**图7-4 牛市2（左图）和熊市2（右图）保险机构对其他**

**金融机构的格兰杰（Granger）因果网络图**

资料来源：笔者基于格兰杰因果网络的统计结果整理而得。

## 7.3.2 系统重要性分析

由佩隆-弗罗贝尼乌斯（Perron-Frobenius）定理可知，若方阵仅含非负元素，则其特征方程存在唯一的最大特征实数根 $\lambda_{max}$，并存在该特征根的一个特征向量 $\omega$，该特征向量中的元素均为正数。令 $\omega = (\omega_1，\omega_1，\omega_1\cdots\omega_n)$，其中 $\omega_i$ 代表第 i 个元素的特征向量中心度，即第 i 个金融机构在整个金融系统中的关联度得分，其相关性指标的排名即为 $\omega_i$ 在 $\omega$ 中元素的由大到小排列的顺序。

基于关联度的计算结果如表7-4的第二列和第三列所示，排名结果比较符合预期。保险、信托两类金融部门在我国金融体系中发展尚不成熟，故虽然近年发展迅速，但相关度排名总体靠后。值得注意的是，两类金融机构相对靠前的金融公司企业均相对多元化，如保险类的中国平安（得分0.2664，排名第5）和信托类的爱建集团（得分0.1892，排名第11）。以中国平安为例，因其业务横跨保险、银行、证券等多个领域，故其股票持有者可能因其他金融机构股价下跌或上升而抛售或购买中国平安股票的概率就相对较大。反之，经营单一领域的金融机构遇上此类事件的概率相对较少。

表 7 - 4                        基于关联度、复杂度和规模的系统重要性

| 金融机构 | 关联度 | | 复杂度 | | 规模 | | 综合 | |
|---|---|---|---|---|---|---|---|---|
| | 得分 | 排序 | 得分 | 排序 | 得分 | 排序 | 得分 | 排序 |
| 工商银行 | 0.3292 | 2 | 0.6078 | 1 | 0.6068 | 1 | 1.5438 | 1 |
| 建设银行 | 0.2481 | 7 | 0.4460 | 2 | 0.5013 | 2 | 1.1954 | 2 |
| 中国银行 | 0.0728 | 25 | 0.4168 | 3 | 0.4594 | 3 | 0.9490 | 3 |
| 中国平安 | 0.2664 | 5 | 0.1948 | 5 | 0.1302 | 9 | 0.5913 | 4 |
| 招商银行 | 0.2913 | 4 | 0.1201 | 9 | 0.1496 | 5 | 0.5610 | 5 |
| 交通银行 | 0.173 | 12 | 0.1427 | 7 | 0.1955 | 4 | 0.5111 | 6 |
| 中国人寿 | 0.0929 | 24 | 0.2959 | 4 | 0.0669 | 12 | 0.4556 | 7 |
| 兴业银行 | 0.1141 | 20 | 0.1854 | 6 | 0.1448 | 6 | 0.4442 | 8 |
| 中信银行 | 0.1258 | 17 | 0.1347 | 8 | 0.1399 | 7 | 0.4005 | 9 |
| 浦发银行 | 0.1108 | 22 | 0.1072 | 10 | 0.1378 | 8 | 0.3558 | 10 |
| 西南证券 | 0.3334 | 1 | 0.0086 | 23 | 0.0020 | 25 | 0.3440 | 11 |
| 中信证券 | 0.2463 | 9 | 0.0783 | 12 | 0.0168 | 18 | 0.3415 | 12 |
| 民生银行 | 0.1365 | 15 | 0.0616 | 14 | 0.1235 | 10 | 0.3216 | 13 |
| 海通证券 | 0.2465 | 8 | 0.0516 | 15 | 0.0157 | 19 | 0.3138 | 14 |
| 太平洋 | 0.2934 | 3 | 0.0031 | 27 | 0.0009 | 27 | 0.2975 | 15 |
| 中国太平 | 0.2516 | 6 | 0.0279 | 19 | 0.0133 | 20 | 0.2928 | 16 |
| 华夏银行 | 0.1908 | 10 | 0.0278 | 20 | 0.0552 | 13 | 0.2738 | 17 |
| 北京银行 | 0.1316 | 16 | 0.0471 | 16 | 0.0504 | 14 | 0.2291 | 18 |
| 中国财险 | 0.1415 | 13 | 0.0436 | 17 | 0.0115 | 21 | 0.1966 | 19 |
| 平安银行 | 0.1164 | 19 | 0.0095 | 22 | 0.0685 | 11 | 0.1944 | 20 |
| 爱建集团 | 0.1892 | 11 | 0.0010 | 29 | 0.0003 | 28 | 0.1905 | 21 |
| 南京银行 | 0.1009 | 23 | 0.0431 | 18 | 0.0220 | 16 | 0.1660 | 22 |
| 中国太保 | 0.0538 | 27 | 0.0782 | 13 | 0.0252 | 15 | 0.1573 | 23 |
| 东北证券 | 0.1392 | 14 | 0.0101 | 21 | 0.0020 | 23 | 0.1513 | 24 |
| 宁波银行 | 0.0367 | 28 | 0.0846 | 11 | 0.0196 | 17 | 0.1409 | 25 |
| 国元证券 | 0.1232 | 18 | 0.0067 | 25 | 0.0020 | 24 | 0.1319 | 26 |
| 长江证券 | 0.1116 | 21 | 0.0071 | 24 | 0.0027 | 22 | 0.1214 | 27 |

续表

| 金融机构 | 关联度 | | 复杂度 | | 规模 | | 综合 | |
|---|---|---|---|---|---|---|---|---|
| | 得分 | 排序 | 得分 | 排序 | 得分 | 排序 | 得分 | 排序 |
| 陕国投 A | 0.0651 | 26 | 0.0009 | 30 | 0.0002 | 30 | 0.0662 | 28 |
| 国金证券 | 0 | 29 | 0.0035 | 26 | 0.0015 | 26 | 0.0050 | 29 |
| 安信信托 | 0 | 30 | 0.0015 | 28 | 0.0003 | 29 | 0.0018 | 30 |

资料来源：笔者自行计算而得。

为了防止仅从关联性角度考虑金融机构的整体风险可能带来的局限性，本书选择在整个系统风险中考察关联性的影响。巴塞尔银行监管委员会（Basel Committee，2011）评估系统重要性时采用了规模、关联性、复杂性、不可替代性与国际性五个角度进行衡量。因为我国金融机构的国际化程度普遍不高以及衡量不同机构的不可替代性指标选取上的复杂性，本书仅从规模、关联性、复杂度三个角度考察关联性的影响。

衍生金融资产数量、可交易金融资产和可供出售金融资产可以表示一个上市金融机构的业务复杂程度。一般来讲，衍生金融资产数量越多，代表金融机构的业务越复杂，发生风险对自身造成的损失也越大。可交易金融资产和可供出售金融资产代表了当发生危机时资产迅速变现的能力，反映了金融机构对其经营业务风险的评价，从侧面表示了经营业务的复杂程度。故复杂度需采用以上三者之和表示。假设标准化之后，整个金融系统的复杂程度可用方阵 $v = (v_1, v_2, v_3, \cdots, v_n)$ 表示，其满足 $v_i \geq 0$，且 $\sum_i v_i^2 = 1$。第 i 个金融机构的复杂性得分即为 $v_i$，排名即为在方阵 v 中元素从大至小的顺序。在计算复杂性得分时，选取上市公司 2015 年公布的资产负债表数据。计算结果如表 7－4 第四列和第五列所示。

由于保险类金融机构自身经营特点的需要，其经营更加稳健，这使其持有的资产中有大量的交易性和可出售性金融资产，尤其是可出售金融资产，而这之中又以主营寿险业务的保险机构表现最为明显。例如，中国人寿在2015 年年报的资产负债表中，可供出售金融资产为 7705.16 亿元、交易性金融资产为 1379.82 亿元[①]，而总规模为中国人寿 2 倍多的中信银行，其可出售和交易性金融资产分别为 3737.7 亿元和 262.2 亿元，均不到中国人寿的一半，交易性金融资产更是不到中国人寿的 1/5[②]。根据巴塞尔银行监管委员会（2011）对于评估金融机构的系统性重要性评价指标，大量交易性金融资产和可供出售金融资产使得保险类金融机构的复杂性排名较为靠前，例如中国人寿和中国平安的复杂性得分分别为 0.2959 和 0.1948。

金融机构的总资产数量代表了其规模大小。一般情况下，金融机构规模越大，其危机时可能造成的破坏性就越大。与复杂性指标数据的处理类似，设经标准化之后的规模方阵为 $\lambda = (\lambda_1, \lambda_2, \lambda_3, \cdots, \lambda_n)$，其中 $\lambda_i$ 满足 $\lambda_i \geq 0$ 且 $\sum_i \lambda_i^2 = 1$，$\lambda_i$ 即为第 i 个金融机构的规模得分，排名则为在方阵 $\lambda$ 中元素从大至小的顺序。选取 2015 年年报中的资产数据，得到基于规模的排名如表 7-4 第六列和第七列所示。

观察表 7-4 发现，中国平安、中国人寿、中国太平、中国财险和中国太保的关联度排名分别是 5、24、6、13、27，复杂度排名分别是 5、4、19、17、13，规模排名分别是 9、12、20、21、15。整体而言，中国平安的系统重要性最强，其次是中国人寿、太平保险和中国财险，最后是中国太保。进一步观察不同指标下的排名发现，对关联度、复杂度和规模得分加总之后得到的综合排名与规模排名结果较为接近，这在一定程度上说明了规模在系统重要性评估中具有举足轻重的地位。这与金融稳定理事会（FSB）和国际保险监督官协会（IAIS）高度重视"大而不倒"的保险机构的观念相吻合，为我国系统重要性保险机构的监管政策的细化和完善提供了依据。

# 7.4　本　章　小　结

本书选取 2007 年及之前上市的 28 家金融机构，运用 CAPM 模型得出每

---

① 中国人寿保险股份有限公司 2015 年年度报告［EB/OL］．［2016-03-23］. https：//www. e-chinalife. com/c/2016-03-24/508947. shtml.
② 中信银行 2015 年度报告 A 股［EB/OL］．［2016-06-16］. https：//www. citicbank. com/about/investor/financialaffairs/report/201606/po20160616404700626189. pdf.

**148**

家金融机构的异质性风险并用格兰杰因果网络模型分别对 2007 年至 2015 年的一般情况和其中两次牛市、熊市转化的极端情况的股票收益率进行了系统关联性分析，同时针对一般情况下对 28 家金融机构在关联度、规模与复杂程度三个方面进行了系统重要性评估。

通过对一般情况下的实证研究发现，银行部门是与保险部门联系最紧密的金融部门。随着我国保险市场的不断发展壮大，保险机构与其他金融机构的关联将会越来越紧密，应该加强对其往来关联业务的监管力度。尤其是与保险机构联系最密切的银行部门，更应该在各个监管部门间成立专项监管小组，明确并协调各自监管工作。

在极端情况的考察中发现，保险部门在熊市时比在牛市时对其他金融机构有更显著的格兰杰联系，这为我国对保险机构进行逆周期监管有一定借鉴意义。由于一般资本充足率监管的顺周期效应会使得经济周期的波动加剧，故保险机构可效仿第三版《巴塞尔协议》的做法，即在经济过热时要求增加资本金，建立资本缓冲机制。除了资本金，对保险机构的保险准备金的逆周期监管也可起到同样的作用，在经济过热时提高监管要求可达到抑制过度投机的作用，在经济衰退时降低要求可以减缓保险资金撤出资本市场的速度，减少对其他部门的不良冲击。此外，对保险机构进行逆周期监管还必须配合一定的会计准则的改变，譬如交易性金融资产时公允价值的确定方法和准备金评估提取的规则等。

在进行系统重要性评估时发现，中国平安的系统重要性最强，其次是中国人寿、太平保险和中国财险，最后是中国太保，规模是系统重要性评估中的重要指标。一方面，保险监管部门要加强对规模大的公司的监管力度，制定具有层次化和针对性的风险监管制度；另一方面，保险公司要彻底摒弃"重规模、轻效益"的经营理念，协调平衡二者之间的关系。在风险管理方面，规模大的保险公司不但要纵观全局，注重整体化风险管理，还要将大体量机构模块化，将整体风险细致化，重点控制主要的风险源，严格管理出现风险的主要环节。

# 第 8 章

# 基于跨行业风险溢出的保险机构与银行机构系统性风险度量

在我国，随着金融市场业务的日益发展与保险公司资产配置领域的逐步扩大，银行与保险公司的交叉持股明显增多，业务联系也渐趋紧密，金融风险极易在这两个部门之中产生并传播，从而影响整个金融体系。基于此，本章考察我国上市银行与保险机构间的系统性风险溢出效应。

## 8.1 银行与保险机构间的系统性风险溢出效应

随着国际金融体系的发展，金融市场的关联性与复杂性持续增强，系统性风险的评估与监管在全球逐渐得到重视。2008 年金融危机中美国国际集团（AIG）濒临破产这一事件令人们开始意识到，系统性风险不仅存在于银行部门，保险部门也同样扮演着重要角色。在各国逐步转向混业经营的趋势下，大型金融集团的出现更进一步增强了金融部门之间的关联性与风险的可传染性。保险与银行机构在更广领域、更深层次发挥协同作用，业务与资本关联密切，共同对维持金融市场的稳健性发挥重要作用。

系统重要性金融机构通常业务规模较大、经营范围广泛、在金融体系中具有较大的影响力，具有一定的不可替代性，风险溢出能力更强。一旦这些机构遭遇财务风险危机，有较大概率会给全球或地区金融系统带来负面冲击，进一步引发系统性风险，威胁金融系统的稳定性。2009 年 9 月，在金融危机的启示下，二十国集团（G20）匹兹堡峰会要求金融稳定委员会为应对大型金融集团"大而不能倒"的问题提出建议。随后，金融稳定理事会（FSB）着手进行系统重要性金融机构的评估与监管度量工作。2010 年 11 月，二十国集团首尔峰会通过了金融稳定理事会提出的针对系统重要性金融机构的政策框架，由巴塞尔银行监管委员会（2011）和国际保险监督官协会等机构颁布具体监管措施，以应对潜在的系统性风险。2011 年，巴塞尔银行监管委员会发布了报告《全球系统重要性银行：评估方法和额外损失吸收能力要求》。同年 11 月，经二十国集团批准，金融稳定理事会正式首次发布 29 家全球系统重要性银行（G–SIBs）名单列表。2012 年，国际保险监督官协会（IAIS）着手对全球系统重要性保险机构的评估方法与政策措施征求意见。2013 年国际保险监督官协会（The International Association of Insurance Supervisors, IAIS）制定了一套用来评估和确定具有全球系统重要性的保险公司的方法，并为评估出的公司制定了一系列的监管措施与政策（IAIS, 2013a；IAIS, 2013b），且在此后的每年进行数据与政策更新。基于国际保险监督官协会（IAIS）公布的 G–SIIs 评估方法，金融稳定理事会于 2013 年首次公布 9 家全球系统重要性保险机构，而邦吉尼等（Bongini et al., 2017）于 2016 年遴选出 44 家全球系统重要性保险机构。这些系统重要性保险机构的风险容易出现跨境传播与全球扩散，增加系统性风险暴露与传播的渠道，对于维护全球经济的发展和金融市场的稳定有重要作用。2019 年 11 月，国际保险监督官协会（IAIS）最新确定了评估和减轻保险行业系统风险的整体框架（IAIS, 2019）。

在我国，随着金融市场业务的日益发展与保险公司资产配置领域的逐步扩大，银行与保险公司的交叉持股明显增多，业务联系也渐趋紧密，金融风险极易在这两个部门之中产生并传播，从而影响整个金融体系。2011 年，银监会发布《关于中国银行业实施新监管标准的指导意见》，提出审慎监管要从宏观与微观两方面着手，增强监管有效性。2016 年，中国保监会公布 16 家国内系统重要性保险机构（D–SIIs），启动监管框架设计以强化风险控制，对我国金融机构在信息披露、资本金要求等方面提出了新的要求。2018 年 3 月，十三届全国人大一次会议通过了国务院机构改革方案，确定组建中国银行保险监督管理委员会，将银行业与保险业的监管纳入统一框架，防范并化解金融风险。在"一委一行两会"的新型监管体系下，宏观审慎与协调监管将继续加强，系统重要性金融机构的识别与监管将受到更多地重视。

银行与保险作为重要的金融部门，在我国现代经济的正常运作中发挥着重要作用。研究我国银行与保险机构之间的风险溢出效应，有助于合理评估我国系统重要性金融机构的风险状况，从而从宏观层面进行有针对性的监管，防控潜在的系统性风险冲击，减小对其他金融机构乃至实体经济的影响。

关于系统性风险的研究方法，主要有网络模型法、CoVaR 模型法、MES模型法等。比西亚斯等（Bisias et al.，2012）总结了 31 种测算系统性风险的方法，为风险管理提供了建议。里戈邦和福布斯（Rigobon & Forbes，2001）等研究金融风险在不同市场间的传递，认为风险传递源于金融机构的相互关联或风险蔓延。随后，系统性风险网络分析开始用于度量机构之间的相互联系，学者主要通过宏观经济数据或资产负债表披露数据捕获金融部门内部的潜在风险。埃尔辛格（Elsinger，2006）、艾克曼（Aikman，2009）和高蒂耶（Gauthier，2012）等分别运用网络模型分析了澳大利亚、英国和加拿大的银行间市场。为进一步研究金融系统的动态风险，一些学者开始考虑信用违约互换，例如，塞戈维亚诺和古德哈特（Segoviano & Goodhart，2009）通过信用违约互换构建了银行稳定性指数估计尾部风险发生时的银行间独立性情况。而另一些学者运用股票市场数据估计金融机构间的潜在风险溢出。塔拉舍夫（Tarashev，2009）对银行系统进行模拟并测算了 Shapley 值。阿查里亚等（Acharya et al.，2010）引入了系统期望损失（SES）和边际期望损失（MES）概念，描述单个金融机构在市场动荡期的下行风险。布朗利斯和恩格尔（Brownlees & Engle，2012）构建了短期与长期 MES 预测，并提出用 SRISK度量金融机构对系统风险的贡献。比利奥等（Billio et al.，2012）运用主成分分析和格兰杰因果检验研究美国不同金融部门之间的关联性，并构建了风险传播网络模型进行描述。

CoVaR 方法通过在给定某金融机构发生财务危机的情况下，测算其他金融机构的在险价值，反映该金融机构对其他金融机构的风险外溢效应。阿德里安和布伦纳迈尔（Adrian & Brunnermeier，2011）提出采用 CoVaR 方法测算系统性风险，由于 CoVaR 方法评估的是单一金融机构对系统的风险贡献，因此被认为是一种"自下而上"的度量方法。罗恩皮蒂亚和龙查龙基库（Roengpitya & Rungcharoenkitkul，2011）通过泰国六家主要银行的面板数据研究了银行系统的风险溢出效应。吉拉尔迪和埃尔贡（Girardi & Ergün，2013）改进的 CoVaR 模型考虑了损失低于在险价值的情况，并测算了银行、保险等四个金融部门的风险贡献与关联。洛佩斯－埃斯皮诺萨等（Lopez－Espinoza et al.，2012）考察了银行个体对银行系统的正面与负面冲击，并采用非对称 CoVaR 方法研究了 54 家国际银行的尾部风险。在国内的研究中，谢福座（2010）结合分位数回归和 CoVaR 方法，测量了我国 2003 年至 2010 年债券和股票市场周收益率之间的双向风险溢出效应。高国华和潘英丽（2011）基于动态 CoVaR 模型，认为单家银行的 CoVaR 贡献与 VaR 并无直接关联，我国四大国有银行的系统重要性排序最为靠前。白雪梅等（2014）运用分位数回归测算 CoVaR 指标，研究了我国 27 家金融机构在金融危机期间的系统性风险贡献。

本节在查阅并梳理国内外关于金融机构系统性风险溢出效应相关研究成果的基础上，希望通过构建模型进行量化分析达到以下研究目的：第一，利用分位数回归实现 CoVaR 模型，测算 2008 年 1 月至 2018 年 3 月我国 A 股上市的 14 家银行与 3 家保险机构之间的风险溢出效应；第二，根据 CoVaR 模型的实证结果对我国金融机构系统重要性进行排序，并绘制风险溢出网络图；第三，基于分析结果，为我国银行与保险机构系统性风险的控制与监管提出建议。与已有文献相比，本节的创新点体现在：第一，采用了 2008 年以来我国 17 家上市银行与保险机构的日收益率数据，研究贴合我国金融体系的发展状况，具有实际意义；第二，测算了我国上市银行与保险机构之间的系统性风险溢出效应，并进行系统重要性排名，通过网络图呈现结果；第三，在银保监管合并的背景下，研究我国银行与保险机构的系统关联性，为科学防范系统性风险提出建议。

# 8.2　系统性风险溢出度量理论模型

## 8.2.1　CoVaR 模型

系统性风险在爆发时的特点是风险损失易在多家金融机构之间迅速扩散，最终导致金融市场不稳定。阿德里安和布伦纳迈尔（Adrian & Brunnermeier，2011）提出条件在险价值（CoVaR）方法，CoVaR 方法可度量一定置信水平下，某个体对其他个体的风险贡献。该金融机构对其他金融机构的系统性风险溢出贡献定义为其他金融机构在给定该金融机构陷入危机条件下与无条件下的在险价值之差。

$CoVaR_q^{n\,|\,m}$ 表示在给定风险事件 $\{R^m \leqslant VaR_q^m\}$ 发生的条件下，金融机构 n 的在险价值。其中 q 表示分位数，$R^m$ 表示金融机构 m 的收益率，用公式表示为：

$$Pr(R^n \leqslant CoVaR_q^{n\,|\,m} \mid R^m = VaR_q^m) = q \tag{8.1}$$

金融机构 m 对金融机构 n 的风险贡献为 $\Delta CoVaR_q^{n\,|\,m}$，用于衡量金融机构 m 发生风险事件后对金融机构 n 的风险溢出效应，用公式表示为：

$$\Delta CoVaR_q^{n\,|\,m} = CoVaR_q^{n\,|\,m} - VaR_q^n \tag{8.2}$$

由于不同个体的无条件在险价值 $VaR_q^m$ 通常不同，会令风险溢出效应的测算产生偏误，因此本书进行如下标准化处理，定义 $\% \Delta CoVaR_q^{n\,|\,m}$：

$$\% \Delta CoVaR_q^{n\,|\,m} = \Delta CoVaR_q^{n\,|\,m} / VaR_q^m \times 100\% \tag{8.3}$$

$\% \Delta CoVaR_q^{n\,|\,m}$ 以 $VaR_q^m$ 为基准，消除了个体性差异的影响。CoVaR 模型在给定特定金融机构陷入财务危机的情况下，测量对其他金融机构的风险溢出贡献，弥补了在险价值（VaR）方法无法估计由各家金融机构之间的风险溢出导致损失的局限性。

## 8.2.2　分位数回归方法

现实中的金融机构收益率数据通常不呈现正态分布，而是具有"尖峰厚尾"的特点，并且常常存在异方差，这使得利用普通最小二乘法估计的回归参数不再有效。另外，传统的线性回归方法基于变量的均值，不能有效反映风险事件发生等特殊情况下变量各部分之间的关系。而分位数回归改进了这一局限，可刻画尾部风险事件发生时变量之间的相关性。CoVaR 模型的本质是条件 VaR，而 VaR 可用收益率时间序列的尾部极端情况表示，我们参考阿德里安和布伦纳迈尔（Adrian & Brunnermeier, 2016）的研究方法，利用分位数回归建立 CoVaR 模型。下面我们介绍分位数回归的思想并将其运用于 Co-VaR 模型。假设随机变量 X 的分布函数为：

$$F(x) = Pr(X \leqslant x) \tag{8.4}$$

q 分位数 Q(q) 表示满足条件 $\{q \mid F(x) \geqslant q\}$ 的最小值，用公式表示为：

$$Q(q) = \inf\{x: F(x) \geqslant q\}, \ 0 < q < 1 \tag{8.5}$$

分位数回归是令回归结果以 q 为权的误差绝对值算数和达到最小，即：

$$\min_{\varphi \in R} \left\{ \sum_{i:y_i \geqslant \varphi} q \mid y_i - \varphi \mid + \sum_{i:y_i < \varphi} (1 - q) \mid y_i - \varphi \mid \right\} \tag{8.6}$$

接下来，我们将分位数回归运用于 CoVaR 模型。考察个体 m 发生风险事件时对个体 n 的风险溢出水平，用 $R^m$、$R^n$ 分别表示个体 m 和 n 的股票日收益率序列，建立 q 分位回归方程：

$$R_q^n = \alpha_q + \beta_q R^m + \delta \tag{8.7}$$

考虑在给定金融机构 m 的收益率条件下，金融机构 n 的 q 分位回归预测值：

$$\widehat{R_q^{n,m}} = \hat{\alpha}_q + \hat{\beta}_q R^m \tag{8.8}$$

根据在线价值（VaR）的定义，我们有：

$$VaR_q^n \mid R^m = \widehat{R_q^{n,m}} \tag{8.9}$$

也就是说，金融机构 n 在已知金融机构 m 收益率条件下的分位数回归预测值即为 $R^m$ 条件下金融机构 n 的在险价值。有一种特殊情况，在条件 $\{R^m$

$= VaR^m \}$ 下，得到的便是 $CoVaR^n_q$ 度量，用公式表示为：

$$CoVaR^{n \mid R^m = VaR^m_q}_q = VaR^n_q \mid VaR^m_q = \hat{\alpha}_q + \hat{\beta}_q VaR^m_q \tag{8.10}$$

为简化计算，本书参考国内外相关研究，取 $q = 0.05$，并用样本序列的 $q$ 分位数近似代替无条件在险价值 $VaR^m_q$ 和 $VaR^n_q$。

# 8.3  实 证 分 析

## 8.3.1  样本选择与数据来源

为更好地刻画上市银行与保险机构的关联特征，我们将样本区间设定为 2008 年 1 月至 2018 年 3 月，该样本区间涵盖了 2008 年金融危机、2015 年 A 股剧烈波动和 2018 年 1 月的美股"股灾"，便于考察不同国内外经济形势下银行与保险机构的系统性风险贡献程度。选取的样本机构为在所选样本区间内持续存在的 17 家上市银行与保险机构，其中包括 14 家商业银行，分别是平安银行、宁波银行、浦发银行、华夏银行、民生银行、招商银行、南京银行、兴业银行、北京银行、交通银行、工商银行、建设银行、中国银行和中信银行；3 家保险机构，分别是中国平安、中国太保和中国人寿。

本书所采用的数据包括 17 家金融机构在样本区间内的日收盘价，数据来源于 Wind 数据库。金融机构 n 的日收益率通过对日收益率比值取对数得到，为了易于表示，我们将计算结果均乘以 100，用公式表示如下：

$$R_n = 100 \times \ln(p_t / p_{t-1}) \tag{8.11}$$

其中，$R_n$ 为金融机构 n 的日百分比收益率，$p_t$ 表示金融机构 n 在 t 日的收盘价。样本金融机构日百分比收益率在样本区间内的描述性统计结果如表 8 - 1 所示。

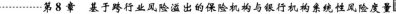 

| 表8-1 | | | 样本金融机构日收益率（%）描述性统计 | | | | | |
|---|---|---|---|---|---|---|---|---|
| 金融机构 | 均值 | 最大值 | 最小值 | 标准差 | 偏度 | 峰度 | JB统计量 | p值 |
| 平安银行 | -0.0486 | 9.5687 | -54.2865 | 2.8435 | -3.5436 | 64.5198 | 397393 | 0.000 |
| 宁波银行 | -0.0045 | 9.5974 | -27.2356 | 2.5452 | -0.8641 | 13.6262 | 12010 | 0.000 |
| 浦发银行 | -0.0611 | 9.5595 | -36.1028 | 2.6331 | -2.3100 | 31.5449 | 86646 | 0.000 |
| 华夏银行 | -0.0308 | 9.5946 | -34.0792 | 2.5679 | -1.6171 | 23.1798 | 43282 | 0.000 |
| 民生银行 | -0.0253 | 9.6228 | -23.4205 | 2.2665 | -0.8567 | 15.0182 | 15272 | 0.000 |
| 招商银行 | -0.0099 | 9.5542 | -21.2001 | 2.2702 | -0.3204 | 9.6465 | 4620 | 0.000 |
| 南京银行 | -0.0344 | 9.5904 | -60.7442 | 2.7449 | -5.5158 | 114.2489 | 1295107 | 0.000 |
| 兴业银行 | -0.0442 | 9.5791 | -61.9802 | 2.8777 | -5.6563 | 115.8261 | 1332380 | 0.000 |
| 北京银行 | -0.0451 | 9.5801 | -21.0920 | 2.3784 | -1.1444 | 15.5970 | 16986 | 0.000 |
| 交通银行 | -0.0360 | 9.6247 | -10.9543 | 2.0686 | -0.1469 | 9.1640 | 3946 | 0.000 |
| 工商银行 | -0.0100 | 9.5791 | -12.3298 | 1.6648 | -0.3268 | 11.3420 | 7255 | 0.000 |
| 建设银行 | -0.0094 | 9.5661 | -10.6404 | 1.8493 | -0.1902 | 9.8057 | 4815 | 0.000 |
| 中国银行 | -0.0192 | 9.6799 | -11.6287 | 1.7112 | 0.0814 | 11.5143 | 7515 | 0.000 |
| 中信银行 | -0.0172 | 9.6129 | -10.5643 | 2.3339 | 0.1440 | 6.8807 | 1569 | 0.000 |
| 中国平安 | -0.0154 | 9.5461 | -79.0792 | 2.8976 | -8.2234 | 226.0869 | 5185215 | 0.000 |
| 中国太保 | -0.0086 | 9.5608 | -10.5439 | 2.5152 | -0.0219 | 5.2970 | 547 | 0.000 |
| 中国人寿 | -0.0301 | 9.5634 | -10.5442 | 2.4561 | 0.1942 | 6.0693 | 992 | 0.000 |

资料来源：笔者自行计算而得。

## 8.3.2 模型的假设检验

### 8.3.2.1 正态性检验

应用分位数回归方法要求序列呈现"尖峰厚尾"的特征，而非具有正态性。从表8-1中可以观察到，样本金融机构的偏度系数大多为负数，说明呈现出左偏的特征。17家上市公司日收益率序列的峰度均远远大于3，具有尖峰特征。另外，表8-1列出了样本序列的JB（Jarque-Bera）统计量与p值，各检验结果p值均为0，拒绝了日收益率服从正态分布的假设。这进一步说明了收益率数据具有非正态性，适合运用分位数回归方法进行估计。

### 8.3.2.2 序列平稳性检验

在进行分位数回归之前，为避免出现伪回归，本书采用 ADF 检验与 PP 检验两种方法检验时间序列的平稳性。原假设为序列不平稳，因此只有在拒绝原假设的情况下，才能进一步进行分位数回归。17 家金融机构的 ADF 检验与 PP 检验均拒绝了原假设，表明序列均是平稳的，检验统计量与 p 值具体结果如表 8 - 2 所示。

表 8 - 2                    样本金融机构日收益率（%）平稳性检验

| 金融机构 | ADF 检验 | | PP 检验 | | 平稳性 |
|---|---|---|---|---|---|
| | 统计量 | p 值 | 统计量 | p 值 | |
| 平安银行 | -46.825 | 0.000 | -46.823 | 0.000 | 平稳 |
| 宁波银行 | -49.884 | 0.000 | -50.420 | 0.000 | 平稳 |
| 浦发银行 | -46.982 | 0.000 | -46.983 | 0.000 | 平稳 |
| 华夏银行 | -49.767 | 0.000 | -49.797 | 0.000 | 平稳 |
| 民生银行 | -49.801 | 0.000 | -49.730 | 0.000 | 平稳 |
| 招商银行 | -48.629 | 0.000 | -48.607 | 0.000 | 平稳 |
| 南京银行 | -46.878 | 0.000 | -46.886 | 0.000 | 平稳 |
| 兴业银行 | -41.897 | 0.000 | -41.979 | 0.000 | 平稳 |
| 北京银行 | -52.879 | 0.000 | -52.860 | 0.000 | 平稳 |
| 交通银行 | -47.443 | 0.000 | -47.637 | 0.000 | 平稳 |
| 工商银行 | -48.195 | 0.000 | -48.233 | 0.000 | 平稳 |
| 建设银行 | -49.175 | 0.000 | -49.369 | 0.000 | 平稳 |
| 中国银行 | -48.043 | 0.000 | -48.387 | 0.000 | 平稳 |
| 中信银行 | -48.095 | 0.000 | -48.196 | 0.000 | 平稳 |
| 中国平安 | -58.969 | 0.000 | -59.061 | 0.000 | 平稳 |
| 中国太保 | -48.948 | 0.000 | -48.923 | 0.000 | 平稳 |
| 中国人寿 | -49.304 | 0.000 | -48.993 | 0.000 | 平稳 |

资料来源：笔者自行计算而得。

### 8.3.3 银行内部系统性风险溢出效应

在研究银行与保险机构之间的系统性风险溢出效应之前,我们在14家商业银行内部两两之间进行了系统性风险溢出效应测算。下面以中国银行和浦发银行为例,对测算过程进行说明。我们将中国银行的收益率序列记为 $R^m$,浦发银行的收益率序列记为 $R^n$,取 $q = 0.05$,测算置信度水平为95%下中国银行对浦发银行的系统性风险溢出效应。根据式(8.7)建立分位数回归方程,由式(8.6)的方法可求出回归方程的参数估计值 $\hat{\alpha}_q$ 与 $\hat{\beta}_q$。将估计结果代入式(8.9)得到置信度水平为95%下浦发银行的在险价值估计值。然后,根据定义,可由推导出的式(8.10)计算得到 $CoVaR_q^{n|m}$,$\Delta CoVaR_q^{n|m}$ 与 $\% \Delta CoVaR_q^{n|m}$ 均可通过定义式(8.2)和式(8.3)得到。具体参数估计结果与风险溢出测算结果如表8-3[①]所示。

表8-3 工商银行对华夏银行的风险溢出效应结果

| m | n | $VaR_q^m$ | $VaR_q^n$ | $\hat{\alpha}_q$ | $\hat{\beta}_q$ | $CoVaR_q^{n|m}$ | $\Delta CoVaR_q^{n|m}$ | $\% \Delta CoVaR_q^{n|m}$ |
|---|---|---|---|---|---|---|---|---|
| 中国银行 | 浦发银行 | -2.508 | -3.614 | -2.685 | 0.894 | -4.927 | 1.313 | 0.523 |

同理,我们对14家商业银行内部两两进行风险溢出水平估计,$\% \Delta CoVaR_q^{n|m}$ 的测算结果如表8-4所示,表格内数字表示该行对应的银行对该列对应的银行的系统性风险溢出的 $\% \Delta CoVaR_q^{n|m}$ 测量值。从表8-4的估计结果来看,各家商业银行之间都存在非对等的风险溢出效应,即当单家银行发生面临冲击时,会对其他银行造成负面影响,各家银行导致的风险溢出效果具有差异。为综合考量单个个体对其他个体的风险溢出贡献,本书将各家银行对其他机构的风险溢出测量值取平均并进行排名。

---

① 本书通过分位数回归得到各金融机构的 $\hat{\alpha}_q$ 与 $\hat{\beta}_q$ 均在1%的水平上显著。

表8-4 商业银行间的风险溢出%$\Delta CoVaR_q^{n|m}$度量

| 金融机构 | 平安银行 | 宁波银行 | 浦发银行 | 华夏银行 | 民生银行 | 招商银行 | 南京银行 | 兴业银行 | 北京银行 | 交通银行 | 工商银行 | 建设银行 | 中国银行 | 中信银行 | 均值 | 排名 |
|---|---|---|---|---|---|---|---|---|---|---|---|---|---|---|---|---|
| 平安银行 |  | 0.404 | 0.369 | 0.404 | 0.353 | 0.366 | 0.358 | 0.375 | 0.329 | 0.343 | 0.249 | 0.347 | 0.322 | 0.402 | 0.355 | 12 |
| 宁波银行 | 0.405 |  | 0.409 | 0.404 | 0.376 | 0.438 | 0.314 | 0.406 | 0.401 | 0.361 | 0.282 | 0.349 | 0.311 | 0.328 | 0.368 | 8 |
| 浦发银行 | 0.441 | 0.448 |  | 0.373 | 0.362 | 0.399 | 0.383 | 0.326 | 0.340 | 0.349 | 0.245 | 0.340 | 0.313 | 0.374 | 0.361 | 10 |
| 华夏银行 | 0.416 | 0.418 | 0.398 |  | 0.383 | 0.392 | 0.304 | 0.370 | 0.350 | 0.333 | 0.262 | 0.361 | 0.308 | 0.368 | 0.359 | 11 |
| 民生银行 | 0.423 | 0.418 | 0.363 | 0.451 |  | 0.474 | 0.368 | 0.455 | 0.386 | 0.395 | 0.276 | 0.360 | 0.324 | 0.393 | 0.391 | 4 |
| 招商银行 | 0.357 | 0.436 | 0.322 | 0.333 | 0.346 |  | 0.367 | 0.341 | 0.377 | 0.315 | 0.268 | 0.333 | 0.324 | 0.420 | 0.349 | 14 |
| 南京银行 | 0.449 | 0.413 | 0.411 | 0.389 | 0.381 | 0.422 |  | 0.434 | 0.342 | 0.403 | 0.277 | 0.340 | 0.286 | 0.351 | 0.377 | 7 |
| 兴业银行 | 0.404 | 0.450 | 0.329 | 0.366 | 0.323 | 0.402 | 0.362 |  | 0.351 | 0.342 | 0.255 | 0.336 | 0.326 | 0.366 | 0.355 | 13 |
| 北京银行 | 0.410 | 0.475 | 0.399 | 0.414 | 0.427 | 0.397 | 0.344 | 0.393 |  | 0.382 | 0.252 | 0.367 | 0.337 | 0.383 | 0.383 | 5 |
| 交通银行 | 0.428 | 0.458 | 0.407 | 0.447 | 0.391 | 0.471 | 0.345 | 0.385 | 0.383 |  | 0.265 | 0.318 | 0.309 | 0.368 | 0.383 | 6 |
| 工商银行 | 0.585 | 0.577 | 0.544 | 0.572 | 0.535 | 0.652 | 0.474 | 0.577 | 0.490 | 0.456 |  | 0.333 | 0.331 | 0.522 | 0.511 | 1 |
| 建设银行 | 0.481 | 0.474 | 0.470 | 0.523 | 0.413 | 0.485 | 0.360 | 0.481 | 0.374 | 0.386 | 0.302 |  | 0.326 | 0.476 | 0.427 | 3 |
| 中国银行 | 0.583 | 0.480 | 0.523 | 0.527 | 0.470 | 0.531 | 0.413 | 0.549 | 0.487 | 0.427 | 0.324 | 0.351 |  | 0.390 | 0.466 | 2 |
| 中信银行 | 0.445 | 0.366 | 0.380 | 0.435 | 0.360 | 0.432 | 0.303 | 0.417 | 0.354 | 0.346 | 0.257 | 0.294 | 0.308 |  | 0.361 | 9 |

资料来源：笔者自行计算而得。

为了更加清晰地描述测算结果，衡量商业银行之间的风险溢出程度，本书作出了商业银行内部风险溢出效应网络图。若金融机构 m 对 n 具有风险溢出效应，则以金融机构 m 作为起点，以金融机构 n 作为终点，作出有向线段，并以 $\%\Delta CoVaR_q^{n|m}$ 的测算结果作为有向线段的权重，结果如图 8−1 所示。

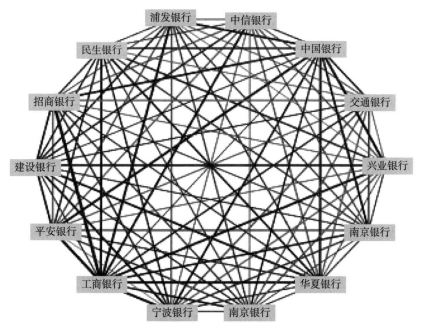

**图 8−1 商业银行内部风险溢出效应网络图**

资料来源：笔者经自行计算绘制而得。

在此，为进一步分析网络结构，本书参考奥普萨尔等（Opsahl et al.，2010）提出的加权网络图中的节点强度中心性概念，定义节点 m 的强度中心性为以 m 作为起点的边权重之和，作为度量节点在网络中影响力的指标，用公式表示如下：

$$s_m = C_s^w(m) = \sum_{n \neq m}^{N} w_{mn} \qquad (8.12)$$

其中，$s_m$ 表示节点 m 的强度，$C_s^w(m)$ 表示加权网络中节点 m 的强度中心性，$w_{mn}$ 表示从节点 m 到节点 n 的有向边权重。根据强度中心性的概念可知，各家银行根据强度中心性在网络中的重要性排名与表 8−4 中按照均值排名相同，因此不再单独列出。

通过分析网络图可知，工商银行、中国银行和建设银行这三大国有银行在我国银行体系中的强度中心性较大，具有较强的影响力，而相对而言，这三家银行受到其他银行的风险溢出影响较小。招商银行、兴业银行和平安银行等银行的强度中心性较小，对其他银行的风险溢出程度较小，但受到其他银行的风险溢出影响较大。

### 8.3.4 银行对保险机构系统性风险溢出效应

为研究银行与保险机构之间的风险溢出程度，本部分对银行到保险机构的 $\%\Delta CoVaR_q^{n\,|\,m}$ 值进行了测算，并将各家银行对保险机构的 $\%\Delta CoVaR_q^{n\,|\,m}$ 值按照均值排名，具体结果如表8-5所示。

表8-5　　　　　　银行到保险机构的风险溢出 $\%\Delta CoVaR_q^{n\,|\,m}$ 度量

| 金融机构 | 中国太保 | 中国平安 | 中国人寿 | 均值 | 排名 |
|---|---|---|---|---|---|
| 平安银行 | 0.353 | 0.319 | 0.395 | 0.356 | 14 |
| 宁波银行 | 0.401 | 0.383 | 0.347 | 0.377 | 9 |
| 浦发银行 | 0.380 | 0.368 | 0.374 | 0.374 | 11 |
| 华夏银行 | 0.370 | 0.323 | 0.392 | 0.362 | 12 |
| 民生银行 | 0.397 | 0.403 | 0.398 | 0.399 | 4 |
| 招商银行 | 0.378 | 0.340 | 0.420 | 0.379 | 8 |
| 南京银行 | 0.390 | 0.422 | 0.383 | 0.398 | 6 |
| 兴业银行 | 0.367 | 0.356 | 0.407 | 0.377 | 10 |
| 北京银行 | 0.414 | 0.372 | 0.410 | 0.398 | 5 |
| 交通银行 | 0.395 | 0.382 | 0.409 | 0.395 | 7 |
| 工商银行 | 0.461 | 0.511 | 0.545 | 0.506 | 1 |
| 建设银行 | 0.472 | 0.371 | 0.446 | 0.430 | 3 |
| 中国银行 | 0.461 | 0.466 | 0.474 | 0.467 | 2 |
| 中信银行 | 0.354 | 0.357 | 0.361 | 0.357 | 13 |

资料来源：笔者自行计算而得。

为了更加形象地展示银行到保险机构的系统性风险溢出程度，我们做出了银行到保险机构的风险溢出效应网络图，如图8-2所示。

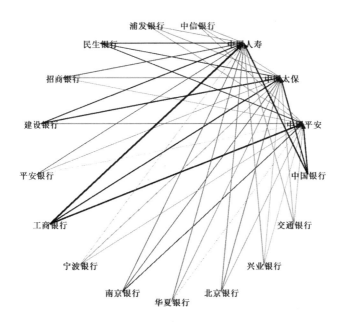

**图8-2 银行到保险机构风险溢出效应网络图**

资料来源：笔者经自行计算绘制而得。

通过图8-2不难发现，整体而言，各家银行到保险机构均会产生风险溢出，但程度较银行业内部略有减弱。当银行投资项目长期盈利，但短期流动性欠佳时，可能导致银行的资金出现流动性风险。银行将这些信贷资产证券化，保险机构可作为投资者按照规定购买，同时也就承担了相应的银行风险。

同样，我们应用强度中心性指标分析各家银行在网络体系中的重要性与影响力。工商银行、中国银行和建设银行的强度中心性指标再次位列前三，分别达到了1.52、1.40和1.29，这表明这三家银行不仅在银行体系内部具有较强的风险贡献能力，对于保险部门同样具备不可忽视的影响力。另外，可以看出，中国人寿是三家上市保险公司中最易受到银行风险溢出影响的，中国银行、工商银行等8家商业银行均对其风险溢出贡献最大，这可能是由多种因素综合导致的。从股东结构来看，工商银行是中国人寿的前五大股东之一，中国人寿在资本市场上与银行联系紧密，因而能够更加敏锐地捕捉到银行市场的风险溢出。除此之外，中国人寿较易受到商业银行的风险溢出影响可能与其银保销售渠道占比较大有关，以2017年为例，中国人寿的银保渠道保费收入占比达到22.2%，是三家上市保险公司中最高的。经过对比发现，中国平安抵御国内银行风险溢出的能力较强，仅有南京银行、民生银行等两家商业银行对其风险溢出贡献最大。作为发展中国家与新兴保险市场中唯一一家入选G-SIIs的保险公司，中国平安在国际与国内市场中发挥重要作用，在维护保险系统的安全稳定的同时，其抵御国内银行系统性风险溢出的能力同样较强。

### 8.3.5　保险机构对银行系统性风险溢出效应

保险机构在受到商业银行风险溢出影响的同时，也会对银行产生风险溢出效应，本书进一步测量了三家上市保险机构对银行的系统性风险溢出，$\%\Delta CoVaR_q^{n|m}$测算值与各家保险公司对银行的溢出程度均值及排名如表8-6所示。

表8-6　　　　　　　保险机构到银行的风险溢出$\%\Delta CoVaR_q^{n|m}$度量

| 金融机构 | 平安银行 | 宁波银行 | 浦发银行 | 华夏银行 | 民生银行 | 招商银行 | 南京银行 | 兴业银行 | 北京银行 | 交通银行 | 工商银行 | 建设银行 | 中国银行 | 中信银行 | 均值 | 排名 |
|---|---|---|---|---|---|---|---|---|---|---|---|---|---|---|---|---|
| 中国太保 | 0.497 | 0.510 | 0.444 | 0.446 | 0.360 | 0.433 | 0.372 | 0.445 | 0.369 | 0.409 | 0.270 | 0.327 | 0.296 | 0.424 | 0.400 | 1 |
| 中国平安 | 0.466 | 0.461 | 0.474 | 0.432 | 0.339 | 0.423 | 0.342 | 0.431 | 0.393 | 0.388 | 0.266 | 0.386 | 0.311 | 0.397 | 0.394 | 2 |
| 中国人寿 | 0.399 | 0.385 | 0.405 | 0.397 | 0.345 | 0.404 | 0.325 | 0.397 | 0.328 | 0.319 | 0.239 | 0.295 | 0.279 | 0.365 | 0.349 | 3 |

资料来源：笔者自行计算而得。

根据表8-5和表8-6的对比可以看出，我国上市银行对保险机构的风险溢出能力高于保险机构对银行的风险溢出能力。在表8-5中，风险溢出能力最强的工商银行平均$\%\Delta CoVaR_q^{n|m}$溢出值为0.506，而在表8-6中，风险

平均溢出能力最强的是中国太保，仅为0.400。

为了更加清晰地描述保险机构到商业银行的系统性风险溢出程度，我们做出保险机构到银行的风险溢出效应网络图，如图8-3所示。

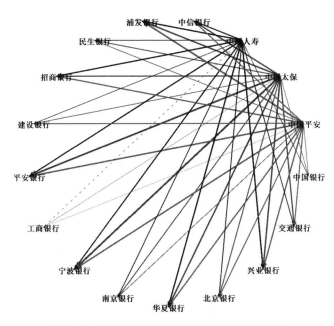

**图8-3　保险机构到银行风险溢出效应网络图**

资料来源：笔者经自行计算绘制而得。

通过分析图8-3发现，三家保险公司均对中国银行、工商银行和建设银行的风险溢出贡献最小。这三大国有银行持续经营时间长、资产规模大、全球化程度高，先后入选全球系统重要性银行名单，不仅在金融系统中具有较强的风险溢出能力，且同样具备较强的风险抵抗能力。从持股结构来看，中国平安是平安银行的最大股东，中国人保是华夏银行的第二大股东和兴业银行的第三大股东，中国人寿是兴业银行的第四大股东和工商银行、建设银行的前十大股东之一。上市银行与保险公司的交叉持股令两个部门的资本联系更加紧密，拓宽了风险传播的渠道。

# 8.4 本章小结

在全球金融危机的警示下，人们对系统性风险的测算方式进行了反思，在传统的风险度量 VaR 模型方法的基础上，进一步提出了 CoVaR 模型。在经济金融化的背景下，银行、保险等各金融部门之间的联系明显增强，这可能会令单个部门遭受的不利冲击在系统中传递并放大，甚至影响实体经济。因此，我们不仅需要利用 CoVaR 模型度量风险在单一部门中的传递，还需要进一步研究风险在不同金融部门之间的传递。参考阿德里安和布伦纳迈尔（Adrian & Brunnermeier，2016）等的研究成果，本书运用分位数回归方法测算 CoVaR 指标度量我国上市银行与保险机构之间的系统性风险溢出贡献，绘制风险溢出网络图，得出的研究结论与政策建议包括如下三个方面。

第一，我国各家商业银行内部具有明显的正向风险溢出，即单家银行面临危机时会给其他银行带来一定的风险贡献。大型国有银行，如工商银行、中国银行和建设银行等具有较强的风险贡献能力，同时具备抵御风险的能力。浦发银行、宁波银行等股份制银行与城商行对其他银行的风险溢出贡献较小，且抵御风险的能力有待提升。自 2008 年金融危机之后，在政府经济刺激政策的作用下，商业银行信贷规模迅速增加，较高的不良资产比率加剧了潜在的系统性风险，使得商业银行具备较强的风险溢出能力。2017 年，在我国系统性风险强监管的措施之下，大部分银行的总资产增速开始放缓，信托与委托贷款增速放慢，不良资产率呈现下降趋势。银行是防控金融市场风险集中爆发的重要阵地，我国应当继续加强系统性重要银行的评估与信息披露要求，形成有效的系统性风险预防机制。

第二，在单家商业银行遭遇经营危机时，会给保险机构带来风险溢出，且中国银行等大型国有银行较股份制银行会产生更强的风险溢出。银行在我国目前的金融体系中占据主导地位，商业银行的稳健经营对于维护我国金融系统的稳定具有重要意义。近年来，在金融机构混业经营的趋势下，银保合作增多，业务与资本关联性增强，一旦商业银行遭遇系统性风险危机，其风险易扩散至保险部门，进而蔓延至金融系统。我国的储蓄率整体较高，银行的资产负债表体量庞大，早期银行资产规模扩张往往伴随着不良资产比率的增加。随着我国金融市场的不断发展和对外开放的继续加深，我国的银行与保险机构将面临更加严峻的风险挑战，各金融机构潜在的系统性风险可能会增强。重视系统性风险在不同金融机构和部门之间的扩散效应，防止极端风险事件的发生，有助于保障金融市场的稳步发展。

第三，在保险机构发生风险事件时，会对商业银行产生风险溢出效应，但程度较银行对保险机构有所降低。不同银行抵御保险机构风险溢出的能力存在一定差异，工商银行、中国银行和建设银行等规模较大的商业银行应对保险机构风险冲击的能力较强。截至 2017 年底，我国银行部门金融机构总资产达到 252.40 万亿元，同比增长 8.68%，其中商业银行的总资产达到 196.78 万亿元[①]；保险部门总资产达到 16.75 万亿元，较年初增长 10.80%[②]。从银行与保险部门资产规模的绝对数值来看，商业银行的总资产规模远远超过保险机构，且其风险溢出能力更强，是我国系统性风险防范的重点关注对象。同时，虽然我国上市保险机构数目和总资产规模与商业银行相比仍有较大差距，但保险业作为国民经济的"稳定器"，行业增速快，在金融系统中发挥着越来越明显的作用，其可能导致的潜在风险溢出同样不容忽视。为了维护我国金融市场的健康发展，提前防范系统性风险的集中爆发，应当重视保险部门对银行风险贡献的科学监控。

---

① 国家金融监督管理总局.2017 年总资产、总负债（季度）［EB/OL］.［2018 – 02 – 09］. http：//www. cbirc. gov. cn/cn/view/pages/ItemDetail. html? docId = 142468&itemId = 954&generaltype = 0.

② 国家金融监督管理总局.2017 年保险统计数据报告［EB/OL］.［2018 – 03 – 06］. http：//www. chirc. gov. cn/cn/view/pages/ItemDetail. html? docId = 358909&itemId = 954&generaltype = 0.

# 第 9 章

# 基于跨境传染的保险市场
# 系统性风险度量

为了促进全球保险系统的有序协调发展，我们需要明确保险系统内的风险传递机制，科学评估并监管其潜在的系统性风险。通过识别、评估系统重要性保险机构的风险状况，主动进行更加完善的风险管理与监管，提升保险市场的自身稳健性。保险机构作为经济发展的稳定器，在全球的金融系统内发挥着越来越重要的作用，研究全球系统重要性保险公司的风险关联性，构建并分析其风险传播途径，对我们合理防控保险机构的风险外溢与传染，减小对其他金融机构乃至实体经济的影响，进而建立稳定健康发展的金融体系具有重要意义。

## 9.1 基于跨境传染的保险市场系统性风险分析

2008 年金融危机的爆发对全球金融市场造成了极大的破坏，国际金融体系面临巨大的挑战，系统性风险的评估与监管成为全球各机构与监管部门的关注焦点。在此之前，人们普遍认为系统性风险仅存在于银行部门，保险部门不是系统性风险的主要来源。而在这次金融危机之中，美国国际集团为避免破产，接受了美联储超过千亿美元的贷款，这一事件使得人们开始重新审视保险机构的系统性风险与全球保险机构的系统关联性问题。随着经济水平的发展与人们保险意识的普遍增强，加之风险呈现出复杂化、多样化、多层次的发展态势，现代保险业金融系统中发挥的作用逐步增强。保险机构在更广领域、更深层次发挥职能作用，保险系统的稳定成为世界金融市场健康有序发展的必要条件。

关于系统性风险，目前尚缺乏一个明确清晰的定义，但不同机构与学者的定义具有一定的共同点：系统性风险更加关注金融系统的某个重要组成部分；系统性风险具有负的外部性与溢出效应；单个金融机构的风险可能会影响其他金融机构甚至实体经济。国际货币基金组织、国际清算银行和金融稳定理事会（IMF，BIS & FSB，2009）从损失对实体经济影响的角度出发，认为系统性风险是可能对实体经济具有严重负外部性的金融服务风险，无法通过风险管理减弱，但科学监管可抑制风险加剧。哈特和辛加莱斯（Hart & Zingales，2009）从风险传染的角度进行定义，认为系统性风险是指从金融体系末端事件，如单一金融机构破产等，传染到多个金融机构与部门，进而影响到实体经济的风险。海尔韦格（Helwege，2010）从风险产生的角度进行定义，认为系统性风险是产生于各个金融机构之间的相互关联性，最终需由多家金融机构同时应对的风险。赵桂芹和吴洪（2012）从国际保险市场的视角指出，金融风险溢出现象，即金融行业独有的、可能影响金融行业、最终扩散到经济全局的风险为系统性风险。伯努瓦等（Benoit et al.，2017）定义系统性风险，是指系统中的参与者同时遭受到因系统中风险事件而引发的严重损失且这种损失又传染到整个系统的风险。

系统重要性保险机构的风险具有更强的溢出效应，甚至可以直接影响整个金融系统的稳定。金融领域系统重要性的概念始于银行，后来被应用于保险机构。2010 年，巴塞尔银行监管委员会（2010）首次提出全球系统重要性银行（G-SIBs）概念，指出可从规模、关联性、可替代性、复杂性和全球活跃程度五个方面进行评定。同年，金融稳定委员会（FSB）提出采用规模（size）、关联性（intercom-nectedness）和替代性（substitutability）三个指标评估保险机构是否会引发系统性风险，采用杠杆率（leverage）、流动性风险（liquidity）、期限错配（mismatches）和复杂度（complexity）来检验保险机构对系统性风险的敏感性或者脆弱性（the Geneva Association，2010）。此后，在 2012 年，国际保险监督官协会（IAIS）开始对全球系统重要性保险机构的评估方法与政策措施征求意见。而金融稳定委员会（FSB）于2013年公布首批9家全球系统重要性保险机构（G-SIIs）名单，这些保险机构在国际保险与金融体系中发挥了关键作用，一旦它们出现重大风险事件或遭遇经营危机，就会对全球金融系统的稳定造成威胁。刘兴亚等（2013）对G-SIIs评估方法与政策措施进行了分析与总结。邦吉尼等（Bongini et al.，2017）应用国际保险监督官协会（IAIS）公布的G-SIIs评估方法，遴选出44家全球系统重要性保险机构作为样本，发现在新的监管框架下，保险部门的系统性风险仍难以抑制。除此之外，朱南军和高子涵（2017）构建了评估我国系统重要性保险机构的指标体系，并指出监管需要区分集团与公司。卡塞勒和克莱因（Kaserer & Klein，2019）的研究结果表明，保险公司的系统风险水平因保险业务的不同而不同，并初步确认了一些具有系统重要性的保险公司。克莱门特和科尔纳罗（Clemente & Cornaro，2020）创新地构建了一种基于市场度量的复杂网络方法，根据特定风险指标调整边缘权重从而模拟保险公司之间的相互影响，此方法能够作为对基于资产负债表和监管数据来识别系统重要性保险公司的传统方法的补充。

目前，世界范围内金融监管的主题逐步呈现出向系统重要性机构倾斜的趋势，对系统重要性保险机构的识别与评估成为基础。具有全球性特征的保险机构主要通过再保险存在业务联系，若关联公司出现经营危机，则可能直接影响其他保险机构的再保险理赔偿付，甚至出现系统性风险的跨境传播与全球扩散，危害国际金融体系。另外，保险公司在运用保险资金的过程中，与其他金融机构之间产生了密切的联系。由于保险资金一般体量较大，保险资金的运用在资本市场发挥的作用越发凸显，增加了系统性风险暴露与传播的渠道。保险最主要的职能是分散风险，保障市场经济活动正常进行，一旦保险系统集中爆发系统性风险，对世界经济的发展与金融市场的稳定必然会造成威胁。

中国平安保险集团是发展中国家与新兴保险市场中唯一一家入选G-SIIs的保险公司，其在国际市场中发挥重要作用，为保证全球保险系统的安全稳定，它将会面临更加严格的监管与资本金要求。这也体现出中国保险业在国际保险市场发挥的作用越发受到认可。近年来，我国国内对于保险机构的系统性风险的重视程度同样在不断提升。我国保险业发展起步晚、速度快，高速增长的背后可能蕴含系统性风险。目前保险业正处在市场化改革的关键时期，市场环境更加复杂。2016 年，中国保险机构表现活跃，频频出手，资本流动频率的增加使得保险机构与其他金融机构之间的联系更加紧密，进一步加剧了其系统性风险。由于"大而不能倒"保险机构在市场中发挥重要作用以及存在滋生道德风险的可能性，因此系统重要性保险机构的评估与监管应当建立科学完善的机制。中国保监会公布 16 家国内系统重要性保险机构（D – SIIs）名单，启动监管框架设计以强化风险控制，构建保险部门的宏观审慎监管体系。这对于我国保监会在加强监管、信息披露、资本金要求等方面实施有针对性的监管，稳定金融市场秩序有重要意义。此后，在 2018 年 11 月，中国人民银行、中国银行保险监督管理委员会与中国证券监督管理委员会三部门联合发布《关于完善系统重要性金融机构监管的指导意见》，其中规定系统重要性金融机构是包括系统重要性保险业机构在内的具有系统重要性、从事金融业务的机构，要进一步加强对我国系统重要性保险机构的监管力度。

研究系统性风险的主要方法主要有网络模型法、CoVaR 模型法、MES 模型法等。网络模型最初被用于评价银行系统的关联度。艾森伯格和诺伊（Eisenberg & Noe，2001）通过计算相互连接的金融机构间的清算向量测定系统性风险。马尔克斯 – 迭斯 – 卡内多等（Márquez-Diez-Canedo et al.，2007）以顶点表示银行、连线表示风险传播，建立网络模型追踪信用风险流动过程。邹奕格和陆思婷（2020）构建了保险公司持有共同资产的网络模型，并据此考察了保险行业内部系统性风险的主要来源以及投资业务选择对公司系统性风险的影响情况。CoVaR 模型法是指已知某个金融机构的风险处于在险价值，计算另外一家金融机构的在险价值，进而衡量金融机构系统性风险的方法。CoVaR 模型的实现常采用分位数回归的方法。阿德里安和布伦纳迈尔（Adrian & Brunnermeier，2016）首先提出 CoVaR 方法，并用其衡量单个金融机构对于其他金融机构与金融系统的风险贡献。随后，不断有学者改进 CoVaR 模型的计算方法。高国华和潘英丽（2011）运用 GARCH 模型计算动态 CoVaR，利用 2002 年至 2010 年沪深股市 14 家上市银行的数据度量我国银行机构对银行系统的风险贡献。贝纳尔等（Bernal et al.，2014）基于 ΔCoVaR 方法估计了银行、保险以及其他金融机构对系统性风险的贡献，并据此分析了不同金融机构的系统重要性，其在 CoVaR 方法的基础上加入了 K－S 检验评估金融机构风险贡献度，认为保险行业对系统性风险有重大影响，但是其系统性风险贡献度要小于银行。徐华等（2016）采用 CoVaR 模型与分位数回归的方法，实证分析了我国上市保险公司的系统性风险状况，得到风险溢出效应在不同保险公司之间存在不同性的结论，总结了影响系统性风险传染的因素，并通过对比保险业与银行业系统性风险的不同，得到保险业对银行业具有系统性风险传染的效应，但传染效应小于银行业对保险业影响的结论。朱南军和汪欣怡（2017）基于 CoVaR 模型，并运用分位数回归的方法，对我国金融市场多个子行业的系统性风险进行度量，研究发现，金融系统对保险业系统性风险变化的敏感性仅次于银行业。黄佳（2018）利用时变 Copula-CoVaR 模型进行实证研究，探究了保险业与其他金融子行业之间的风险溢出情况，研究发现，我国各金融子行业内部及其之间的双向非对称风险溢出风险均显著，其中保险业的风险溢出效应次于银行业但强于证券业，而影响当前的保险业系统性风险溢出的因素可采用 Forward-ΔCoVaR 模型进行分析。杨扬和徐汇（2018）基于静态 CoVaR 模型的研究结论与徐华等（2016）相似，即保险业与银行业之间的系统性风险溢出效应存在不对称性，银行业风险对保险业的溢出效应要强于保险业风险对银行业的溢出效应，而基于动态 CoVaR 模型的研究结论则显示，对于一般风险，保险等各金融子行业的风险溢出效应大小与国家经济繁荣程度呈正向相关，但对于极端风险，这种相关性不显著，极端风险溢出效应通常处于较大水平，易产生系统性风险。韩浩等（2020）运用加入状态变量的 CoVaR 模型和分位数回归方法，基于我国上市保险公司的数据，分别对 2015 年股市危机前后我国保险业风险对银行业、证券业、房地产业和信托业等相关金融子行业溢出效应的情况进行了研究。潘铭玥和马小龙（2020）基于动态的 CoVaR 模型，对我国 6 家上市保险公司的系统性风险行业贡献度进行了实证研究，得出了影响保险公司系统性风险贡献率的主要因素。边际期望损失方法（Marginal expected shortfall，MES）是指系统期望损失对机构数目的导数，用于度量金融机构边际风险贡献。阿查里亚等（Acharya et al.，2010）对系统期望损失与边际期望损失进行了定义，采用 2008 年 102 家金融机构的股票数据，评估金融机构的风险贡献。陈等（Chen et al.，2013）基于信贷保险公司市场数据，运用 MES 度量了信贷保险公司的系统性风险，并分析了系统性风险在金融危机前和金融危机中对股票市场和公司经营的影响。范小云等（2011）基于 MES 方法度量了我国金融机构在美国次贷危机期间以及危机前后对金融系统的边际风险贡献程度，结果表明，在金融危机中，我国保险公司的实际系统性期望损失最高，证券公司和保险公司比银行对整个金融系统的边际风险贡献程度更大。魏斯等（Weiβ et al.，2014）基于 ΔCoVaR 和 MES 估计了美国 2007 年至 2008 年危机的系统性风险。袁馨蕾（2020）运用 MES 和 ΔCoVaR 方法，基于 DCC - GARCH 模型，考察了中国保险业系统性风险情况，并对单个上市保险公司受行业系统性风险的影响程度进行了评估。

在网络模型的发展过程中，一些学者开始应用股票收益率分析金融机构或市场的系统关联性。纳玛基等（Namaki et al.，2011）认为如果两个公司股票收益率的相关程度超过某阈值，风险传递就会在这两个公司之间发生，而风险的先后关系较难识别，因此可利用格兰杰因果检验分析风险传播。比利奥等（Billio et al.，2012）通过格兰杰因果检验研究 1994～2008 年美国金融系统企业股票收益率的相互关系，并且构建了格兰杰因果网络模型来描述金融系统中的风险传播过程。高波和任若恩（2013）应用 CAPM 模型预处理金融系统的企业股票收益率以消除市场系统风险的影响，构建了我国金融系统的格兰杰因果网络模型。

本节借鉴邦吉尼等（Bongini et al.，2017）的方法选出 2007～2016 年 34 家全球系统重要性保险机构作为样本，在比利奥等（Billio et al.，2012）、高波和任若恩（2013）的研究方法上加以改进，构建了全球保险系统格兰杰因果网络模型，研究全球系统重要性保险机构间的系统关联性。本节的创新性主要体现在：第一，参考国际保险监督官协会（IAIS）对于全球系统重要性保险机构的评估方法，从规模、全球活跃性、关联性、非传统/非保险业务、可替代性五个方面对全球保险机构进行指标加权评估，遴选出全球系统重要性保险机构；第二，以全球 2007～2016 年 34 家上市的系统重要性保险机构为样本，分别构建了一般情况与两次牛市、熊市区间内的格兰杰因果网络模型，对比分析全球保险系统在牛市、熊市下的风险传播特征；第三，从洲际角度出发，研究全球保险机构的系统关联性，分析其风险传播途径与特征，并且为抑制保险机构系统性风险的加剧提出政策建议。

## 9.2　数据处理与理论模型

### 9.2.1　数据来源与数据处理

#### 9.2.1.1　数据来源

2012 年，国际保险监督官协会（IAIS）公布《全球系统重要性保险机构：初步评估方法》，确定其评价指标体系从规模、全球活跃性、关联性、非传统/非保险业务、可替代性五个方面对保险机构进行指标加权评估，旨在识别由于规模、复杂性、关联性导致其自身困境可能会对全球金融和实体经济造成严重干扰的系统重要性保险机构。国际保险监督官协会在公布首批 9 家 G – SIIs 的同时，指出首批 G – SIIs 是从全球 14 个国家的 50 家系统重要性保险集团中选出的，并且公布了其遴选方法。

首先，国际保险监督官协会从 14 个国家监管机构发布的数据中挑选出满足以下要求的保险机构：第一，总资产规模在 600 亿美元以上，并且境外保费收入占总保费收入 5% 以上；第二，总资产规模在 2000 亿美元以上，并且境外保费收入占总保费收入 0 到 5%。随后，依据各国监管规则，国际保险监督官协会将部分金融担保保险机构加入样本中。

本章借鉴邦吉尼等（Bongini et al.，2017）等人的研究，从规模、全球活跃性、关联性、非传统/非保险业务、可替代性 5 大类、19 个具体指标对保险机构进行评估，具体类别指标与权重如表 9 – 1 所示。5 大类指标中，关联性与非传统/非保险业务最为重要，分别占到 40% 与 45% 的比重。关联性是指系统性风险可能由个别保险机构产生并蔓延至整个金融系统。关联性下共包括 7 项具体指标，这些指标通过保险机构涉及的投资、借贷、衍生品、再保险等业务，计算保险机构在资本市场的投资量与投资金额，评估其流动性与金融关联性，量化其在金融体系内关联程度。非传统/非保险业务主要考虑保险机构在资本市场中的投资与投机活动，如信用违约掉期、抵押担保等，这类风险较高的资本市场运作可能存在潜在的系统性风险，金融危机一旦爆发，极有可能影响金融系统的稳定。

表9－1　　国际保险监督官协会（IAIS）系统重要性保险机构评估指标及权重

| 类别 | 类别权重 | 指标 | 指标权重 |
|---|---|---|---|
| 规模 | 5% | 总资产 | 2.50% |
|  |  | 总收入 | 2.50% |
| 全球活跃性 | 5% | 所在国之外的收入 | 2.50% |
|  |  | 国家数量 | 2.50% |
| 关联性 | 40% | 金融体系内资产 | 5.70% |
|  |  | 金融体系内负债 | 5.70% |
|  |  | 再保险 | 5.70% |
|  |  | 衍生品 | 5.70% |
|  |  | 大额暴露 | 5.70% |
|  |  | 活跃度 | 5.70% |
|  |  | 三级资产 | 5.70% |
| 非传统/非保险业务 | 45% | 非保险负债和非保险收入 | 6.40% |
|  |  | 衍生品交易 | 6.40% |
|  |  | 短期融资 | 6.40% |
|  |  | 财务担保 | 6.40% |
|  |  | 变额年金的最低担保 | 6.40% |
|  |  | 集团内担保 | 6.40% |
|  |  | 负债流动性 | 6.40% |
| 可替代性 | 5% | 特定业务保费 | 5.50% |

资料来源：根据国际保险监督官协会公布的相关数据整理。

　　在国际保险监督官协会遴选方法的基础上，我们进一步选出满足以下要求的保险机构：第一，为保险集团母公司；第二，在 2010 年之前上市。最终，我们选出 34 家全球系统重要性保险机构样本。其中，欧洲保险机构入选 19 家，北美洲保险机构入选 10 家，亚洲保险机构入选 4 家，大洋洲保险机构入选 1 家，具体样本组成如表 9－2 所示。本章认为虽然由于市场发展限制导致样本中亚洲与大洋洲保险机构数目较少，但样本组成基本客观反映了国际保险系统的形态结构，具有重要的研究意义与参考价值。

入选的 34 家系统重要性保险机构样本，大多资产规模巨大、业务范围广泛，在全球多地设有分支机构，并且建立了紧密的合作关系，在全球金融体系中具有不可替代的地位。他们不仅保险业绩保持行业领先，而且业务范围已扩张至衍生品、担保等各类非传统非保险业务，成为了提供综合性金融服务的保险集团。在全球一体化趋势下，这些保险集团相互联系紧密，具有较高的金融参与度，在维护全球金融稳定、实体经济发展中发挥的作用不容小觑。

**表 9－2**                   **全球系统重要性保险机构样本**

| | 国家 | 保险机构 |
|---|---|---|
| 北美洲 | 美国 | 美国家庭人寿保险公司（Aflac Inc），美国国际集团（American International Group），伯克希尔哈撒韦保险公司（Berkshire Hathaway Inc－Cl A），哈特福德金融服务集团（Hartford Financial Svcs Grp），林肯金融集团（Lincoln National Corp），保德信金融集团（Prudential Financial Inc），Unum 集团（Unum group） |
| | 加拿大 | 宏利金融有限公司（Manulife Financial Corp），巨西生命保险公司（Great－West Lifeco Inc），永明金融有限公司（Sun Life Financial Inc） |
| 欧洲 | 英国 | 英杰华集团（Aviva Plc），英国励正集团（Legal & General Group Plc），英国耆卫保险公司（Old Mutual Plc），英国保诚集团（Prudential Plc），标准人寿有限公司（Standard Life Plc） |
| | 德国 | 富通亚洲控股有限公司（Ageas），汉诺威铁路公司（Hannover Rueck Se），慕尼黑汽车公司（Muenchener Rueckver Ag－Reg） |
| | 瑞士 | Baloise Holding 股份有限公司（Baloise Holding Ag－Reg），瑞士人寿控股有限公司（Swiss Life Holding Ag－Reg），苏黎世保险集团有限公司（Zurich Insurance Group Ag） |
| | 荷兰 | 荷兰全球人寿保险公司（Aegon Nv），荷兰国际集团债务公司（Ing Groep Nv－Cva） |

续表

|  | 国家 | 保险机构 |
|---|---|---|
| 欧洲 | 法国 | 法国国家人寿保险公司（Cnp Assurances），安盛集团（Axa Sa） |
|  | 意大利 | 忠利保险公司（Assicurazioni Generali） |
|  | 西班牙 | 曼福保险集团（Mapfre Sa） |
|  | 比利时 | 富通亚洲控股有限公司（Ageas） |
|  | 挪威 | 斯多布兰德公司（Storebrand Asa） |
| 亚洲 | 日本 | 广告保险集团控股公司（Ms&Ad Insurance Group Holding），第一生命保险公司（Dai – Ichi Life Insurance） |
|  | 中国 | 平安保险集团股份有限公司（Ping An Insurance Group Co – H），友邦集团有限公司（Aia Group Ltd） |
| 大洋洲 | 澳大利亚 | 安宝人寿保险公司（Amp Ltd） |

　　我们将全样本区间选定为 2007 年第一个交易日至 2016 年最后一个交易日，图 9 - 1 分别以北美洲、欧洲与亚洲的代表性指数为例展示了全球股市在全样本区间内的收盘价情况。为对比分析研究全球保险系统在牛市、熊市下的格兰杰因果网络模型，我们根据被广泛接受的牛市、熊市区分法分别选取了两个牛市、熊市样本区间。牛市第一区间为 2009 年 3 月 2 日至 2009 年 10 月 27 日，在此区间内，图示全球重要指数涨幅均超过 40% 以上，其中纽交所综合指数高达 60%，为典型的牛市期间；同理，在牛市第二区间，即 2012 年 6 月 28 日至 2013 年 5 月 6 日内，各指数均稳步上涨。熊市第一区间为 2008 年 5 月 6 日至 2008 年 11 月 12 日，重要指数跌幅均在 40% 左右，为典型的危机时期；同理，在熊市第二区间，即 2015 年 10 月 15 日至 2016 年 2 月 29 日内指数跌幅明显。

　　本书所采用的数据包括全球 34 家保险机构在样本区间内的日收盘价，各保险机构上市地代表性指数日收盘价以及银行间同业拆借利率等，以上数据均来源于 Wind 数据库。样本金融机构的日收益率在全样本区间内的描述性统计结果如表 9 - 3 所示。使用的计量分析软件为 Stata14。

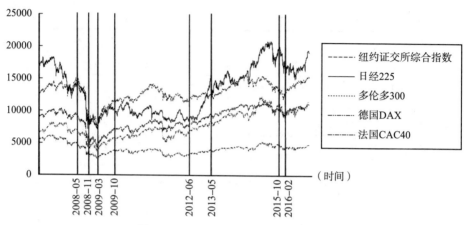

图 9 – 1　2007～2016 年全球股市行情

资料来源：根据 Wind 数据库相关资料整理而得。

表 9 – 3　　　　　　　　　样本保险机构日收益率描述性统计结果

| 地区 | 均值 | 最大值 | 最小值 | 标准差 | 偏度 | 峰度 |
|---|---|---|---|---|---|---|
| 北美洲 | 1.64E – 05 | 0.7049 | – 0.7249 | 0.0326 | – 0.9392 | 67.6782 |
| 欧洲 | – 6.63E – 05 | 0.8362 | – 0.4060 | 0.0259 | 0.3883 | 44.9842 |
| 亚洲 | 1.53E – 04 | 0.1467 | – 0.2091 | 0.0241 | – 0.2047 | 7.1731 |
| 大洋洲 | – 3.24E – 04 | 0.1038 | – 0.1376 | 0.0189 | – 0.4979 | 8.7154 |

资料来源：根据 Wind 数据库相关资料整理而得。

### 9.2.1.2　数据处理

假设保险系统内共有 n 家保险机构，第 i 家保险机构的股票收益率通过公式 $R_i = \ln(p_t / p_{t-1})$ 得到，其中 $p_t$ 为上市保险机构的日收盘价。无风险收益率为 $R_f$，市场平均收益率为 $R_m$，二者均与保险机构上市地点有关。在这里，我们将 $R_f$ 用保险机构上市地点的银行间同业拆借利率来表示，$R_m$ 则用当地的全球重要指数对数变化率来表示。由 CAPM 模型可得到：

$$R_i = R_f + \beta_i (R_m - R_f) + \varepsilon_i, \quad i = 1, 2, \cdots, n, \qquad (9.1)$$

其中，$\beta_i$ 表示金融机构 i 的贝塔系数，$\varepsilon_i$ 表示残差项。通过回归分析，

我们可以得到 $\hat{\beta}_i$，令：

$$\overline{R}_i = (R_i - R_f) - \hat{\beta}_i(R_m - R_f) \tag{9.2}$$

由于金融机构的股票收益率通常存在波动集聚，为消除数据的异方差性与自相关性，我们应用 GARCH（1，1）模型处理数据：

$$\overline{R}_t^i = \mu_i + \sigma_{it}\varepsilon_t^i, \quad \varepsilon_t^i \sim WN(0, 1) \tag{9.3}$$

$$\sigma_{it}^2 = \overline{\omega}_i + \alpha_i(\overline{R}_{t-1}^i - \mu_i)^2 + \beta_i\sigma_{it-1}^2 \tag{9.4}$$

其中，$\mu_i$ 为条件均值，$\sigma_{it}^2$ 为条件方差，$\varepsilon_t^i$ 为强白噪声过程，$\overline{\omega}_i$、$\alpha_i$、$\beta_i$ 为参数，令：

$$\overline{Z}_t^i = \overline{R}_t^i / \hat{\sigma}_{it} \tag{9.5}$$

为构建全球保险系统的格兰杰因果网络图，我们需要检验 34 家保险机构中任意两家异质风险的格兰杰因果关系，我们以中国平安和苏黎世保险集团为例，首先由式（9.1）通过回归分析得到二者的贝塔系数，结果均在置信水平为 1% 下显著。

由式（9.2）我们可以得到残差项 $\overline{R}_i$，利用 GARCH（1，1）模型，即式（9.3）和式（9.4），得到样本条件标准差序列，并通过式（9.5）分别得到中国平安与西南证券的异质风险序列 $\overline{Z}_t^i$ 与 $\overline{Z}_t^i$。GARCH（1，1）模型的参数估计结果如表 9-4 所示。

为避免结果出现虚假回归，时间序列必须具有平稳性。因此，在进行格兰杰因果检验之前，本书应用 ADF 方法对 $\overline{Z}_t^i$ 序列进行平稳性检验。

表 9-4　　中国平安与苏黎世保险集团 GARCH（1，1）模型参数估计

| 金融机构 | $\hat{\mu}_i$ | $\hat{\omega}_i$ | $\hat{\alpha}_i$ | $\hat{\beta}_i$ |
| --- | --- | --- | --- | --- |
| 中国平安 | −0.0050 | −6.39E−05 | 0.2060 | 0.8738 |
| 苏黎世保险集团 | −0.0013 | −8.94E−06 | 0.3102 | 0.7098 |

资料来源：笔者自行计算而得。

检验结果表明，无论是在全样本区间内还是在三个牛市、熊市区间内，所有金融机构的时间序列均是平稳的。以中国平安与苏黎世保险集团在全样

本区间的时间序列为例，其 ADF 检验结果如表 9 - 5 所示。

**表 9 - 5**　　　　　中国平安与苏黎世保险集团 ADF 检验结果

| 项目 | 中国平安 | 苏黎世保险集团 |
| --- | --- | --- |
| 含截距项 | - 52. 857 | - 38. 634 |
| 不含截距项 | - 50. 696 | - 38. 525 |

注：包含截距项时：1%、5%、10% 置信水平临界值分别为 - 3. 430、- 2. 860、- 2. 570；不包含截距项时：1%、5%、10% 置信水平临界值分别为 - 2. 580、- 1. 950、- 1. 620。
资料来源：笔者自行计算而得。

## 9.2.2　格兰杰因果网络模型

本书采用的格兰杰因果关系有如下定义：若 $\overline{Z}_t^j$ 的历史信息有助于提高对 $\overline{Z}_t^i$ 的估计准确度，则认为 $\overline{Z}_t^j$ 是 $\overline{Z}_t^i$ 的格兰杰原因。

$$\overline{Z}_{t+1}^j = a^j \overline{Z}_t^j + b^{ji} \overline{Z}_t^i + e_{t+1}^j \tag{9.6}$$

$$\overline{Z}_{t+1}^i = a^i \overline{Z}_t^i + b^{ij} \overline{Z}_t^j + e_{t+1}^i \tag{9.7}$$

其中，$a^j$、$a^i$、$b^{ji}$ 与 $b^{ij}$ 为模型系数，$e_{t+1}^j$ 与 $e_{t+1}^i$ 为白噪声过程，二者不相关。

在式（9.6）中，若 $b^{ji} \neq 0$ 显著成立，则拒绝原假设，即 $\overline{Z}_t^j$ 为 $\overline{Z}_t^i$ 的格兰杰原因。同理，若式（9.7）中 $b^{ij} \neq 0$ 显著成立，则拒绝原假设，即 $\overline{Z}_t^i$ 为 $\overline{Z}_t^j$ 的格兰杰原因。若上述两者均满足，则 $\overline{Z}_t^i$ 与 $\overline{Z}_t^j$ 序列互为格兰杰因果关系。

进一步，我们定义因果关联指标：

$$(i \to j) = \begin{cases} 1, & \overline{Z}_t^i \text{ 为 } \overline{Z}_t^j \text{ 的格兰杰原因} \\ 0, & \overline{Z}_t^j \text{ 为 } \overline{Z}_t^i \text{ 的格兰杰原因} \end{cases},$$

同时，令（i→i）= 0，即金融机构不能成为自身的格兰杰原因。我们根据不同金融机构之间的格兰杰因果关系，即可构建出格兰杰因果有向网络。

# 9.3 格兰杰关联性分析

## 9.3.1 一般市场

首先，我们在全样本区间内对 34 家金融机构两两进行格兰杰因果检验，构建一般市场下全球保险系统的格兰杰因果网络图。以中国平安与苏黎世保险集团为例，由式（9.6）和式（9.7）得到的检验结果如表 9-6 所示。在 10% 的显著性水平下，苏黎世保险集团异质风险是中国平安异质风险的格兰杰原因，而中国平安异质风险不是苏黎世保险集团异质风险的格兰杰原因。因此我们作出从苏黎世保险集团指向中国平安的有向线段，而没有作出从中国平安指向苏黎世保险集团的有向线段。

表 9-6 中国平安与苏黎世保险集团格兰杰因果检验结果

| 原假设 | 统计量 | p 值 |
| --- | --- | --- |
| 中国平安不是苏黎世保险集团的格兰杰原因 | 2.724 | 0.256 |
| 苏黎世保险集团不是中国平安的格兰杰原因 | 20.310 | 0.000 |

资料来源：笔者自行计算而得。

同理，我们依次对 34 家样本保险机构进行格兰杰因果检验，用有向线段连接有格兰杰因果关系的保险机构，作出全球系统重要性保险机构的格兰杰因果网络图。

为了更加清晰地描述统计结果，衡量欧洲、北美洲、亚洲与大洋洲之间两两关联程度，本书定义大洲 $\alpha$ 到 $\gamma$ 的关联指标：

$$(\alpha \rightarrow \gamma) = \sum_{i \in \alpha} (i \rightarrow \gamma) = \sum_{i \in \alpha} \sum_{j \in \gamma} (i \rightarrow j) \quad (9.8)$$

由于所选取样本中不同大洲保险机构个数不同，因此我们进一步计算关联指标占所有可能发生的格兰杰因果联系的百分比，来反映不同金融部门的格兰杰因果关联程度，因果关联指标统计结果如表9-7所示。

表9-7　　　　　　　一般市场下全球系统重要性保险机构的格兰杰
因果关联指标统计表

| 地区 | 关联指标 | | | | | 占比 | | | | |
|---|---|---|---|---|---|---|---|---|---|---|
| | 北美洲 | 欧洲 | 亚洲 | 大洋洲 | 总计 | 北美洲 | 欧洲 | 亚洲 | 大洋洲 | 总计 |
| 北美洲 | 43 | 168 | 38 | 10 | 259 | 48% | 88% | 95% | 100% | 78% |
| 欧洲 | 68 | 170 | 75 | 19 | 332 | 36% | 50% | 99% | 100% | 53% |
| 亚洲 | 1 | 15 | 2 | 1 | 19 | 3% | 20% | 17% | 25% | 14% |
| 大洋洲 | 2 | 8 | 2 | 0 | 12 | 20% | 42% | 50% | — | 36% |
| 总计 | 114 | 361 | 117 | 30 | 622 | 35% | 58% | 89% | 91% | 55% |

注：表格内数字表示行向大洲对列项大洲系统重要性保险机构具有的格兰杰影响力个数，下同。

　　观察表9-7我们发现，在一般市场下，北美洲的系统重要性保险机构对其他大洲的格兰杰影响较大，这反映了美国与加拿大的保险机构在全球保险系统中占有最重要的地位。美国的保险市场至今依然是全球规模最大的保险市场，其发展相对成熟，在全球金融系统与保险系统中都发挥着重要作用。在保险产品、资金运用与监管模式发展等方面，美国系统重要性保险机构仍是其他国家保险机构借鉴的主要对象。此外，欧洲系统重要性保险机构的格兰杰影响力同样较强，特别是对亚洲与大洋洲有重要影响。欧洲保险市场历史悠久，业务范围覆盖全面，精算与保险资金管理技术发达，实力雄厚的大保险公司数目众多，且欧洲各国相互联系紧密，在世界保险系统中占有举足轻重的地位。

　　相比之下，亚洲与大洋洲保险机构最容易受到其他大洲的格兰杰影响，亚洲的格兰杰影响力最弱。亚洲保险业发展起步晚，系统重要性保险机构数目少，对其他地区的影响程度较小。随着近年来保险业全球化发展，外资保险集团进入亚洲保险市场与亚洲保险集团海外保险市场拓展的步伐不断加快，国际保险风险跨境传播不可避免。亚洲保险业虽取得了高速发展，但其整体水平与世界先进水平仍存在较大的差距，特别是在国际竞争力与影响力方面仍存在较大的发展潜力。发展起步晚与经验缺乏导致亚洲保险集团缺乏核心竞争优势，跨国经营程度较低，管理与技术水平相对落后，在国际保险系统中的影响力偏低。

## 9.3.2 极端市场

为探究全球保险系统在牛市、熊市下的格兰杰因果联系差异，我们分别作出两次牛市、熊市样本区间内全球系统重要性保险机构的格兰杰因果网络图和两次牛市、熊市样本区间内关联指标统计表。观察表9-8我们发现，全球保险系统在熊市比在牛市下具有更加紧密的格兰杰因果联系。

**表9-8　　　　　两个牛熊市样本区间的格兰杰因果关联指标统计表**

| 地区 | 关联指标 | | | | | 占比 | | | | |
|---|---|---|---|---|---|---|---|---|---|---|
| | 北美洲 | 欧洲 | 亚洲 | 大洋洲 | 总计 | 北美洲 | 欧洲 | 亚洲 | 大洋洲 | 总计 |
| 2008年5月6日至2008年11月12日（熊市第一区间） | | | | | | | | | | |
| 北美洲 | 37 | 99 | 18 | 7 | 161 | 41% | 55% | 90% | 70% | 54% |
| 欧洲 | 23 | 73 | 9 | 11 | 116 | 13% | 24% | 25% | 61% | 21% |
| 亚洲 | 1 | 8 | 0 | 0 | 9 | 5% | 22% | 0 | 0 | 15% |
| 大洋洲 | 0 | 10 | 0 | 0 | 10 | 0 | 56% | 0 | — | 33% |
| 总计 | 61 | 190 | 27 | 18 | 296 | 20% | 35% | 45% | 60% | 32% |
| 2009年3月2日至2009年10月27日（牛市第一区间） | | | | | | | | | | |
| 北美洲 | 17 | 76 | 9 | 9 | 111 | 19% | 42% | 45% | 90% | 37% |
| 欧洲 | 37 | 77 | 15 | 16 | 145 | 21% | 25% | 42% | 89% | 27% |
| 亚洲 | 4 | 9 | 0 | 1 | 14 | 20% | 25% | 0 | 50% | 23% |
| 大洋洲 | 0 | 0 | 0 | 0 | 0 | 0 | 0 | 0 | — | 0 |
| 总计 | 58 | 162 | 24 | 26 | 270 | 19% | 30% | 40% | 87% | 29% |

续表

| 地区 | 关联指标 | | | | | 占比 | | | | |
|---|---|---|---|---|---|---|---|---|---|---|
| | 北美洲 | 欧洲 | 亚洲 | 大洋洲 | 总计 | 北美洲 | 欧洲 | 亚洲 | 大洋洲 | 总计 |
| 2012 年 6 月 28 日至 2013 年 5 月 6 日（牛市第二区间） | | | | | | | | | | |
| 北美洲 | 1 | 28 | 1 | 9 | 79 | 23% | 15% | 53% | 90% | 24% |
| 欧洲 | 3 | 35 | 40 | 11 | 129 | 23% | 10% | 53% | 58% | 21% |
| 亚洲 | 8 | 15 | 1 | 0 | 24 | 20% | 20% | 8% | 0 | 18% |
| 大洋洲 | 0 | 1 | 1 | 0 | 2 | 0 | 5% | 25% | — | 6% |
| 总计 | 72 | 79 | 63 | 20 | 234 | 22% | 13% | 48% | 61% | 21% |
| 2015 年 10 月 15 日至 2016 年 2 月 29 日（熊市第二区间） | | | | | | | | | | |
| 北美洲 | 23 | 116 | 26 | 9 | 174 | 26% | 61% | 65% | 90% | 53% |
| 欧洲 | 79 | 92 | 27 | 18 | 216 | 42% | 27% | 36% | 95% | 34% |
| 亚洲 | 6 | 18 | 5 | 3 | 32 | 15% | 24% | 42% | 75% | 24% |
| 大洋洲 | 1 | 8 | 1 | 0 | 10 | 10% | 42% | 25% | — | 30% |
| 总计 | 109 | 234 | 59 | 30 | 432 | 33% | 37% | 45% | 91% | 39% |

　　总体而言，全球系统重要性保险机构在熊市下比在牛市下具有更加紧密的格兰杰联系。在熊市下，北美洲与大洋洲的保险机构的格兰杰影响力更强，特别是对亚洲保险机构的格兰杰影响力显著增强。而欧洲与亚洲的格兰杰影响力则在牛市、熊市下差异不大，表现较为稳定。此外，北美洲、欧洲、亚洲等各大洲在熊市下的内部关联同样更加紧密。

　　这反映出在金融危机下，发达保险市场的风险更容易转移至亚洲，究其原因，可能是由于跨国保险公司的再保险与投资策略在此期间内联系更为紧密。一旦发达国家保险集团发生危机，国际保险市场的系统性风险更容易集中爆发，危害全球金融稳定。亚洲保险市场与国际保险市场的联系日益紧密，国际金融危机的影响不可避免，特别是如果保险公司存在保险资金运用不当或偿付能力不足等问题，则境外风险极易引发系统崩溃。亚洲保险机构应当通过努力维持经济稳定、资本市场稳定，采取全面的风险管理措施应对外部冲击，在谋求创新发展的同时强化风险控制，增强抵御国际保险风险跨境传播的能力。

# 9.4 本章小结

本书参考国际保险监督官协会（IAIS）对于全球系统重要性保险机构的评估方法，从规模、全球活跃性、关联性、非传统/非保险业务、可替代性5个方面对全球保险机构进行指标加权评估，最终选取34家全球系统重要性保险机构作为样本，以2007年至2016年作为样本区间，运用CAPM模型与GARCH（1，1）模型处理各个保险机构的股票收益率，得到其异质性风险时间序列，构建了一般市场下与牛市、熊市下的格兰杰因果网络模型，分析全球系统重要性保险机构间的系统关联性。实证结果表明，全球保险系统在熊市下具有更加紧密的格兰杰因果联系；北美洲与欧洲的系统重要性保险机构对其他大洲的格兰杰影响力较大；亚洲与大洋洲的保险机构最容易受到其他大洲的格兰杰影响，亚洲的格兰杰影响力最弱。本书的研究结论与政策建议具体如下。

第一，全球保险系统在熊市具有更加紧密的格兰杰因果关联。这可能是由于在熊市下，各保险公司的保险产品与投资策略具有更加密切的关系，再保险业务联系更为紧密。这导致了全球保险系统在熊市下更容易形成系统性风险，一旦有保险机构陷入危机，更容易产生负的溢出效应，令整个保险系统面临困境。因此，各国保险机构及监管机构应当构建全面的风险管理体系，在熊市时高度警惕保险系统内潜在的系统性风险，对其进行科学评估，并及时控制防范。同时，这对各国保险机构的逆周期监管具有一定的启发意义。保险部门可以在一定程度上减缓周期变动与金融危机给金融系统带来的冲击，避免系统性风险的集中爆发。保险机构可以通过建立合理的资本缓冲机制，在经济过热时抑制经济泡沫，在危机发生时减少不良冲击，从而增强保险与金融系统的稳定性。

第二，北美洲的系统重要性保险机构对其他大洲格兰杰影响力最强，并且其影响力在熊市下显著增强。欧洲保险机构的格兰杰影响力同样较大，但在牛市、熊市下差异不明显。欧洲与北美洲的保险机构发展时间长，体系相对完善，在全球保险系统中占据着重要地位，是其他国家保险机构学习与借鉴的主要对象。因此，一旦北美洲与欧洲的主要保险机构面临经营困境，其风险极易在国际保险系统中蔓延。北美洲与欧洲的保险机构应当对其自身风险进行合理、密切地监管，防范系统性风险，维护全球保险市场的稳定。亚洲等其他大洲的保险机构应高度关注北美洲与欧洲保险市场的动态，时刻警惕其保险系统内潜在的系统性风险，并且提前做好风险管理与防控，避免危机的集中性爆发。

第三，亚洲的系统重要性保险机构格兰杰影响力最弱，亚洲与大洋洲的保险机构最容易受到其他大洲的格兰杰影响。亚洲的系统重要性保险机构数目少且发展时间短，在国际保险系统中的影响程度较小，其更容易受到发达国家保险机构的格兰杰影响。因此，亚洲各保险机构应当继续保持发展的态势，努力拓宽国际市场业务，同时提高监管工作的前瞻性与主动性，完善内控体系，加强风险管理人才培养，全面规范风险管理制度流程，促进业务与管理的共同发展。这对我国保险业的发展具有一定的启发意义。在"新国十条"的引导下，我国与世界经济的联系日益密切，发达经济体所带来的影响不可避免，因此我国保险公司应当注重自身能力建设，提升企业核心竞争力，同时完善内部风险管理机制，改革创新与风险防范两轮驱动，在国际化的平台下建立高效的内外部制衡体系。要在坚持防控自身风险的同时，警惕国际市场风险的扩散，挖掘自身潜力，走高质量发展的道路。

# 第 10 章

# 基于我国上市保险公司风险溢出性的系统性风险度量

系统重要性金融机构是包括系统重要性保险业机构在内的具有系统重要性、从事金融业务的机构，为增强系统重要性保险机构的持续经营能力，降低其发生重大风险的可能性，需对之制定特别监管要求。必须准确度量并理性防范保险机构的系统性风险，实施更加有效的监管政策，强化对"大而不能倒"公司的监管举措，从而避免个体保险公司的自身风险造成整个行业系统的崩溃，有效维护金融体系稳健运行。基于此，本章以我国上市保险公司为研究对象，分析其系统性风险的可行度量方式。

## 10.1　上市保险公司的系统性风险

随着金融全球化进程步伐的加快和市场开放度的提高，单一金融机构的风险能够通过开放市场的风险波动传导机制产生（负）风险溢出，引发系统性风险和金融危机，对整个金融市场造成极大的破坏。2008 年金融危机爆发，雷曼兄弟和美国国际保险集团等大型复杂的金融机构的破产和经营困境使风险通过关联的金融机构不断蔓延，严重冲击了国际金融体系甚至实体经济。因此，高度关注金融机构的系统性风险，势必要将过去对单个金融机构实施的以微观审慎为主的监管方式转变为宏观审慎监管模式，在关注金融机构自身风险的同时，更加注重金融机构对金融系统的风险外溢

（IMF，BIS & FSB，2009）。保险作为金融行业的重要组成部分，其系统性风险很大程度上影响着金融市场的稳定。2013 年 7 月，中国平安入选首批 9 家全球系统重要性保险机构（G-SII），一度提高了人们对保险业系统性风险的关注度。2016 年 4 月，保监会启动国内系统重要性保险机构监管制度建设，完善保险集团的宏观审慎监管体系，致力于提升公司的风险管理水平和危机处理能力。2018 年 11 月，中国人民银行、中国银行保险监督管理委员会与中国证券监督管理委员会三部门联合发布《关于完善系统重要性金融机构监管的指导意见》，强调了包括系统重要性保险机构在内的系统重要性金融机构在金融体系中的关键地位，需对其制定特别监管要求。因此，准确度量并理性防范保险机构的系统性风险，实施更加有效的监管政策强化对"大而不能倒"公司的监管举措，避免个体保险公司的自身风险造成整个行业系统的崩溃对于经济的稳步向前发展显得尤为重要。

系统性风险目前尚未有一个明确的定义。哈特和辛加莱斯（Hart & Zingales，2009）从风险传染的角度定义系统性风险是指金融系统中的单一机构的极端尾部风险从一个机构传染至多个机构，从一个市场蔓延至多个市场，导致风险在金融市场内不断扩散，以至于影响实体经济的发展。肖崎（2010）则总结出系统性金融风险本质上是该风险导致整体金融体系不稳定的可能性，而这种可能性是源于风险具有传染性、外部性、突发性等特征，即系统性金融风险是突然产生的，且具有从一个机构传染到其他机构、从一个市场传染到其他市场，从而导致整个金融体系崩溃的可能性。国际货币基金组织（IMF）、金融稳定委员会（FSB）和国际清算银行（BIS）从损失的范围与严重性角度出发，定义系统性风险是金融体系部分或者全部受到损害，导致大范围金融服务紊乱，进而给实体经济造成严重影响的风险（FSB，IMF & BIS，2011）。赵桂芹和吴洪（2012）从国际保险市场的视角指出，金融风险溢出现象，即金融行业独有的、可能影响金融行业、最终扩散到经济全局的风险为系统性风险。埃林和潘科克（Eling & Pankoke，2012）指出系统性风险（systemic risk）源于银行破产和货币危机，之后被广泛应用于对其他金融系统的冲击。而系统性风险的定义需从风险事件、影响结果与原因三个角度进行考察（Eling & Pankoke，2016）。总的来说，对系统性风险的说法基本从风险传染、危害范围的大小和对实体经济的影响程度这三个角度来阐述，被理解为金融机构对其他金融机构和金融体系产生风险溢出，乃至冲击实体经济的发展。

在国外的研究中，除了 CoVaR 模型，还采用了其他多种研究方法对金融市场银行、证券、保险进行系统性风险的测度。塔拉舍夫等（Tarashev et al.，2010）提出了系统性风险的夏普利值法，相较于 CoVaR 模型，该方法下整个体系的风险可以由单个金融机构的系统性风险加总得到。伯努瓦等（Benoit et al.，2012）基于美国金融机构的数据研究了 MES 和 ES、CoVaR 和 VaR、ES 和 CoVaR 之间的理论关系，来比较 MES 和 CoVaR 两种方法。塔拉斯利（Talasli，2013）运用系统预期损失（SES）方法选取 2000 ~ 2011 年银行业危机和 2007 ~ 2009 年全球金融危机期间的土耳其金融机构股票市场收益率和资产负债表数据度量了金融机构的系统性风险，以此验证阿查里亚等（Acharya et al.，2010）提出的 SES 方法的有效性，结果表明 SES 方法在跟踪金融股票的潜在风险方面是一个强大的工具。康明斯和韦斯（Cummins & Weiss，2014）使用指标法，基于保险机构的财务分析、保险业在经济中的角色与地位、保险公司之间的相关性等影响系统性风险的主要指标度量美国保险市场引发系统性风险的可能性。陈等（Chen et al.，2014）利用信用违约掉期利差和股票数据度量保险业的系统性风险，运用压力测试和格兰杰因果关系检验分析了银行和保险公司之间的风险关联性。德拉科斯和库雷塔斯（Drakos & Kouretas，2015）基于 CoVaR 模型，结合重要性测试和优势测试，对美国国内和国外金融机构的系统性风险相对贡献度提供一个正式的比较。菅野（Kanno，2016）使用网络分析法，通过再保险和违约风险的传递效应，度量了全球财产保险公司的系统性风险。克莱诺和费尔南多（Kleinow & Fernando，2016）利用 Copula 模型度量了 2005 ~ 2014 年欧洲银行的系统性风险贡献度和基于信用违约互换（CDS）利差的系统性风险敏感度，分析欧洲银行的系统性风险和传染的驱动因素。卡塞勒和克莱因（Kaserer & Klein，2019）构建了系统性风险评估模型讨论 2005 年 1 月至 2014 年 12 月金融危机前和危机期间的由 183 家主要银行和保险公司组成的全球金融体系情况，分别从行业与单个机构层面对比银行业与保险业对金融体系中系统性风险的贡献度。

早期，在国内的研究中，大部分对于系统性风险的研究集中在银行业，如高国华和潘英丽（2011）基于 GARCH 模型的 CoVaR 方法应用股票测度了我国 14 家上市银行的风险溢出情况。周天芸等人（2012）运用分位数回归模型和条件风险价值 CoVaR 模型研究了中资、港资和外资银行受到外部冲击后系统脆弱性的内生性及传染机理。李志辉等（2011）、陆静等（2014）和白雪梅等（2014）使用 CoVaR 模型和分位数回归方法分别衡量了我国商业银行和金融机构的风险溢价。之后，关于债券、股票等证券市场的系统性风险的研究也逐渐兴起，如谢福座（2010）通过 CoVaR 检测法对我国债券和股票市场的系统性风险进行了测量。王永巧和胡浩（2012）针对股票市场，基于 Couple 的 ΔCoVaR 方法度量了危急时刻中国大陆和美国、中国香港间的极端风险溢出情况。近年来，才出现对保险业系统性风险的相关研究。林鸿灿等（2012）运用 AR – GARCH – CoVaR 模型度量了保险机构的系统性风险贡献度。赵桂芹等（2012）从宏观和微观两个层面分析了保险业的系统性风险和主要业务活动的关联性。谢远涛等（2014）从尾部依赖性切入，通过构造 SV – t 模型和厚尾的 SV – GED 模型，结合 AIC 准则和 Hit 检验法筛选出的 Copula 模型分析保险业的系统性风险。郭金龙等（2014）对保险业系统性风险的来源、识别、计量和评估等方面展开详细的综述。王丽珍（2015）基于矩阵法研究了我国不同市场结构下再保险业务的传染效应。中国人寿保险（集团）公司财务课题组（2015）运用 MES、SES 和 Garch 模型计量了我国寿险行业的系统性风险贡献度。徐华等（2016）采用 CoVaR 模型与分位数回归的方法，实证分析了我国上市保险公司的系统性风险状况。黄佳（2018）利用时变 Copula – CoVaR 模型进行实证研究，探究了保险业与其他金融子行业之间的风险溢出情况。牛晓健和吴新梅（2019）基于复杂网络，构建了风险传染动力学模型，对我国再保险市场的系统性风险传导机制进行了研究。朱衡和卓志（2019）运用了 MES、SRISK 以及 ΔCoVaR 等多种方法，多维度考察了中国保险公司的系统性风险敞口和贡献度，并通过 BP 神经网络模拟度量了我国非上市保险公司系统性风险的溢出效应。王耀东等（2020）基于 AR –（GJR）GARCH – Skew-t 模型与 Copula 函数进行了实证研究，探究保险业在金融系统性风险传染机制中具有的媒介作用。韩浩等（2020）运用加入状态变量的

CoVaR 模型和分位数回归方法，基于我国上市保险公司的数据，分别对 2015 年股市危机前后我国保险业风险对银行业、证券业、房地产业和信托业等相关金融子行业溢出效应的情况进行了研究。总体而言，国内对保险业系统性风险的研究多集中在传染机制和关联性的分析上，在度量保险业系统性风险方面缺乏多样的模型分析和计量方法。

然而传统的风险计量办法如 VaR（Value at Risk）测量的仅是金融机构自身的风险，对于有效估计金融机构系统性风险存在局限性。阿德里安和布伦纳迈尔（Adrian & Brunnermeier，2016）首次建立了 CoVaR 模型，用 CoVaR 相对于 VaR 的变化量来表示金融机构对系统的风险溢出，为度量金融机构的系统性风险提供了解决思路。之后，阿德里安和布伦纳迈尔（Adrian & Brunnermeier，2011）的工作报告中又引入一系列滞后状态变量改进了模型，而贝纳尔等（Bernal et al.，2014）在 CoVaR 方法的基础上加入 K－S 检验评估金融机构风险贡献度。鉴于国内缺乏对我国保险机构系统性风险计量手段方面的研究，因此，首先，本章将基于改进的 CoVaR 模型，并同时使用当期变量和模拟尾部风险的滞后变量修正模型，减少被解释变量对当期或者滞后期状态变量的依赖，使研究结果度量的系统性风险更贴近于我国保险公司的实际状况。其次，在国内目前的研究成果中，尚未对保险公司的系统性风险进行预测，本章将通过找出对系统性风险有显著影响的主要因素及其作用机理进一步预测保险公司未来的系统性风险，完善该研究领域。最后，基于研究结论，对我国保险机构系统性风险的监管工作提出从逆周期角度实施宏观审慎监管的政策建议。

## 10.2  理 论 模 型

### 10.2.1  系统性风险度量方法：CoVaR

CoVaR 是指当单个金融机构处于危机时，它对其他金融机构或金融系统所造成的最大可能损失。金融机构对金融系统的风险溢出表示为 $\Delta$CoVaR，是极端情况下的 CoVaR 减去常态下的 CoVaR，体现了金融机构对金融体系的风险贡献度。$\Delta$CoVaR 的值越大，说明单一机构的系统性风险就越高。CoVaR 模型的优势在于能更加有效地捕捉系统性风险的尾部分布，使研究结果更可靠。该模型不仅能够识别金融机构自身的风险，还能解决两个金融机构之间的关联性量化问题，进而达到度量机构对其他金融机构风险溢出的目的。

如果当金融机构 i 出现危机（即 $X^i \leq VaR^i$）时，机构 j 的在险价值为 $VaR^j$，即 $CoVaR_q^{j|i}$，其数学表达式为：$\Pr(X^i \leq CoVaR_q^{j|i} \mid X^i = VaR_q^i) = q$，$X^i$ 为金融机构的收益率。那么，金融机构 i 对机构 j 的风险贡献度为：$\Delta CoVaR_q^{j|i} = CoVaR_q^{j|X^i=VaR_q^i} - CoVaR_q^{j|i=Median}$。当 j 表示金融系统时，$\Delta CoVaR_q^{system|i}$ 就意味着金融机构 i 对系统性风险的贡献度。

改进的 $CoVaR_t$ 模型引入了滞后状态变量 $M_{t-1}$，运用两期数据对模型进行修正，目的在于减少被解释变量对当期或者滞后期状态变量的依赖，使研究结果度量的系统性风险更加稳定，更贴近于我国保险公司的实际状况。改进的 $CoVaR_t$ 模型如下：

$$X_t^i = \alpha^i + \gamma^i M_{t-1} + k^i M_t + \varepsilon^i \tag{10.1}$$

$$X_t^{system} = \alpha^{system|i} + \beta^{system|i} X_t^i + \gamma^{system|i} M_{t-1} + k^{system|i} M_t + \varepsilon^{system|i} \tag{10.2}$$

当金融机构 i 的收益率为 $VaR_t^i$（即 $X_t^i = VaR_t^i$）时，可得到：

$$VaR_{q,t}^i = \hat{\alpha}_q^i + \hat{\gamma}_q^i M_{t-1} + \hat{k}_q^i M_t \tag{10.3}$$

$$CoVaR_{q,t}^{system|i} = \hat{\alpha}_q^{system|i} + \hat{\beta}_q^{system|i} VaR_{q,t}^i + \hat{\gamma}_q^{system|i} M_{t-1} + \hat{k}_q^{system|i} M_t \tag{10.4}$$

同样，机构 i 在中位数水平下资产收益和 CoVaR 的值为：

$$R_t^{i,median} = \hat{\alpha}_q^{i,median} + \hat{\gamma}_q^{i,median} M_{t-1} + \hat{k}_q^{i,median} M_t \tag{10.5}$$

$$CoVaR_t^{system|i,median} = \hat{\alpha}_q^{system|i} + \hat{\beta}_q^{system|i} R_q^{i,median} + \hat{\gamma}_q^{system|i} M_{t-1} + \hat{k}_q^{system|i} M_t \tag{10.6}$$

因此，机构 i 对于整个系统的风险贡献度即超过常态下的 $\Delta CoVaR_{q,t}^i$，表示如下：

$$\Delta CoVaR_{q,t}^{i} = CoVaR_{q,t}^{system \mid i} - CoVaR_{t}^{system \mid i, median} \tag{10.7}$$

### 10.2.2 系统性风险预测方法：Forward $-\Delta CoVaR$

由上面的度量我们可以得到保险机构的 $\Delta CoVaR$ 值。然而直接根据 $\Delta CoVaR$ 测算出来的系统性风险对保险机构进行监管存在严重的顺周期现象，即当保险机构的系统性风险较高时，施加严厉的监管政策会使得金融机构不能灵活地采取措施处理风险，导致对保险机构的系统性风险贡献度提高。通过 Forward $-\Delta CoVaR$ 方法对金融机构未来一定时期的 $\Delta CoVaR$ 进行预测，代表着向前的 $\Delta CoVaR$。通过预测准确把握机构未来系统性风险的变动趋势，为解决顺周期问题和宏观审慎监管提供合理的政策思路。根据阿德里安和布伦纳迈尔（Adrian & Brunnermeier，2011）、高国华和潘英丽（2011）等人的研究，选取金融机构易获得的自身特征变量，如杠杆率（Leverage）、规模（Size）、总资产收益率（Roa）、保费收入增长率（Premium）、股价净值比（MTB）和股价波动率（VIX）等指标来预测金融系统未来的系统性风险，构造的面板模型如下：

$$\Delta CoVaR_{t}^{i} = \beta_1 VaR_{t-k}^{i} + \beta_2 Leverage_{t-k}^{i} + \beta_3 Size_{t-k}^{i} + \beta_4 Roa_{t-k}^{i}$$
$$+ \beta_5 Premium_{t-k}^{i} + \beta_6 MTB_{t-k}^{i} + \beta_7 VIX_{t-k}^{i} + \delta^{i} + \mu_{t}^{i} \tag{10.8}$$

## 10.3 实 证 分 析

### 10.3.1 指标含义与数据来源

#### 10.3.1.1 指标含义

本书拟采用上市的中国平安、中国太保、中国人寿、新华保险以及中国太平的收益率数据[①]，将五家保险公司看作整体保险系统来度量单个保险公司对保险系统的风险贡献度。

　　选取 2008 年 1 月 1 日至 2020 年 6 月 30 日中国平安、中国太保、中国人寿、新华保险以及中国太平的 A 股周收盘价数据来测量我国保险体系的系统性风险。周收益率则通过公式 $X^i = 100\ln\dfrac{P_t}{P_{t-1}}$ 计算得到，其中 $P_t$ 表示的是上市保险机构的周收盘价。保险系统的收益率由所有上市的保险公司的周收益率加权得到，计算公式为 $X^{system} = \sum\limits_i \dfrac{w_t^i}{\sum\limits_i w_t^i} X^i$，其中 $w_t^i$ 为各保险机构的 A 股股本数。有关滞后状态变量和面板模型的特征变量的描述详见表 10 - 1。

**表 10 - 1　　　　　　　　　　　变量一览表**

| 变量 | | 具体说明 |
|---|---|---|
| $X_t^i$；$i = 1, 2, 3$ | | 五家上市保险公司 A 股周收益率。利用保险公司 A 股周收盘价通过公式 $X^i = 100\ln\dfrac{P_t}{p_{t-1}}$ 计算得到 |
| $X_t^{system}$ | | 五家保险公司构成的保险体系的周收益率。根据整理出的保险公司 A 股的周收益率，按各自权重进行加权。其中，每家保险公司的权重为 A 股股本数占同期保险体系股本总数的比重 |
| 状态变量 | MR（股市收益率） | 选取上证综合 A 股指数的周收益率 |
| | MRV（股市波动率） | 该指标反映的是股市的波动情况。选取上证综合 A 股指数日收益率一周的波动率替代 |
| | ML（流动性风险） | 采用 3 个月银行回购利率和 3 个月国债利率的差来衡量短期交易对手的流动性风险 |
| | RC（短期国债利率差） | 选取 3 个月国债利率，对其前后期到期收益率作差得到短期国债利率差 |
| | CS（信用价差） | 选取十年期国债和十年期 AA - 级信用等级的企业债为样本，通过计算二者的到期收益率差来表示信用价差 |

---

① 中国共有 7 家上市保险公司。众安在线和中国人保分别于 2017 年 9 月 28 日和 2018 年 11 月 16 日上市，上市时间短，数据较少，研究性不强，故予以剔除。

| 变量 | | 具体说明 |
|---|---|---|
| 面板模型特征变量 | VaR | 保险机构的市场风险 |
| | Leverage | 杠杆率；用总资产和总权益的比表示，反映公司的财务杠杆率 |
| | Size | 规模；用总资产的对数值表示 |
| | Roa | 总资产收益率；反映公司的盈利能力 |
| | Premium | 保险公司保费收入的增长率；反映公司规模扩大的情况 |
| | MTB | 股价净值比；反映公司的盈余增长性情况 |
| | VIX | 股价波动率；反映公司经营的稳定性情况 |

### 10.3.1.2　数据来源及处理

本章数据包括五家保险公司的财务数据（包括总资产、总负债、总权益和保费总收入）、A 股交易数据（周收盘价和股本数）、上证综合 A 股指数日收盘价和周收盘价、三个月和十年期国债到期收益率、三个月银行回购利率、十年期 AA - 级企业债到期收益率等来源于 Wind 数据库。研究的时间范围为 2008 年 1 月 1 日至 2020 年 6 月 30 日，所使用的计量分析软件为 Stata15。状态变量的描述性统计结果如表 10 - 2 所示。

表 10 - 2　　　　　　　　　　状态变量的描述性统计

| 状态变量 | 均值 | 中位数 | 最大值 | 最小值 | 标准差 | 偏度 | 峰度 |
|---|---|---|---|---|---|---|---|
| MR | - 0.0322 | 0.11 | 14.96 | - 13.84 | 3.3611 | - 0.2381 | 5.5319 |
| MRV | 1.16510 | 0.9223 | 5.8856 | 0.0869 | 0.8233 | 1.9759 | 7.753 |
| ML | 1.3473 | 1.239 | 5.3575 | 0.0288 | 0.7245 | 1.4963 | 6.9703 |
| RC | - 0.0022 | - 0.0015 | 2.0149 | - 1.0441 | 0.1545 | 3.0799 | 53.0585 |
| CS | 3.5888 | 3.8104 | 4.8585 | 1.7429 | 0.7258 | - 0.7026 | 2.688 |

## 10.3.2 保险机构系统性风险的度量分析

本章采取科恩克等（Koenker et al., 2001）提出的分位数回归方法对 $\Delta$CoVaR 和 VaR 序列进行分析。分位数回归方法在不同的分位数情况下得到被解释变量条件分布相应的分位数回归方程，对条件分布的刻画更加细致，相较于传统最小二乘法回归而言不要求数据符合正态分布，而是呈现一种"尖峰厚尾"的特征，并且适用于异方差的情况，因此更适用于本章研究金融数据的情况。

### 10.3.2.1 变量的假设性检验

（1）正态性检验。

分位数回归要求变量具有"尖峰厚尾"的特征，而不是呈现正态分布。在 JB（Jarque - Bera）检验中，保险公司收益率的 JB 统计量的值都很大，中国平安、中国太保、中国人寿、新华保险以及中国太平收益率对应的 P 值都接近于 0，均拒绝序列服从正态分布的假设；从收益率的峰度值来看，最小也达到了 3.91，均大于正态分布时的值 3；从图 10 - 1 收益率的 Q - Q 图来看，序列均呈现出顶部向下弯曲、底端向上翘起的特点，以上检验结果均表示序列具有"尖峰厚尾"的特征，更适用于分位数回归。

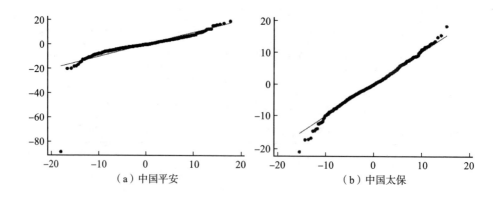

（a）中国平安  （b）中国太保

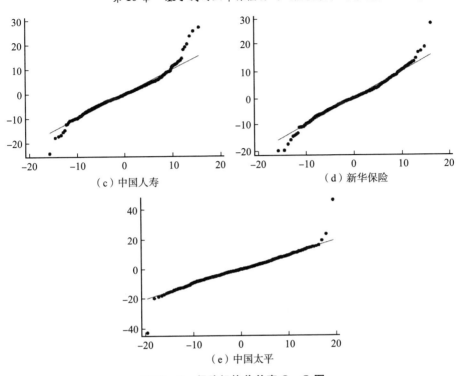

（c）中国人寿  （d）新华保险

（e）中国太平

**图 10 - 1  保险机构收益率 Q - Q 图**

资料来源：笔者根据相关数据自行绘制而得。

（2）平稳性检验。

为防止出现伪回归，在分位数回归之前还需要对数据进行平稳性检验。假设序列是非平稳的，也不存在相关关系，如果两个变量均随着时间同上或同下变动，就会呈现出高度相关的伪回归结果。根据表 10 - 3 显示的 ADF 检验结果，可以发现在含截距项和不含截距项的情况下，各 t 值都小于 1% 、5% 、10% 三种置信水平下的临界值，拒绝单位根假设，因此各保险公司的收益率序列是平稳的。

（3）相关性分析。

表 10 - 4 给出了五家保险公司的收益率相关系数，借此来分析保险公司两两之间联系的紧密程度。从表 10 - 4 来看，除中国太平以外，其余四家保险公司收益率之间的相关系数都比较大，均达到 0.59 以上。我国的保险机构

处于较封闭的金融环境，五家保险公司所处的市场环境、监管政策、经营模式、资产配置和产品种类都比较类似，市场份额主要集中在几家保险机构中，都可能累积保险机构的系统性风险。因此，简单的高度相关有可能是由保险机构所面临的共同的市场风险引起的，不能证明保险机构间联系密切且易发生风险传染，因此本书进一步通过分位数回归来研究保险机构的系统性风险。

表 10 - 3　　　　　　　　　　　　ADF 检验结果

| | 中国平安 | 中国太保 | 中国人寿 | 新华保险 | 中国太平 |
|---|---|---|---|---|---|
| 含截距项 | - 6.896 | - 6.862 | - 6.737 | - 6.323 | - 6.246 |
| 不含截距项 | - 6.903 | - 6.873 | - 6.747 | - 6.312 | - 6.245 |

注：（1）选取滞后阶数为13；（2）包含截距项时：1%、5%、10%置信水平临界值分别为 - 3.43、- 2.86、- 2.57；不包含截距项时：1%、5%、10%置信水平临界值分别为 - 2.58、- 1.95、- 1.620。

表 10 - 4　　　　　　　　　　保险公司收益率的相关系数

| 公司名称 | 中国平安 | 中国太保 | 中国人寿 | 新华保险 | 中国太平 |
|---|---|---|---|---|---|
| 中国平安 | 1.0000 | | | | |
| 中国太保 | 0.7010 | 1.0000 | | | |
| 中国人寿 | 0.6755 | 0.8178 | 1.0000 | | |
| 新华保险 | 0.5922 | 0.7747 | 0.7461 | 1.0000 | |
| 中国太平 | 0.4171 | 0.3908 | 0.4401 | 0.5306 | 1.0000 |

资料来源：笔者自行计算而得。

### 10.3.2.2　保险机构系统性风险 ΔCoVaR 的度量结果

风险管理中一般采取 $0 < q \leqslant 0.05$，因此本书选取5%和1%不同的分位数水平进行回归检验[1]。根据式（10.1）~式（10.7）计算可得，保险机构的系统性风险溢出值 ΔCoVaR 的度量结果如表 10 - 5 所示。

---

[1]　1%和5%分位数回归的系数表见附录表 10 - A1 ~ 表 10 - A5。

表 10 - 5　　　　　　　保险机构的系统性风险 ΔCoVaR 结果与排名

| 保险机构 | $X_i$ 平均值 | $VaR_i$ 平均值 | | $\Delta CoVaR_i$ 平均值 | | 排名 |
|---|---|---|---|---|---|---|
| | | 1% | 5% | 1% | 5% | |
| 中国平安 | -0.06 (6.037) | -11.831 (10.24) | -5.318 (4.65) | -3.781 (1.347) | -2.311 (0.781) | 4 |
| 中国太保 | -0.092 (5.185) | -7.113 (3.99) | -5.537 (4.131) | -5.513 (3.79) | -2.491 (1.061) | 2 |
| 中国人寿 | -0.113 (5.2951) | -6.574 (4.014) | -5.302 (3.992) | -3.739 (2.321) | -1.716 (0.855) | 5 |
| 新华保险 | 0.121 (5.622) | -9.539 (6.072) | -5.351 (4.422) | -5.085 (3.306) | -2.439 (1.083) | 3 |
| 中国太平 | -0.082 (6.597) | -12.752 (7.061) | -8.066 (4.593) | -6.3 (3.125) | -3.632 (1.592) | 1 |

注：括号内为标准差。

　　表 10 - 5 中显示的 $X_i$、$VaR_i$ 和 $\Delta CoVaR_i$ 的值为各序列的平均值，可以看到 $VaR_i$ 和 $\Delta CoVaR_i$ 表现为负值，在现实经济中表示危机到来时极端情况下的损失。二者的绝对值越大，说明其在经济波动中的自身风险和系统性风险溢出越大，对整个保险市场的影响越大。由于 1% 和 5% 分位数回归的结果一致，为避免重复性的描述，文中仅讨论 5% 分位数的情况。如表 10 - 5 所示，中国太平的系统性风险溢出值 $\Delta CoVaR$ 绝对值最大，为 3.632；中国太保次之，为 2.491；新华保险和中国平安居中，分别为 2.439 和 2.311；中国人寿最小，为 1.716。从图 10 - 2 显示的保险公司系统性风险 $\Delta CoVaR$ 时间序列图可以看出，五家公司的系统性风险溢出情况非常相似。在宏观经济层面，五家公司处于同样的经济形势、市场环境和监管政策中，受到大致相同的外部影响；在微观主体层面，我国的保险市场尚未成熟，且市场集中度高，主要以价格竞争为主，保险公司在经营模式、产品结构、资产投资组合、销售渠道以及服务创新等多个方面具有高度同质现象，因此，五家公司的系统性风险情况也非常相似。

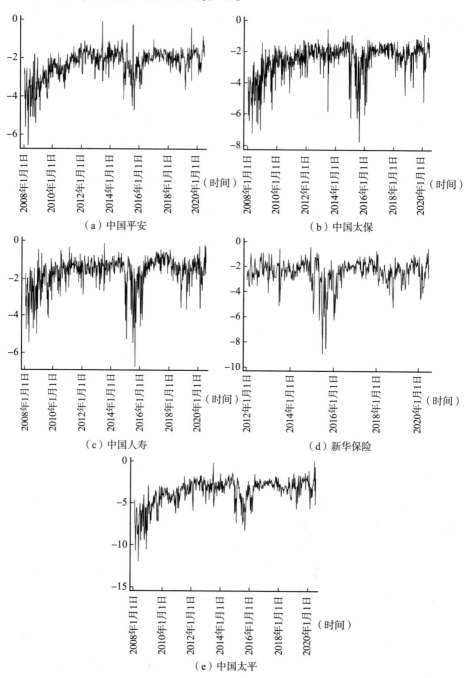

图 10 - 2  保险公司系统性风险 **ΔCoVaR** 时间序列图（5%）

在变动趋势上，除新华保险之外，2008年其余四家公司的系统性风险都很高，中国太平的系统性风险溢出值最高达到11.928，中国平安、中国太保和中国人寿也达到6左右，这主要是因为2008年美国次贷危机全面爆发引起经济下滑和频发的雪灾和地震等自然灾害导致中国保险市场的系统性风险迅速增加。由于中国保险业的开放性程度和国际化程度较低，受到的风险传染相对较小，加上危机期间及时采取防御措施，到2009年中旬，系统性风险在持续波动中不断降低，此后各年均稳定在一定水平，基本在0~8之间波动。2011年，欧洲主权债务危机爆发，但其对中国保险市场的系统性风险影响较小，这主要是由于四家公司的业务和资金主要投放于国内市场，在国际市场的业务和投资比重微乎其微，因而受国际金融市场波动的影响不大。2015年，中国股票市场出现剧烈波动，大幅上涨和下跌，政策也经常变动，央行多次降准降息，加上人民币汇率持续走低，保险公司所处的外部环境存在较大的不确定性，投资受到利率风险、市场风险、政策风险和汇率风险等多方面的影响，致使保险市场面临大量风险的威胁，系统性风险一直上升，直到2015年底经济形势相对趋于稳定后才有回升。

### 10.3.2.3　保险机构系统性风险的度量结果分析

CoVaR模型结果显示，中国太平的系统性风险溢出值最高，中国太保次之，新华保险和中国平安居中，中国人寿最小。五家公司的系统性风险度量结果之所以存在差异，可能有以下几方面原因。

（1）股权结构的差异性。五家公司的国有股份占比存在差异性，中国人寿的国有股本比例很高且稳定，达到68.37%。中国平安和中国太保上市初期存在一定的国有股本，但分别在2008年和2010年减持至0。中国太保和中国平安股东份额小、数量多的现状意味着公司一旦遭遇危险极端事件，风险更容易从这分散的股权结构传染到其他金融企业和金融系统，导致系统性风险的发生。再者，中国太平的第一大股东中国太平保险集团（香港）有限公司持股比例高达50.71%，中国太保和中国平安前十名股东持股中境外法人的占比情况分别为5.8%和5.11%，而新华保险和中国人寿前十名股东持股中境外法人占比几乎为0[①]，这在一定程度上也说明公司对境外金融市场影响和被影响的程度。由此看来，中国人寿很大程度上是国有控股，股权集中，风险外溢的传导面相对较小，从而导致了比其他四家公司系统性风险外溢效应更小的局面，这是与模型结论相符的。

（2）业务经营范围的差异性。中国太平是我国第一家跨国金融保险集团公司，通过综合金融的一体化架构，以保险起家，触角逐渐延伸至银行、投资和互联网金融服务，实行混业经营的模式，业务开展广泛，经营区域涉及中国内地、中国香港、中国澳门、北美、欧洲、大洋洲、东亚及东南亚等国家和地区，境外子公司达到12家，这意味着该公司有着更大的风险敞口。相对来说，中国太保、新华保险、中国平安和中国人寿以经营国内保险业务为主。因此，中国太平更容易受到国际金融市场波动的影响，可能会有更高的系统风险溢出。

（3）保费收入增速的差异性。通过计算2008～2019年保费收入增长率，可以发现中国太平保费收入增长速度最快，年平均增长达25.54%；中国太保、新华保险和中国平安年均增长率分别为14.43%、15.01%和19.82%；而中国人寿保费收入增速缓慢，年平均增长仅10.01%，这可能是因为中国人寿以经营寿险业务为主，加上这些年市场份额不断被瓜分。在资产总额增势方面，中国太平从2008年6月的566亿元资产增长至2020年6月的9119亿元，实现增长12.79倍；中国太保、新华保险、中国平安和中国人寿分别实现增长5.43倍、5.69倍、12.91倍和4.1倍。[②] 从以上数据中可以发现，中国太平、中国太保、新华保险和中国平安业务扩张和资本集聚的速度较中国人寿都大得多，公司规模不断膨胀的同时也带来了各类风险的增加，存在着更多系统性风险外溢的可能性。

（4）保费投资组合的差异性。保险资金（主要为保费收入）投资资产主要配置在以下四类：固定收益类、权益收益类、投资性房地产和现金及现金等价物。从历年的财务报告中发现，中国太保、中国平安和新华保险的权益收益类投资占比相对中国人寿较高，2019年，中国太保权益类投资占比

---

①② 根据各公司官网年报相关资料整理而得。

15.7%，新华保险股权型金融资产投资占比为18.7%。中国人寿的固定收益类投资稳定，始终高居85%左右。固定收益类较权益收益类有着风险较低的优势，因此中国人寿拥有更加稳健的投资策略，不仅能够更好地管控对公司自身的风险，也能对系统性风险的外溢起到一定的抵御作用，能较好地防范因经济波动导致的投资风险较高从而对金融系统的风险传染。

除了以上原因之外，关联交易数量和金额、企业的治理结构和情况等因素也可能导致保险公司系统性风险的差异性。

### 10.3.3 保险机构系统性风险的预测分析

根据式（10.8）进一步对保险机构的系统性风险进行预测，在面板回归分析之前，通过表10-6给出的霍斯曼（Hausman）检验结果发现，滞后半年、滞后一年的情况P值接近于0，均拒绝随机效应模型的原假设，因此采用固定效应模型。采用半年度数据，保险公司的VaR、杠杆率、规模、总资产收益率、保费收入增长率、股价净值比和股价波动率是回归分析中的解释变量，$\Delta$CoVaR是被解释变量[①]。回归结果如表10-6所示。

表10-6 面板数据模型回归结果（5%）

| 滞后解释变量 | 滞后半年 | 滞后一年 |
| --- | --- | --- |
| $\lvert \text{VaR}_{t-k} \rvert$ | 0.074** <br> (0.034) | 0.03** <br> (0.013) |
| $\text{Leverage}_{t-k}$ | 0.089** <br> (0.041) | 0.484** <br> (0.223) |
| $\text{Size}_{t-k}$ | −3.624 <br> (3.064) | −3.233 <br> (3.125) |
| $\text{ROA}_{t-k}$ | 6.483 <br> (4.348) | −3.361 <br> (4.33) |

① $\Delta$CoVaR 和 VaR 是由保险公司半年内的值加总得到，且为了使结果更直观，在面板回归中本书将二者的值处理为绝对值。

| 滞后解释变量 | 滞后半年 | 滞后一年 |
|---|---|---|
| $Premium_{t-k}$ | 0.037 ** <br> (0.017) | 0.003 <br> (0.045) |
| $MTB_{t-k}$ | 4.273 ** <br> (1.638) | 4.537 *** <br> (1.631) |
| $VIX_{t-k}$ | 0.3778 *** <br> (0.098) | 0.31 *** <br> (0.097) |
| C | 122.945 <br> (90.718) | 126.904 <br> (91.957) |
| $R^2$ | 0.6075 | 0.3082 |
| N | 113 | 108 |
| 霍斯曼（Hausman）检验 | 21.08 <br> (0.0003) | 26.96 <br> (0.0000) |

注：（1）**、***分别表示5%、1%的显著性水平下显著；（2）估计系数下方括号内数值为标准差；（3）霍斯曼（Hausman）检验下方括号内数值为卡方值对应的P值。

由表10-6所示，滞后半年和滞后一年的回归结果非常相似，大部分变量具备显著性。ΔCoVaR和VaR具有显著的正相关关系，单个保险机构自身的风险越高，对系统性风险的贡献越大，即在微观层面对单个主体的审慎监管对防范系统性风险仍然起到一定的作用。保险公司的杠杆率和其系统性风险之间存在显著的正相关性，杠杆率越大，意味着负债相对越多，则系统性风险越大。保费收入增长率越高，系统性风险越高，这是由于业务的迅速扩张带来了各类风险的集聚。股价净值比和股价波动率越大，系统性风险越高，这和现实情况相符。但是公司规模和公司盈利能力对系统性风险没有产生显著影响。此外，对预测结果进一步分析，如图10-3所示，同期ΔCoVaR和预测ΔCoVaR呈负相关关系，说明Forward-ΔCoVaR方法可以很好地解决同期风险度量方法产生的顺周期问题。那么，基于预测ΔCoVaR实施的监管政策，将会在实际系统性风险高的情况下采取宽松的监管措施，帮助机构度过危机；在实际系统性风险低的情况下采取适当严厉的措施，防止机构过度扩张从而集聚大量风险。

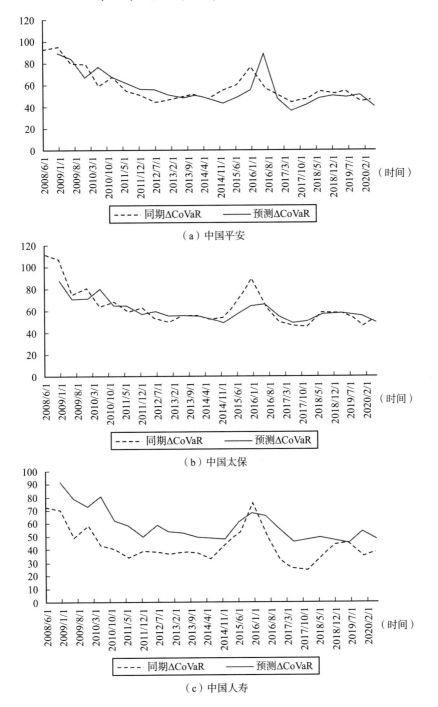

（a）中国平安

（b）中国太保

（c）中国人寿

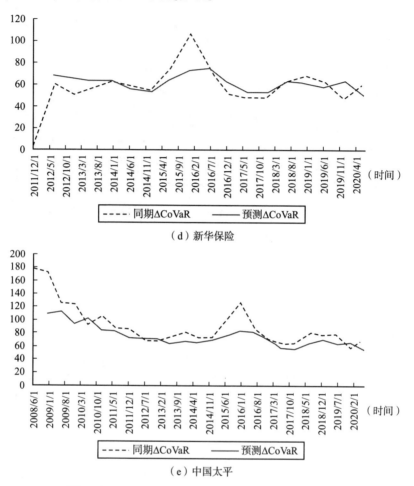

（d）新华保险

（e）中国太平

**图 10 - 3　同期 ΔCoVaR 和预测 ΔCoVaR 的变动情况**

# 10.4　本章小结

本书基于 CoVaR 和 Forward – ΔCoVaR 模型，运用分位数回归和面板回归方法对保险机构的系统性风险大小进行度量和预测。研究表明，根据 ΔCoVaR 输出序列平均值，中国太平的系统性风险溢出值最高，中国太保次之，新华保险和中国平安居中，中国人寿最小。具体分析如下。

首先，五家公司的系统性风险溢出情况在变动趋势上非常相似。2008年在全球金融危机和频发自然灾害的影响下，保险机构的系统性风险一度很高，随后在上下起伏中逐渐降低并趋于稳定，直到2015年中国股票市场的剧烈波动又一次提高了保险机构的系统性风险，符合现实情况。但是，由于股权结构、业务经营范围、保费收入增速、保费投资组合以及其他因素的不同，五家公司的系统性风险溢出情况也存在一定的差异性。监管当局应当在采取宏观审慎监管的基础上，根据系统性风险的差异对不同的公司实施相应的监管政策。

其次，保险机构的自身风险VaR和系统性风险溢出值ΔCoVaR具有稳定的相关关系，和许多关于银行业的研究表示VaR和ΔCoVaR之间相关程度低的情况不同。本书研究发现ΔCoVaR和VaR具有显著的正相关关系，单个保险机构自身的风险越高，对系统性风险的贡献越大，即在微观层面对单个主体的审慎监管对防范系统性风险仍然起到一定的作用。

最后，保险机构系统性风险预测模型结果表明，保险机构当前的系统性风险与VaR、杠杆率、保费收入增长率、股价净值比、股价波动率显著正相关，这是符合现实逻辑的。一方面，与任何尾端的风险度量方法一样，采用高频数据度量ΔCoVaR依赖于较少发生的极端危机事件会导致尾端风险大幅增加，降低了测量结果的准确度。相反，用公司自身的特征数据来度量系统性风险反而比采取高频数据统计分析更可靠、稳健。另一方面，预测ΔCoVaR和同期ΔCoVaR呈负相关关系，说明Forward-ΔCoVaR方法可以很好地解决同期风险度量方法产生的顺周期问题。综上，从逆周期角度，利用半年度数据来预测保险机构的系统性风险，能够进行更准确、稳健的宏观审慎监管，更加有效地预防保险机构的系统性风险，达到维护保险市场稳定的目的。

# 第 11 章

# 保险业系统性风险研究
# 结论与政策建议

随着保险业职能的不断深化、市场化改革的日渐推进以及金融市场环境的复杂化，保险业系统性风险的管理与预防逐渐成为影响保险业健康发展以及整个金融体系运营稳定性的重要因素。如何识别和防范保险市场系统性风险、降低存量风险、控制增量风险、切断传染风险、化解集聚风险是我国保险业在改革创新和转型升级过程中面临的重要现实问题。基于此，作者从在后金融危机时代我国保险业市场化改革的进程中，保险市场的系统性风险是否存在、如何识别和度量系统性风险、如何评估当前保险市场的稳定性等科学问题出发，在对保险业系统性风险理论基础以及保险市场系统性风险识别技术进行梳理总结的基础上，分别基于再保险业务、分保偏好和风险组合冲击、消费者信心与投保人行为、保险业与其他金融行业关联、保险机构与上市银行关联、国内保险业与国外保险业关系以及国内上市保险公司之间的关系构建了保险市场系统性风险传染、溢出与度量模型，研究了保险行业系统性风险与系统重要性。

## 11.1 研 究 结 论

本书对于保险业系统性风险以及保险业系统重要性的研究得出了一些有意义的结论，弥补了现有研究的不足之处，通过数值模拟、模型求解以及实证分析等方法得到了如下主要研究结论。

基于再保险业务的保险市场系统性风险度量研究发现：第一，从承保业务风险传染的视角，系统性危机的发生具有门槛高、传染性较弱的特点；第二，处于系统性风险中心的再保险公司容易引发系统性风险，一旦再保险公司出现危机，会对多个保险公司造成重大财务和经营压力；第三，境外再保险市场破产危机也是国内保险业系统性风险的潜在来源，模拟结果显示，境外再保险市场承接国内超过 60% 的分出业务，当只存在一家虚拟国际再保险公司时，该公司破产将对中国保险市场产生巨大冲击，当其数量增加时，任何一家公司破产的影响则会显著降低；最后，通过在完全分散型市场基础上加入直接保险公司的业务分出选择偏好分析，发现在相对集中型市场下，再保险公司传染效应的直接冲击力减弱，但是间接传染性增强。

基于分保偏好和风险组合冲击的保险市场系统性风险度量研究发现：第一，直接保险公司破产一般不会通过承保业务引发风险传染，而再保险公司由于再保险业务转移关系密集，通常是风险传染的主要源头；第二，分出保费占比较高的小型直接保险公司和部分再保险公司风险防御能力有限，具有系统脆弱性，极易被风险传染；第三，在信用风险和流动性风险双重冲击下风险传染的范围与程度要大于单一信用风险冲击，需特别关注"退保潮"和"续保难"造成的流动性冲击。

基于消费者信心的保险市场系统性风险度量研究发现：第一，巨灾等外生冲击不仅直接增加保险公司的理赔压力，还可能通过流动性危机动摇投保人的信心，导致退保行为增加，因此在面对不同程度的危机时，退保率可能会突然跃升，形成"临界跳跃点"；第二，当退保率激增，保险公司的资金不足以应对退保需求时，可能引发更广泛的恐慌，进一步导致挤兑风险，最终危及公司的经营稳定，即投保人的退保行为可能放大系统性风险的传染效应；第三，保险公司通过撤回部分投资资金等措施来应对流动性不足风险，而过度撤回投资可能触发投保人更大规模的退保行为，因此，保险公司在进行资产配置时需要综合考虑退保率变化的临界点和斜率。

基于跨行业因果关联性的保险机构与其他金融机构系统性风险度量研究：第一，一般市场下，保险机构与其他金融机构的联系会随着我国保险市场的不断发展壮大而愈发紧密，其中银行部门与保险部门关联度最高；第二，极端市场下，保险部门在熊市时比在牛市时对其他金融机构有更显著的格兰杰联系，这也意味着，在对我国保险机构进行监管时，逆周期监管在理论上是具有实践价值的；第三，在进行系统重要性评估时发现，中国平安的系统重要性最强，其次是中国人寿、太平保险和中国财险，最后是中国太保，而保险市场这种系统重要性的排列方式与保险公司的规模大小呈现正向的相关关系。

基于风险溢出性的保险机构与银行机构系统性风险度量研究发现：第一，我国银行体系内部具有明显的正向风险溢出效应，即某家银行面临危机时，其风险可能会传导至其他银行，其中大型国有银行在风险传导中占据重要位置，同时也具有较强的风险抵御能力，而股份制银行和城商行的风险传导效应较弱，但其自身的抗风险能力仍需提升；第二，商业银行发生危机时容易将风险扩散至保险机构，且中国银行等大型国有银行较股份制银行会产生更强的风险溢出；第三，保险机构也会对商业银行产生风险溢出效应，但相较于银行对保险机构的风险溢出，保险机构对银行的风险溢出较为有限，影响程度较低，此外，与银行体系内部相似，不同银行抵御风险溢出的能力存在一定差异，大型国有银行能够更好地应对来自保险机构的风险冲击。

基于跨境传染的保险市场系统性风险度量研究发现：第一，全球保险系统在熊市比在牛市下具有更加紧密的格兰杰因果关联，即系统性风险在全球保险系统处于熊市时更容易爆发；第二，不同洲际的系统重要性保险机构在全球范围内的影响力及其在不同市场条件下的表现不同，具体而言，北美洲的系统重要性保险机构对其他大洲格兰杰影响力最强，并且其影响力在熊市下显著增强，欧洲的系统重要性保险机构也具有较强的全球影响力，但其在牛市和熊市之间的差异不明显，亚洲的系统重要性保险机构格兰杰影响力最弱，并且亚洲与大洋洲的保险机构更多处于受外部影响的状态，最容易受到其他大洲的格兰杰影响。

基于我国上市保险公司内部风险溢出性的系统性度量研究发现：第一，中国太平、中国太保、新华保险、中国平安以及中国人寿这五家上市保险公司系统性风险的溢出情况具有相似的变动趋势，整体上看系统性风险在2008

年金融危机后波动下降并逐渐趋于稳定，但仍易受市场和外部环境变化的冲击，如 2015 年遭遇股市剧烈波动而重新上升；第二，系统性风险溢出值 $\Delta CoVaR$ 和保险机构自身的风险值 VaR 之间具有显著的正相关关系，也即是说，单个保险机构自身的风险越高，系统性风险的溢出效应越强；第三，保险机构系统性风险预测模型结果表明，保险机构当前的系统性风险与 VaR、杠杆率、保费收入增长率、股价净值比、股价波动率显著正相关。

## 11.2　政　策　建　议

本书基于系统性风险传染效应视角，按照风险的传播渠道将保险市场系统性风险的传染效应划分为承保业务传播、保险消费者信心传播、跨境传播以及跨行业传播四个方面，来对保险市场的系统性风险进行识别、度量和评估，相关结论揭示了保险市场系统稳定性的情况以及核心影响因素，也为政府部门监管以及保险公司治理提供了新思路。基于此，本书结合前文研究结论，从再保险业务的监管、系统重要性保险机构的识别、消费者信心的维护、逆周期监管机制的构建、跨行业传染效应的预防、发达保险市场跨境传染风险的防范以及单个保险机构的差异化监管等角度提出政策建议，以期在促进全球以及新兴保险市场发展的同时，实现我国保险市场的健康发展，具体而言，包括以下七个方面。

### 11.2.1　加强对再保险业务关联风险的监管

由于境内外的再保险公司具有系统重要性，一旦再保险公司出现危机，将迅速波及多家保险公司，导致整个保险行业的财务和经营压力骤增，甚至可能引发系统性风险，因此强化对再保险业务关联风险的监管必不可少。

从监管当局角度出发，监管部门需要针对再保险业务加强“特殊”监管力度，在风险诱导因素产生之前就进行预防，并在风险传染过程中采取及时干预措施。同时，为防范由再保险业务的全球性特点造成的监管漏洞，跨境监管合作显得尤为重要。各国监管机构应加强沟通与合作，共同制定跨境监管标准和规则，建立信息共享机制，以便及时了解和掌握跨境再保险业务的风险状况。以便在境外再保险公司出现危机时，能够迅速反应并协同应对，防止风险跨境转移或扩散。

从保险公司内部经营角度出发，保险公司应谨慎选择再保险工具，避免业务过度集中，平衡内部风险分散与外部风险传染的关系。在选择再保险合作方时，在考量公司规模和偿付能力等经营指标基础上，注意关注经营稳健良好的中小型再保险公司，防止风险集中于少数大型（再）保险公司。再保险公司则需将稳健经营放在首位，确保公司经营安全，避免自身成为系统性风险的源头。

## 11.2.2　加强对系统重要性保险机构的识别与管控

美国国际集团濒临破产，促使学术界和监管机构重新评估保险公司自身变得具有系统重要性的可能性。2023 年 10 月，中国人民银行与国家金融监督管理总局发布了《系统重要性保险公司评估办法》，强调对系统重要性保险公司进行差异化监管，以降低其发生重大风险的可能性。因此，正确识别系统重要性保险机构并加强管控，对于防范保险市场系统性风险具有重要意义。根据本书的研究结果，首先，我们应当意识到大型直接保险公司位于再保险业务转移关系密集的区域，也是可能导致市场系统性风险的重要机构，监管部门需要针对这些大型直接保险公司的再保险业务关联风险进行必要的监管，将风险扼杀于萌芽状态。其次，分出保费占比较高的小型直接保险公司，以及依赖转分保业务的再保险公司，因自身风险防御能力较弱，易受到再保险分入方（如上一级再保险公司）破产危机的冲击。这些公司需提升抗风险能力，并权衡再保险所产生风险的正负效应，合理进行再保险安排。最后，考虑到规模是评估系统重要性的重要指标，监管部门应加强对大型保险公司的监管，制定层次化、针对性的风险监管制度。同时保险公司要树立规模与效益并重的理念，避免盲目追求规模扩张而忽视效益和风险管理，争取在实现整体化风险管理的同时，精细化控制主要风险源和环节。

### 11.2.3 重视消费者信心的维护

保险公司主要通过收取保费来承担未来的赔付责任，具有负债经营的特性。一旦客户对保险公司的偿付能力或信誉产生怀疑，可能会集中要求退保，保险公司若无法在短时间内满足大量的资金需求，就会引发严重的流动性危机。为了防止陷入恶性"羊群效应"，保险公司必须专注于提升服务质量和效率，树立良好形象，以增强客户信任，降低流动性冲击风险。与此同时，投保人的行为对于保险公司的系统性风险传染效应具有一定的放大作用，因此，退保率也是影响系统性风险的一大因素，然而，传统系统风险监管方式仅从保险公司的角度出发控制风险，可能会导致保险市场中的投保人由于对保险公司丧失信心，而造成大规模的退保"挤兑"，并引发严重的系统性风险。所以，从传统微观审慎监管角度出发，监管部门应全面考量，不仅要监督公司治理，还需密切监测退保率变化，并通过财务支持或信用担保等措施重建市场信心，防止系统性风险的蔓延。

此外，在面临流动性不足的情况下，保险公司可通过减少投资、股东增资或外部融资等方式弥补资金缺口，这种应对方式尽管能减轻投保人对风险传染的放大作用，却也可能意外引发退保潮。因此，保险公司应在确保偿付能力的基础上，结合退保率的变化特点，优化资产配置，平衡利益最大化与风险控制，减少投保人行为对系统性风险的负面影响。

### 11.2.4 构建恰当的逆周期监管机制

我国上市保险机构的经营情况与经济周期情况密切相关，不同机构的系统性风险溢出情况在变动趋势上也存在相似之处，这是符合现实情况的。传统的风险度量方法存在顺周期性，即在经济上升期可能低估风险，在下行期则高估风险，而采用 Forward – $\Delta$CoVaR 方法并通过半年度数据进行预测，能够在经济繁荣期适度增加防范措施，在经济下行期防止过度反应，从而更准确地评估保险机构的系统性风险，有助于开展逆周期的宏观审慎监管。保险部门在熊市时比在牛市时对其他金融机构有更显著格兰杰联系的研究结论也为我国对保险机构进行逆周期监管提供了新思路。具体而言，保险机构可效仿第三版《巴塞尔协议》的做法，即在经济过热时要求增加资本金，建立资本缓冲机制。除了资本金外，保险机构的保险准备金也可以作为逆周期监管工具。在经济过热时，提高准备金要求，抑制投机行为；在经济衰退时，适度降低准备金要求，减缓资金撤出资本市场的速度，减轻对其他金融部门的冲击。最后，对保险机构进行逆周期监管还必须配合一定的会计准则的改变，比如计量交易性金融资产时公允价值的确定方法和准备金评估提取的规则等。

### 11.2.5 加强对保险机构与银行业往来关联业务的监管力度

随着我国保险市场的发展，保险机构与银行业的关联日益紧密，增加了系统性风险扩散的可能性。特别是在金融混业经营的趋势下，银保合作频繁，资本和业务联系加深，一旦商业银行发生系统性风险，其影响可能迅速扩散至保险行业，进而波及整个金融系统。因此需要强化保险公司与银行之间的关联业务监管。

首先，建立跨部门监管协调机制。在央行、金管局和地方监管机构之间建立常态化沟通机制，促进各金融领域的监管数据实现互通互联，提升风险预警的及时性；对于跨行业、跨区域的金融集团，建议实施"联合监管"，制定跨部门联合检查方案，精准掌握金融集团的业务结构和风险状况。

其次，重视银保业务的关联性管理。对银保合作中的复杂金融产品，例如"银行代理保险销售"或"保险资金委托贷款"等，需设立明确的准入标准与披露要求，确保相关业务的透明度和合规性；同时强化风险传导分析，构建银保业务之间的风险关联监测体系，实时追踪在市场波动或突发事件中，风险如何在两类机构之间扩散，以便采取预防性措施。

最后，加强资产负债表的稳健性要求。对商业银行，需持续关注其不良资产率、贷款集中度及资本充足率，尤其对高风险贷款业务实施严格限额管理；对保险公司，监管部门应优化偿付能力监管框架，既要确保资本的安全性，也需考虑业务增长和市场波动中的资产配置合理性；同时推动银保双方加强内部风险控制与合规管理，明确关联业务中的资产负债比例要求，防止在系统性风险爆发时出现大规模流动性缺口。

### 11.2.6　加强对关注发达保险市场跨境传染风险的防范

欧洲与北美洲的保险机构凭借其悠久的发展历史与相对完善的体系，在全球保险市场中占据主导地位，具有较大的影响力。一旦这些市场的主要保险机构面临经营困境，系统性风险可能迅速跨境蔓延。因此，亚洲等新兴市场的保险机构应高度警惕，密切跟踪发达保险市场的动向，预先制定应对措施，防范全球风险传染。同时，由于亚洲保险机构发展程度相对不高，在国际市场中的影响力较小，容易受到发达国家保险机构的系统性风险波及。为此，提升亚洲保险机构的风险管理水平和国际竞争力是防范跨境风险传染的必经之路。亚洲保险公司需不断增强内部风险管理能力，建立健全的内控体系，提升监管的前瞻性与主动性；注重国际市场的拓展，提升在全球保险行业中的话语权，逐步扩大亚洲保险机构在国际市场中的影响力，不断促进业务拓展与风险防范协调发展。

在全球化背景下，各国保险监管机构还应加强跨境合作，建立高效的信息共享和应急联动机制，提升应对国际市场波动的反应能力，尤其是在发达经济体出现系统性风险时，及时获取信息，准确评估其对本地市场的影响。随着中国保险市场与全球经济的进一步融合，国内保险公司应在提升自身竞争力的同时增强国际市场适应能力，以"改革创新与风险防范"双轮驱动，推动在数字化转型、绿色保险等新兴领域取得领先地位；完善内部风险管理机制，构建国际化风险防控体系。

### 11.2.7　制定单个保险机构的差异化审慎监管方案

研究结论表明，保险机构的个体风险水平与其对整个市场系统性风险的影响具有相关性。不同的保险公司由于经营特点和市场定位的不同，面临的风险不同，保险公司的系统性风险溢出情况也因其股权结构、业务范围、保费收入增速、投资组合等多种因素而异。高频数据度量系统性风险溢出值时通常依赖于极端危机事件，然而这些极端事件发生的频率较低，因此用高频数据进行尾端风险度量可能会导致系统性风险被放大，降低测量的准确度。相较而言，基于公司自身特征数据（如经营状况、财务指标等）进行系统性风险评估更加稳健可靠。因此监管当局在宏观审慎监管的基础上，应针对不同保险公司独特的风险特征实施差异化的微观监管。例如，对于规模较大且业务复杂的保险公司，监管应重点关注其资本充足率、流动性管理以及业务集中度等问题，以防范其在系统性风险中起到放大作用。而对于中小型保险公司，监管则应注重提升其抗风险能力，确保其在金融市场中能够稳健经营。此外，监管机构应根据保险公司在系统性风险溢出中的角色和影响，动态调整监管要求，实施"分类监管"和"分层管理"，确保整个保险业在应对系统性风险时能够做到精准、有序和有效。

# 附　　录

表 10 – A1　　　　　中国平安1%和5%分位数水平下回归结果

| | 1%分位数水平 | | 5%分位数水平 | |
|---|---|---|---|---|
| | VaR | CoVaR | VaR | CoVaR |
| VaR | — | 0. 402 ***<br>(0. 022) | — | 0. 5 ***<br>(0. 045) |
| MR | 1. 718 **<br>(0. 813) | 0. 46 ***<br>(0. 04) | 1. 042 ***<br>(0. 146) | 0. 392 ***<br>(0. 08) |
| MRV | − 9. 108 **<br>(4. 038) | − 0. 616 ***<br>(0. 154) | − 2. 249 ***<br>(0. 724) | − 0. 228<br>(0. 308) |
| ML | 1. 053<br>(5. 31) | − 0. 291<br>(0. 202) | 0. 486<br>(0. 952) | 0. 285<br>(0. 404) |
| RC | − 4. 092<br>(17. 465) | 2. 382 ***<br>(0. 663) | − 2. 23<br>(3. 13) | 1. 105<br>(1. 326) |
| CS | − 7. 311<br>(33. 122) | 3. 606 ***<br>(1. 257) | − 3. 417<br>(5. 937) | − 2. 705<br>(2. 515) |
| $MR_{t-1}$ | 0. 102<br>(0. 818) | − 0. 287 ***<br>(0. 031) | 0. 082<br>(0. 147) | − 0. 113 *<br>(0. 063) |
| $MRV_{t-1}$ | 1. 337<br>(3. 968) | − 0. 209<br>(0. 151) | − 0. 616<br>(0. 711) | − 0. 665 **<br>(0. 301) |
| $ML_{t-1}$ | 0. 349<br>(5. 223) | 0. 345 *<br>(0. 198) | − 0. 715<br>(0. 936) | − 0. 189<br>(0. 397) |
| $RC_{t-1}$ | 3. 638<br>(17. 472) | 2. 195 ***<br>(0. 664) | 2. 597<br>(3. 132) | − 0. 159<br>(1. 329) |
| $CS_{t-1}$ | 7. 706<br>(32. 934) | − 2. 884 **<br>(1. 25) | 3. 965<br>(5. 903) | 3. 077<br>(2. 5) |

|  | 1%分位数水平 | | 5%分位数水平 | |
| --- | --- | --- | --- | --- |
|  | VaR | CoVaR | VaR | CoVaR |
| C | −5.975<br>(16.334) | −5.679***<br>(0.62) | −3.574<br>(2.928) | −2.905**<br>(1.241) |
| $R^2$ | 0.4025 | 0.7732 | 0.353 | 0.6858 |
| N | 637 | 637 | 637 | 637 |

注:(1) *、**、*** 分别表示10%、5%、1%的显著性水平下显著;(2) 估计系数下方括号内数值为标准差。

表10-A2　　　　中国太保1%和5%分位数水平下回归结果

|  | 1%分位数水平 | | 5%分位数水平 | |
| --- | --- | --- | --- | --- |
|  | VaR | CoVaR | VaR | CoVaR |
| VaR | — | 0.366**<br>(0.16) | — | 0.457***<br>(0.05) |
| MR | 0.958***<br>(0.312) | 0.827***<br>(0.249) | 1.085***<br>(0.076) | 0.481***<br>(0.078) |
| MRV | −1.567<br>(1.548) | −3.039***<br>(0.86) | −0.752**<br>(0.378) | −0.972***<br>(0.269) |
| ML | 0.571<br>(2.035) | −0.268<br>(1.131) | −0.037<br>(0.497) | 0.243<br>(0.354) |
| RC | 0.816<br>(6.694) | −0.159<br>(3.733) | 1.596<br>(1.634) | 1.335<br>(1.168) |
| CS | −6.981<br>(12.696) | 7.784<br>(7.057) | −2.366<br>(3.099) | −0.299<br>(2.208) |
| $MR_{t-1}$ | −0.105<br>(0.313) | −0.195<br>(0.176) | −0.179**<br>(0.077) | −0.094*<br>(0.055) |
| $MRV_{t-1}$ | −0.361<br>(1.521) | −1.533<br>(0.847) | −0.841**<br>(0.371) | −0.054<br>(0.265) |
| $ML_{t-1}$ | −1.296<br>(2.002) | 0.687<br>(1.113) | 0.291<br>(0.489) | −0.183<br>(0.348) |

续表

|  | 1%分位数水平 | | 5%分位数水平 | |
| :---: | :---: | :---: | :---: | :---: |
|  | VaR | CoVaR | VaR | CoVaR |
| $RC_{t-1}$ | -0.955<br>(6.697) | 1.687<br>(3.724) | -0.251<br>(1.635) | -0.287<br>(1.165) |
| $CS_{t-1}$ | 7.605<br>(12.624) | -7.889<br>(7.017) | 3.022<br>(3.081) | 0.606<br>(2.196) |
| C | -6.064<br>(6.261) | -0.406<br>(3.479) | -6.325 ***<br>(1.528) | -2.492<br>(1.089) |
| $R^2$ | 0.4846 | 0.683 | 0.4315 | 0.6628 |
| N | 637 | 637 | 637 | 637 |

注：（1）＊、＊＊、＊＊＊分别表示10%、5%、1%的显著性水平下显著；（2）估计系数下方括号内数值为标准差。

表 10 - A3　　　　　　中国人寿1%和5%分位数水平下回归结果

|  | 1%分位数水平 | | 5%分位数水平 | |
| :---: | :---: | :---: | :---: | :---: |
|  | VaR | CoVaR | VaR | CoVaR |
| VaR | — | 0.561 ***<br>(0.136) | — | 0.572 ***<br>(0.049) |
| MR | 1.024 ***<br>(0.081) | 0.517 **<br>(0.218) | 0.988 ***<br>(0.066) | 0.355 ***<br>(0.078) |
| MRV | -0.496<br>(0.401) | -2.877 ***<br>(0.737) | -1.171 ***<br>(0.326) | -0.855 ***<br>(0.264) |
| ML | 0.99 *<br>(0.527) | 0.0361<br>(0.964) | 0.882 **<br>(0.428) | 0.079<br>(0.345) |
| RC | 1.797<br>(1.735) | -0.767<br>(3.183) | 2.574 *<br>(1.409) | 0.454<br>(1.139) |
| CS | -3.714<br>(3.29) | 0.086<br>(6.018) | -4.263<br>(2.673) | -1.29<br>(2.154) |
| $MR_{t-1}$ | -0.225 ***<br>(0.081) | -0.044<br>(0.15) | -0.202 ***<br>(0.066) | -.0079<br>(0.054) |

续表

| | 1%分位数水平 | | 5%分位数水平 | |
|---|---|---|---|---|
| | VaR | CoVaR | VaR | CoVaR |
| $MRV_{t-1}$ | −1.445*** (0.394) | 0.608 (0.721) | −0.914*** (0.32) | −0.212 (0.258) |
| $ML_{t-1}$ | −0.858* (0.519) | 0.173 (0.948) | −1.067** (0.422) | 0.108 (0.339) |
| $RC_{t-1}$ | −1.515 (1.735) | 1.612 (3.173) | −3.114** (1.41) | 0.051 (1.136) |
| $CS_{t-1}$ | 4.072 (3.271) | −0.749 (5.985) | 4.4* (2.658) | 1.244 (2.142) |
| C | −5.726*** (1.622) | 0.895 (2.972) | −3.066** (1.318) | −0.617 (1.064) |
| $R^2$ | 0.5964 | 0.7274 | 0.4612 | 0.7229 |
| N | 637 | 637 | 637 | 637 |

注：（1）*、**、***分别表示10%、5%、1%的显著性水平下显著；（2）估计系数下方括号内数值为标准差。

表10 – A4　　　　新华保险1%和5%分位数水平下回归结果

| | 1%分位数水平 | | 5%分位数水平 | |
|---|---|---|---|---|
| | VaR | CoVaR | VaR | CoVaR |
| VaR | — | 0.13 (0.08) | — | 0.26*** (0.079) |
| MR | 1.757*** (0.281) | 0.955*** (0.16) | 1.283*** (0.181) | 0.613*** (0.157) |
| MRV | −0.94 (1.364) | −3.971*** (0.569) | −1.031 (0.88) | −0.511 (0.557) |
| ML | −0.513 (1.47) | 0.889 (0.614) | 0.467 (0.949) | 0.492 (0.602) |
| RC | 5.488 (4.902) | −1.417 (2.053) | 6.057* (3.164) | 0.129 (2.012) |

续表

|  | 1%分位数水平 | | 5%分位数水平 | |
|---|---|---|---|---|
|  | VaR | CoVaR | VaR | CoVaR |
| CS | −19. 152**<br>（9. 391） | 4. 526<br>（3. 936） | −9. 288<br>（6. 06） | −0. 253<br>（3. 858） |
| $MR_{t-1}$ | −0. 772***<br>（0. 281） | −0. 055<br>（0. 121） | −0. 647***<br>（0. 181） | −0. 039<br>（0. 118） |
| $MRV_{t-1}$ | −0. 011<br>（1. 335） | −0. 05<br>（0. 558） | −0. 911<br>（0. 862） | −0. 912*<br>（0. 547） |
| $ML_{t-1}$ | 1. 259<br>（1. 428） | −0. 377<br>（0. 596） | −0. 963<br>（0. 922） | −0. 496<br>（0. 584） |
| $RC_{t-1}$ | 8. 9*<br>（4. 952） | −0. 751<br>（2. 071） | 0. 991<br>（3. 196） | 0. 584<br>（2. 03） |
| $CS_{t-1}$ | 17. 461*<br>（9. 399） | −3. 108<br>（3. 944） | 10. 181*<br>（6. 066） | −0. 021<br>（3. 866） |
| C | −3. 055<br>（8. 027） | −7. 558**<br>（3. 345） | −6. 323<br>（5. 18） | −0. 037<br>（3. 278） |
| $R^2$ | 0. 4316 | 0. 6816 | 0. 3856 | 0. 5425 |
| N | 436 | 436 | 436 | 436 |

注：（1）＊、＊＊、＊＊＊分别表示10%、5%、1%的显著性水平下显著；（2）估计系数下方括号内数值为标准差。

表 10 – A5　　　　　中国太平1%和5%分位数水平下回归结果

|  | 1%分位数水平 | | 5%分位数水平 | |
|---|---|---|---|---|
|  | VaR | CoVaR | VaR | CoVaR |
| VaR | — | 0. 048<br>（0. 071） | — | 0. 085<br>（0. 03） |
| MR | 1. 133**<br>（0. 533） | 1. 106***<br>（0. 142） | 0. 958***<br>（0. 15） | 0. 864<br>（0. 061） |

续表

| | 1%分位数水平 | | 5%分位数水平 | |
| :---: | :---: | :---: | :---: | :---: |
| | VaR | CoVaR | VaR | CoVaR |
| MRV | −2.732<br>(2.65) | −3.402***<br>(0.643) | −1.686**<br>(0.744) | −1.047<br>(0.273) |
| ML | 0.811<br>(3.485) | 0.856<br>(0.846) | −0.906<br>(0.979) | 0.701<br>(0.359) |
| RC | 3.077<br>(11.463) | 0.391<br>(2.781) | 2.512<br>(3.222) | 2.264<br>(1.18) |
| CS | −10.486<br>(21.741) | 1.651<br>(5.282) | −8.631<br>(6.111) | −0.399<br>(2.244) |
| $MR_{t-1}$ | 0.672<br>(0.536) | −0.014<br>(0.13) | −0.037<br>(0.151) | −0.202<br>(0.055) |
| $MRV_{t-1}$ | −1.848<br>(2.604) | 0.305<br>(0.636) | −1.881**<br>(0.732) | −0.802<br>(0.27) |
| $ML_{t-1}$ | 0.56<br>(3.428) | −0.217<br>(0.833) | 0.942<br>(0.963) | −0.866<br>(0.353) |
| $RC_{t-1}$ | 0.768<br>(11.468) | 2.281<br>(2.783) | 0.839<br>(3.223) | 0.745<br>(1.182) |
| $CS_{t-1}$ | 12.478<br>(21.617) | −1.323<br>(5.249) | 8.579<br>(6.076) | 1.279<br>(2.231) |
| C | −16.287<br>(10.721) | −4.894*<br>(2.607) | −3.694<br>(3.013) | −4.582<br>(1.107) |
| $R^2$ | 0.2198 | 0.6321 | 0.2249 | 0.5467 |
| N | 637 | 637 | 637 | 637 |

注：（1）*、**、***分别表示10%、5%、1%的显著性水平下显著；（2）估计系数下方括号内数值为标准差。

# 参 考 文 献

[1]"巴塞尔协议Ⅲ对我国保险监管的借鉴和启示"课题组.保险监管核心原则的新变化及其启示 [J].金融发展评论,2012 (2):30-39.

[2]白雪梅,石大龙.中国金融体系的系统性风险度量 [J].国际金融研究,2014 (6):75-85.

[3]包全永.银行系统性风险的传染模型研究 [J].金融研究,2015 (8):72-84.

[4]卜林,李政.我国上市金融机构系统性风险溢出研究——基于Co-VaR和MES的比较分析 [J].当代财经,2015 (6):55-65.

[5]陈华.基于安全的中国保险行业系统性风险研究 [J].保险研究,2008 (3):52-55.

[6]陈华,宁定宸.保险业与系统性风险:研究进程与争议回顾 [J].财经理论与实践,2020,41 (1):9-16.

[7]陈建青,王擎,许韶辉.金融行业间的系统性金融风险溢出效应研究 [J].数量经济技术经济研究,2015,32 (9):89-100.

[8]陈志帮.金融机构接管法律措施研究 [D].武汉:华中科技大学,2019.

[9]董青马.开放条件下银行系统性风险生成机制研究 [M].北京:中国金融出版社,2010.

[10]范小云.金融结构变革中的系统性风险分析 [J].经济学动态,2002 (12):21-25.

[11]范小云,王道平,方意.我国金融机构的系统性风险贡献测度与监管——基于边际风险贡献与杠杆率的研究 [J].南开经济研究,2011 (4):

3 – 20.

[12] 方蕾，粟芳．中国保险业系统性风险的存在性研究——基于动态均衡模型的视角 [J]．保险研究，2018（11）：17 – 28.

[13] 冯占军．日本保险公司破产风潮及启示 [J]．当代亚太，2005（7）：50 – 54.

[14] 高波，任若恩．基于 Granger 因果网络模型的金融机构系统重要性评估 [J]．管理评论，2013，25（6）：3 – 10，58.

[15] 高国华，潘英丽．银行系统性风险度量——基于动态 CoVaR 方法的分析 [J]．上海交通大学学报，2011，45（12）：1753 – 1759.

[16] 宫晓莉，熊熊，张维．我国金融机构系统性风险度量与外溢效应研究 [J]．管理世界，2020，36（8）：65 – 83.

[17] 宫晓琳．宏观金融风险联动综合传染机制 [J]．金融研究，2012（5）：56 – 69.

[18] 郭金龙，赵强．保险业系统性风险文献综述 [J]．保险研究，2014（6）：41 – 52.

[19] 郭金龙，周华林．保险业的潜在系统性风险 [J]．中国金融，2016（6）：80 – 82.

[20] 郭金龙，周华林．保险业系统性风险及其管理的理论和政策研究 [M]．北京：社会科学文献出版社，2016.

[21] 韩浩，王向楠，刘璐．保险业系统性风险及对相关行业的溢出效应研究 [J]．保险研究，2020（7）：31 – 48.

[22] 黄佳．我国保险业系统性风险测度与分析 [D]．厦门：厦门大学，2019.

[23] 贾彦东．金融机构的系统重要性分析——金融网络中的系统风险衡量与成本分担 [J]．金融研究，2011（10）：17 – 33.

[24] 李培育．再保险的国际化战略 [J]．中国金融，2011（14）：41 – 43.

[25] 李政，梁琪，涂晓枫．我国上市金融机构关联性研究——基于网络分析法 [J]．金融研究，2016（8）：95 – 110.

[26] 李芝瑛，饶海琴．新经济环境下系统性风险产生原因的思考 [J]．生产力研究，2014 (2)：35 – 39.

[27] 李志辉，樊莉．中国商业银行系统性风险溢价实证研究 [J]．当代经济科学，2011 (11)：13 – 20.

[28] 廖凡．系统重要性金融机构国际监管的发展与趋势 [J]．国际经济法学刊，2013，20 (1)：231 – 249.

[29] 林斌．欧盟保险监管体系研究 [J]．金融纵横，2016 (2)：8 – 14.

[30] 林鸿灿，刘通，张培园．保险机构系统性风险溢出效应的实证研究——基于 AR – GARCH – CoVaR 模型 [R]．北大赛瑟（CCISSR）论坛文集，2012.

[31] 刘超，刘彬彬．金融机构尾部风险溢出效应——基于改进非对称 CoVaR 模型的研究 [J]．统计研究，2020 (12)：58 – 74.

[32] 刘璐，韩浩．我国保险市场与银行市场间的风险溢出效应研究——基于上市银行和保险公司的实证分析 [J]．保险研究，2016 (12)：3 – 14.

[33] 刘璐，王超．保险公司业务与系统性风险成因研究 [J]．长春大学学报，2019，29 (7)：7 – 13.

[34] 刘璐，王春慧．基于 DCC – GARCH 模型的中国保险业系统性风险研究 [J]．宏观经济研究，2016 (9)：90 – 99.

[35] 刘兴亚，王少群，陈敏．全球系统重要性保险机构的评估方法和政策措施 [J]．金融发展评论，2013 (9)：94 – 97.

[36] 刘志洋，孟祥璐．基于 SJC – Vine – Copula 函数的保险业上市公司风险的关联度研究——系统性风险的视角 [J]．保险职业学院学报，2019，33 (4)：26 – 33.

[37] 刘志洋．中国金融业系统性风险分析——基于金融业态关联性视角 [J]．金融发展研究，2019 (12)：22 – 29.

[38] 陆静，胡晓红．基于条件在险价值法的商业银行系统性风险研究 [J]．科技与经济，2014 (4)：25 – 42.

[39] 陆思婷，粟芳．保险公司间的承保风险关联性：共同风险暴露还

是再保险联系 [J]. 金融经济学研究, 2023 (5): 75 – 96.

[40] 陆思婷, 粟芳. 保险业承保风险引致系统性风险的复杂网络分析——基于寿险业与财险业的比较 [J]. 财经论丛, 2022 (4): 46 – 56.

[41] 马君潞, 范小云, 曹元涛. 中国银行间市场双边传染的风险估测及其系统性特征分析 [J]. 经济研究, 2007 (1): 68 – 78, 142.

[42] 苗文龙. 金融危机与金融市场间风险传染效应——以中、美、德三国为例 [J]. 中国经济问题, 2013 (3): 89 – 99.

[43] 苗永旺, 王亮亮. 金融系统性风险与宏观审慎监管研究 [J]. 国际金融研究, 2010 (8): 59 – 68.

[44] 牛晓健, 吴新梅. 基于复杂网络的再保险市场系统性风险研究 [J]. 保险研究, 2019 (3): 48 – 62.

[45] 欧阳越秀, 严奕杨, 李夏晴. 我国财产保险公司偿付能力风险管理问题研究——基于内控视角及灰色关联分析法 [J]. 保险研究, 2019 (2): 16 – 27.

[46] 潘铭玥, 马小龙. 风险溢出、风险传染与保险机构的系统性风险研究 [J]. 湖州师范学院学报, 2020, 42 (4): 88 – 96.

[47] 任春生. 我国保险资金运用改革发展 40 年: 回顾与展望 [J]. 保险研究, 2018 (12): 29 – 33.

[48] 赛铮. 保险系统性风险的风险溯源与监管创新 [J]. 财经理论与实践, 2019, 40 (5): 34 – 39.

[49] 单鹏, 解强. 基于保险公司偿付能力管理的利率风险情景生成实证分析 [J]. 保险研究, 2013 (10): 119 – 127.

[50] 邵萌. 安邦保险落幕 [J]. 法人, 2020 (10): 63 – 65.

[51] 沈悦, 戴士伟, 罗希. 中国金融业系统性风险溢出效应测度——基于 GARCH – Copula – CoVaR 模型的研究 [J]. 当代经济科学, 2014, 36 (6): 30 – 38, 123.

[52] 粟芳, 谭中. 中国与世界保险市场的联动性研究——寿险与财险市场的比较 [J]. 保险研究, 2012 (8): 20 – 28.

[53] 孙正华. 日本寿险业破产潮危机对我国的借鉴和启示 [J]. 上海保

险，2018（4）：14 –17.

[54] 完颜瑞云，锁凌燕 . 保险公司与系统性风险的中国视角：理论与实证 [J]. 保险研究，2018（11）：3 –16.

[55] 王丽珍，李秀芳，郑苏晋 . 基于分保偏好和风险组合冲击的财产保险市场系统性风险传染性研究 [J]. 中国软科学，2017（4）：41 –53.

[56] 王丽珍 . 中国保险业系统性风险再保险业务传染效应研究 [J]. 当代经济科学，2015，37（5）：1 –10，124.

[57] 王培辉，尹成远，袁薇 . 我国保险业系统性风险溢出效应研究——基于时变 Copula – CoVaR 模型 [J]. 南方金融，2017（2）：14 –24.

[58] 王稳，田满霞 . 我国寿险公司治理效率评价的实证研究 [J]. 保险研究，2020（12）：3 –17.

[59] 王稳，张运智 . 基于新实证产业组织范式的我国保险市场竞争度检验 [J]. 保险研究，2014（11）：56 –69.

[60] 王向楠，王超 . 保险系统性风险及其监管：文献述评 [J]. 金融评论，2018，10（2）：111 –121，126.

[61] 王耀东，冯燕，周桦 . 保险业在金融系统性风险传染路径中起到"媒介"作用吗？——基于金融市场尾部风险传染路径的实证分析 [J]. 中国管理科学，2021，29（5）：14 –24.

[62] 王永巧，胡浩 . 基于时变参数 Copula 的 $\Delta$CoVaR 度量技术 [J]. 统计应用研究，2012（6）：51 –54.

[63] 魏家齐 . 日本寿险业历史沿革概述、分析及启示 [J]. 浙江万里学院学报，2017，30（4）：1 –6.

[64] 温博慧，李向前，袁铭 . 中国非银行金融机构系统重要性再评估——基于风险倍率扩增综合指标 [J]. 国际金融研究，2014（10）：53 –63.

[65] 吴辉 . 安邦变大家，保单会受影响吗 [J]. 理财，2019（8）：44 –45.

[66] 肖璞，刘轶，杨苏梅 . 相互关联性、风险溢出与系统重要性银行识别 [J]. 金融研究，2012（12）：96 –106.

[67] 肖崎. 金融体系的变革与系统性风险的累积 [J]. 国际金融研究, 2010 (8): 53 – 58.

[68] 谢福座. 基于 CoVaR 方法的金融风险溢出效应研究 [J]. 金融发展研究, 2010 (6): 59 – 63.

[69] 谢雯. 我国民营保险类金融集团的经营风险研究 [D]. 南昌: 江西师范大学, 2019.

[70] 谢远涛, 蒋涛, 杨娟. 基于尾部依赖的保险业系统性风险度量 [J]. 系统工程理论与实践, 2014, 34 (8): 1921 – 1931.

[71] 谢志刚. 系统性风险与系统重要性: 共识和方向 [J]. 保险研究, 2016 (7): 25 – 34.

[72] 邢天才, 宋晓彤, 李孝溢. 重大灾害冲击、资产抛售与保险系统性风险 [J]. 运筹与管理, 2023 (7): 149 – 155.

[73] 熊婧, 汤薇. 保险业务结构的同质化对财险业系统性风险的影响 [J]. 保险研究, 2021 (4): 43 – 61.

[74] 徐国祥, 吴婷, 王莹. 基于共同冲击和异质风险叠加传导的风险传染研究——来自中国上市银行网络的传染模拟 [J]. 金融研究, 2021 (4): 38 – 54.

[75] 徐华, 魏孟欣, 陈析. 中国保险业系统性风险评估及影响因素研究 [J]. 保险研究, 2016 (11): 3 – 15.

[76] 宣晓影, 全先银. 日本金融监管体制对全球金融危机的反应及原因 [J]. 中国金融, 2009 (17): 29 – 31.

[77] 杨琳. 国际保险业系统性风险、成因与对策 [J]. 中国保险, 2009 (3): 19 – 23.

[78] 杨文生, 张倩. 美国国际集团被接管的教训及对中国保险业的警示 [J]. 河南金融管理干部学院学报, 2009, 27 (1): 92 – 96.

[79] 杨扬, 徐汇. 金融市场银、证、保系统性风险传导和溢出效应研究——基于静、动态 CoVaR 模型分析 [J]. 区域金融研究, 2018 (12): 25 – 32.

[80] 杨子晖, 陈雨恬, 林师涵. 系统性金融风险文献综述: 现状、发

展与展望 [J]. 金融研究, 2022 (1): 185 - 206.

[81] 叶德亮. 保险机构系统性风险评估和防范研究 [D]. 泉州: 华侨大学, 2019.

[82] 殷克东, 任文菡, 肖游. 我国金融业内系统性风险溢出效应研究 [J]. 统计与决策, 2017 (1): 156 - 161.

[83] 尹成远. 日本人寿保险公司倒闭原因及对我国的启示 [J]. 日本问题研究, 2003 (1): 22 - 26.

[84] 尹继志. 后危机时代欧盟金融监管改革动向与评析 [J]. 南方金融, 2013 (5): 40 - 46.

[85] 尹秀艳. 日本人寿保险公司相继破产的原因及走向 [J]. 当代亚太, 2002 (2): 35 - 39.

[86] 袁馨蕾. 我国上市保险公司系统性风险评估 [D]. 武汉: 中南财经政法大学, 2020.

[87] 张金凤. 美国国际集团 (AIG) 危机案例分析 [J]. 时代金融, 2019, 732 (14): 112 - 113, 136.

[88] 张晓明, 任紫薇, 李欣雨, 等. 我国银行与保险经营同质化水平研究 [J]. 经济问题, 2019 (6): 73 - 82.

[89] 张晓朴. 系统性金融风险研究: 演进、成因与监管 [J]. 国际金融研究, 2010 (7): 58 - 67.

[90] 赵光毅. 保险领域的巴塞尔协议: 跨国保险集团监管共同框架 [J]. 中国金融, 2010 (21): 54 - 56.

[91] 赵桂芹, 吴洪. 保险体系的系统风险相关性评价: 一个国际视角 [J]. 保险研究, 2012 (9): 112 - 119.

[92] 赵新华, 徐永青. 日本保险业监管制度对我国的启示 [J]. 金融理论与实践, 2006 (3): 73 - 76.

[93] 郑伟. 2018 年中国保险业回眸与思考 [N]. 中国保险报, 2019 - 01 - 11 (004).

[94] 中国人寿保险 (集团) 公司财务课题组. 我国寿险行业系统性风险的评估、计量与防范 [J]. 金融会计, 2015 (7): 5 - 16.

［95］中华人民共和国中央人民政府. 中共中央印发《深化党和国家机构改革方案》［EB/OL］.（2018－03－21）. http：//www. gov. cn/zhengce/2018－03/21/content_5276191. htm#1.

［96］周天芸，杨子晖，余洁宜. 机构关联、风险溢出与中国金融系统性风险［J］. 统计研究，2014，31（11）：43－49.

［97］周天芸，周开国，黄亮. 机构集聚、风险传染与香港银行的系统性风险［J］. 国际金融研究，2012（4）：77－87.

［98］朱衡，卓志. 保险公司系统重要性识别及其影响因素研究——基于系统性风险敞口与贡献的视角［J］. 保险研究，2019（3）：3－16.

［99］朱南军，高子涵. 系统重要性保险机构的评估与监管——国际实践与中国探索［J］. 经济体制改革，2017（2）：150－156.

［100］朱南军，汪欣怡. 中国金融市场系统性风险的度量——基于分位数回归的 CoVaR 模型［J］. 上海金融，2017（5）：50－55.

［101］主父海英. 金融负外部性研究［D］. 辽宁：辽宁大学，2010.

［102］卓志，朱衡. 保险业系统性风险研究前沿与动态［J］. 经济学动态，2017（6）：109－120.

［103］邹奕格，陆思婷. 投资业务风险对保险业系统性风险的影响冲击［J］. 保险研究，2020（9）：34－51.

［104］邹奕格，粟芳. 保险公司的角色及影响因素分析——基于投资风险引致系统性风险的过程［J］. 中央财经大学学报，2022（2）：27－40，77.

［105］邹奕格，粟芳. 金融行业间的资产风险外溢影响［J］. 经济与管理研究，2022（2）：97－113.

［106］邹奕格，粟芳. 重大事件对保险业系统性风险的冲击研究［J］. 财经论丛，2020（8）：53－62.

［107］Acharya V，Engle R，Richardson M. Capital shortfall：A new approach to ranking and regulating systemic risks［J］. The American Economic Review，2012，102（3）：59－64.

［108］Acharya V V，Richardson M. Is the insurance industry systemically risky？［J］. Modernizing Insurance Regulation，2014：151－179.

［109］Acharya V V, et al. On the financial regulation of insurance companies ［M］. NYU Stern School of Business, Working Paper, 2009.

［110］Acharya V V, Pedersen L H, Philippon T, et al. Measuring systemic risk ［J］. The Review of Financial Studies, 2017, 30 （1）: 2 –47.

［111］Acharya V V. Systemic risk and macro-prudential regulation ［J/OL］. Unpublished working paper. http: //pages. stern. nyu. edu/ ~ sternfin/vacharya/public_html/ADB% 20Systemic% 20Risk% 20and% 20Macroprudential% 20Regulation, 2011.

［112］Adrian T, Brunnermeier M K. CoVaR ［J］. The American Economic Review, 2016, 106 （7）: 1705.

［113］Adrian T, Brunnermeier M K. CoVaR ［R］. NBER Working Paper, 2011, 17454.

［114］Aikman D, Alessandri P, Eklund B, et al. Funding Liquidity Risk in a Quantitative Model of Systemic Stability ［R］. Working Papers Central Bank of Chile, 2009 （15）: 371 –410.

［115］Allen F, Babus A, Carletti E. Financial crises: Theory and evidence ［J］. Annual Review of Financial Economics, 2009, 1 （1）: 97 –116.

［116］Allen F, Gale D. Financial contagion ［J］. Journal of political economy, 2000, 108 （1）: 1 –33.

［117］Andrieş A M, Ongena S, Sprincean N, Tunaru R. Risk spillovers and interconnectedness between systemically important institutions ［J］. Journal of Financial Stability, 2022, 58, 100963.

［118］Avdjiev S, Giudici P, Spelta A. Measuring contagion risk in international banking ［J］. Journal of Financial Stability, 2019, 42, 36 –51.

［119］Baluch F, Mutenga S, Parsons C. Insurance, systemic risk and the financial crisis ［J］. The Geneva Papers on Risk and Insurance – Issues and Practice, 2011, 36: 126 –163.

［120］Bartram S M, Brown G W, and Hund J E. Estimating systemic risk in the international financial System ［J］. Journal of Financial Economics, 2007, 86

(3): 835 – 869.

[121] Basel Committee. Global systemically important banks: Assessment methodology and the additional loss absorbency requirement [R]. Switzerland: Bank of International Settlements, 2011.

[122] Bell, M, B Keller. Insurance and Stability: The Reform of Insurance Regulation [R]. Zurich Financial Services Group (Zurich, Switzerland), 2009.

[123] Benoit S, Collettaz G, Hurlin C. A Theoretical and Empirical Comparison of Systemic Risk Measures: MES versus CoVaR [J]. Social Science Research Network, 2012.

[124] Benoit S, Colliard J E, Hurlin C and Perignon C. Where the risks lie: A survey on systemic risk [J]. Review of Finance, 2017.

[125] Benoit S, Colliard J E, Hurlin C, et al. Where the risks lie: A survey on systemic risk [J]. Review of Finance, 2017, 21 (1): 109 – 152.

[126] Berdin E, Sottocornola M. Insurance activities and systemic risk [J/OL]. Working Paper, 2015: 121.

[127] Berger L A, Cummins J D, Tennyson S. Reinsurance and the liability insurance crisis [J]. Journal of risk and Uncertainty, 1992, 5: 253 – 272.

[128] Bernal O, Gnabo J, Guilmin G. Assessing the contribution of banks, insurance and other financial services to systemic risk [J]. Journal of Banking and Finance, 2014 (47): 270 – 287.

[129] Bierth C, Irresberger F, Weiss G N. Systemic risk of insurers around the globe [J]. Journal of Banking and Finance, 2015 (55): 232 – 45.

[130] Billio M, et al. Econometric measures of connectedness and systemic risk in the finance and insurance sectors [J]. Journal of Financial Economics, 2012, 104 (3): 535 – 559.

[131] Bisias D, Flood M, Lo A W, et al. A survey of systemic risk analytics [J]. Annual Review of Financial Economics, 2012, 4 (1): 255 – 296.

[132] Blien U, Graef F. Entropieoptimierungsverfahren in der empirischen Wirtschaftsforschung/Entropy Optimization in Empirical Economic Research: Die

Ermittlung von Tabellen aus unvollständigen Informationen, dargestellt am Beispiel von Input – Output – Tabellen [J]. Jahrbücher für Nationalökonomie und Statistik, 1991, 208 (4): 399 – 413.

[133] Bobtcheff C, Chaney T, Gollier C. Analysis of systemic risk in the insurance industry [J]. The Geneva Risk and Insurance Review, 2016, 41: 73 – 106.

[134] Bongini P, Nieri L, Pelagatti M, et al. Curbing systemic risk in the insurance sector: A mission impossible? [J]. The British Accounting Review, 2017, 49 (2): 256 – 273.

[135] Brown E F. Will the federal insurance office improve insurance regulation [J]. U. Cin. L. Rev. , 2012, 81: 551.

[136] Brownlees C T, Engle R. Volatility, correlation and tails for systemic risk measurement [J]. Available at SSRN, 2012, 1611229.

[137] Brunnermeier M, Crockett A, Goodhart C A E, et al. The fundamental principles of financial regulation [M]. Geneva: ICMB, Internat. Center for Monetary and Banking Studies, 2009.

[138] Bullard J, Neely C J, Wheelock D C. Systemic risk and the financial crisis: A primer [J]. Federal Reserve Bank of St. Louis Review, 2009, 91: 403 – 418.

[139] Cao Y. Tail-risk interconnectedness in the Chinese insurance sector [J]. Research in International Business and Finance, 2023, 66, 102001.

[140] Carvalho J V F, Guimaraes A S. Systemic risk assessment using complexnetworks approach: Evidence from the Brazilian (re) insurance market [J]. Research in International Business and Finance, 2024, 67, Article 102065.

[141] Chang C W, Li X, Lin E M H, et al. Systemic risk, interconnectedness, and non-core activities in Taiwan insurance industry [J]. International Review of Economics and Finance, 2018, 55: 273 – 284.

[142] Chen F, Chen X, Sun Z, Yu T, and Zhong M. Systemic risk, financial crisis, and credit risk insurance [J]. Financial Review, 2013, 48 (3):

417 – 442.

［143］Chen H, Cummins J D, Sun T, Weiss M A. The reinsurance network among U. S. property-casualty insurers: Microstructure, insolvency risk, and contagion ［J］. Joural of Risk and Insurance, 2020, 87 (2): 253 – 284.

［144］Chen H, Cummins J D, Viswanathan K S, et al. Systemic risk and the interconnectedness between banks and insurers: An econometric analysis ［J］. Journal of Risk and Insurance, 2014, 81 (3): 623 – 652.

［145］Clemente G P, Cornaro A. Assessing systemic risk in the insurance sector via network theory ［J］. arXiv preprint arXiv: 2011. 11394, 2020.

［146］Cole C R, McCullough K A. A reexamination of the corporate demand for reinsurance ［J］. Journal of risk and Insurance, 2006, 73 (1): 169 – 192.

［147］Cummins J D and Weiss M A. Systemic Risk and the US Insurance Sector ［J］. Journal of Risk and Insurance, 2014, 81 (3): 489 – 528.

［148］Cummins J D, Weiss M A. Systemic risk and the insurance industry ［M］. New York: Springer, 2013: 745 – 793.

［149］Cummins J. Reinsurance for natural and man-made catastrophes in the United States: Current state of the market and regulatory reforms ［J］. Risk Management and Insurance Review, 2007, 10 (2): 179 – 220.

［150］De Bandt O, and Hartmann P. Systemic risk: A survey ［R］. ECB Working Paper, 2000.

［151］Drake P P, Neale F R, Schorno P J, et al. Risk during the financial crisis: The role of the insurance industry ［J］. Journal of Insurance Issues, 2017: 181 – 214.

［152］Drakos A A, Kouretas G P. Bank ownership, financial segments and the measurement of systemic risk: An application of CoVaR ［J］. International Review of Economics & Finance, 2015, 40: 127 – 140.

［153］Durante F, Foscolo E, Jaworski P, et al. A spatial contagion measure for financial time series ［J］. Expert Systems with Applications, 2014, 41 (8): 4023 – 4034.

[154] Eisenberg L, Noe T H. Systemic risk in financial systems [J]. Management Science, 2001, 47 (2): 236 – 249.

[155] Eling M, and Pankoke D. Systemic risk in the insurance sector: A review and directions for future research [J]. Risk Management and Insurance Review, 2016 (19): 249 – 284.

[156] Eling M, Pankoke D. Basis risk, procyclicality, and systemic risk in the Solvency II equity risk module [M]. School of Finance, University of St. Gallen, 2013.

[157] Eling M, Pankoke D. Systemic risk in the insurance sector-what do we know? University of St. Gallen [R]. School of Finance Working Papers, 2012.

[158] Elsinger H, Lehar A, Summer M. Risk assessment for banking systems [J]. Management Science, 2006, 52 (9): 1301 – 1314.

[159] Engle R, Jondeau E, Rockinger M. Systemic risk in Europe [J]. Review of Finance, 2015, 19 (1): 145 – 190.

[160] ESRB, Report on systemic risks in the EU insurance sector [R]. 2015.

[161] European Central Bank (ECB). Financial Networks and Financial Stability [J]. Financial Stability Review, 2010: 155 – 160.

[162] Financial Stability Board. Global Systemically Important Insurers and the Policy Measures that Will Apply to Them [S]. 2013.

[163] Freixas X, Parigi B M, Rochet J C. Systemic risk, interbank relations, and liquidity provision by the central bank [J]. Journal of Money, Credit and Banking, 2000, 32 (3): 611 – 638.

[164] FSB, IMF and BIS. Macroprudential Policy Tools and Frameworks [R]. 2011.

[165] Furfine C H. Interbank exposures: Quantifying the risk of contagion [J]. Journal of Money, Credit and Banking, 2003, 35 (1): 111 – 128.

[166] Gao B, and Ren R E. The topology of a causal network for the Chinese financial system [J]. Physica A: Statistical Mechanics and its Applications,

2013, 392 (13): 2965 – 2976.

[167] Garcia-Jorcano L, Sanchis-Marco L. Systemic-systematic risk in the financialsystem: A dynamic ranking based on expectiles [J]. International Review of Economics & Finance, 2021, 75: 330 – 365.

[168] Gauthier C, Souissi M. Understanding systemic risk in the banking sector: A macro-financial risk assessment framework [J]. Bank of Canada Review, 2012, 2012 (Spring): 29 – 38.

[169] Gehrig T, Iannino M C. Capital regulation and systemic risk in the insurance sector [J]. Journal of Financial Economic Policy, 2018, 10 (2): 237 – 263.

[170] Geneva Association. Systemic risk in insurance: An analysis of insurance and financial stability [J]. Special Report of the Geneva Association Systemic Risk Working Group, March, 2010.

[171] Girardi G, Ergün A T. Systemic risk measurement: Multivariate GARCH estimation of CoVaR [J]. Journal of Banking and Finance, 2013, 37 (8): 3169 – 3180.

[172] Glasserman P, and Young H P. Contagion in financial networks [J]. Journal of Economic Literature, 2016, 54 (3): 779 – 831.

[173] Grace M F. The insurance industry and systemic risk: Evidence and discussion [J]. Networks Financial Institute Policy Brief, 2010 (2010 – PB): 02.

[174] Group of Ten. Report on consolidation in the financial sector. January [R/OL]. http://www. bis. org/publ/gten05. pdf. 2001.

[175] Harrington S E. The Dodd – Frank Act, Solvency II, and US Insurance Regulation [J]. Journal of financial Perspectives, 2013, 1 (1): 1 – 12.

[176] Harrington S E. The financial crisis, systemic risk, and the future of insurance regulation [J]. Journal of Risk and Insurance, 2009, 76 (4): 785 – 819.

[177] Hart O, and Zingales L. How to aviod a new financial crisis [R]. Na-

tional Asset Management Agency, 2009.

[178] Helwege J. Financial firm bankruptcy and systemic risk [J]. Journal of International Financial Markets, Institutions and Money, 2010, 20 (1): 1 – 12.

[179] Hochrainer-Stigler S, Colon C, Boza G, Brännström Å, Linnerooth – Bayer J, Pflug G, Poledna S, Rovenskay E, Dieckmann U. Measuring, modeling, and managing systemic risk: The missing aspect of human agency [J]. Journal of Risk Research, 2019, 23 (10): 1301 – 1317.

[180] IAIS. Global Systemically Important Insurers: Initial Assessment Methodology [R/OL]. (2013a – 07 – 18). https://www. fsa. go. jp/inter/iai/20130719/05. pdf.

[181] IAIS. Global Systemically Important Insurers: Policy Measures [R/OL]. (2013b – 07 – 18). https://www. fsa. go. jp/inter/iai/20130719/04. pdf.

[182] IAIS. Global Systemically Important Insurers: Proposed Assessment Methodology [R/OL]. (2012 – 05 – 31). https://www. iaisweb. org/uploads/2022/01/Public_consultation_document_on_G – SIIs_proposed_assessment_methodology. pdf.

[183] IAIS. Holistic Framework for Systemic Risk in the Insurance Sector [R/OL]. (2019 – 11). https://www. iaisweb. org/uploads/2022/01/191114 – Holistic – Framework – for – Systemic – Risk. pdf.

[184] IAIS. Position Statement on Key Financial Stability Issues [R]. 2010.

[185] IMF, BIS, FSB. Guidance to Assess the Systemic Importance of Financial Institutions [S]. Markets and Instruments: Initial Considerations, 2009.

[186] International Association of Insurance Supervisors (IAIS). Reinsurance and Financial Stability [R]. 2012. 7.

[187] Jobst A A. Systemic risk in the insurance sector: A review of current assessment approaches [J]. The Geneva Papers on Risk and Insurance – Issues and Practice, 2014 (39): 440 – 470.

[188] Kanno M. The network structure and systemic risk in the global non-life insurance market [J]. Insurance: Mathematics and Economics, 2016, 67: 38 –

53.

[189] Kapadia S, Drehmann M, Elliott J, et al. , Liquidity risk, cash-flow constraints and systemic feedbacks, in Quantifying Systemic Risk [M]. University of Chicago Press, 2012.

[190] Kaserer C, Klein C. Systemic risk in financial markets: How systemically important are insurers? [J]. Journal of Risk and Insurance, 2019, 86 (3): 729 – 759.

[191] Kaufman G G. Banking and currency crises and systemic risk: A taxonomy and review [M]. Blackwell Publishers, 2000.

[192] Kaufman G G, Scott K E. What is systemic risk, and do bank regulators retard or contribute to it? [J]. The Independent Review, 2003, 7 (3): 371 – 391.

[193] Ke R, Shen A N, Yin M, Tan C C. The cross-sector risk contagion among Chinese financial institutions: Evidence from the extreme volatility spillover perspective [J], Finance Research Letters, 2024, 63, 105303.

[194] Kleinow J, Moreira F. Systemic risk among European banks: A copula approach [J]. Journal of International Financial Markets, Institutions and Money, 2016, 42: 27 – 42.

[195] Koenker R, Hallock K F. Quantile regression [J]. Journal of Economic Perspectives, 2001, 15 (4): 143 – 156.

[196] Krenn G, Oschischnig M. Systemic risk factors in the insurance industry and methods for risk assessment [J]. Financial Stability Report, 2003 (6): 62 – 74.

[197] Lin E M H, Sun E W, Yu M T. Systemic risk, financial markets, and performance of financial institutions [J]. Annals of Operations Research, 2018, 262: 579 – 603.

[198] López-Espinosa G, Moreno A, Rubia A, et al. Short-term wholesale funding and systemic risk: A global CoVaR approach [J]. Journal of Banking and Finance, 2012, 36 (12): 3150 – 3162.

［199］Malik S, Xu T T. Interconnectedness of global systemically-important banks and insurers ［M］. International Monetary Fund, 2017.

［200］Moussa A. Contagion and Systemic Risk in Financial Networks ［M］. Columbia University Ph. D. thesis, 2011.

［201］Márquez-Diez-Canedo J, Martínez-Jaramillo S. Systemic risk: stress testing the banking system ［C］//International Conference on Computing in Economics and Finance Second Expert Forum on Advanced Techniques on Stress Testing: Applications for Supervisors, Amsterdam, October. 2007: 23 –24.

［202］Namaki A, Shirazi A H, Raei R, et al. Network analysis of a financial market based on genuine correlation and threshold method ［J］. Physica A: Statistical Mechanics and its Applications, 2011, 390（21 –22）: 3835 –3841.

［203］Opsahl T, Agneessens F, Skvoretz J. Node centrality in weighted networks: Generalizing degree and shortest paths ［J］. Social networks, 2010, 32（3）: 245 –251.

［204］Paolo G C, Alessandra C. A multilayer approach for systemic risk in the insurance sector ［J］. Chaos, Solitons and Fractals: the interdisciplinary journal of Nonlinear Science, and Nonequilibrium and Complex Phenomena, 2022, 162.

［205］Park S C and Xie X. Reinsurance and systemic risk: The impact of reinsurer downgrading on property-casualty insurers ［J］. Journal of Risk and Insurance, 2014, 81（3）: 587 –622.

［206］Plantin G. Does reinsurance need reinsurers? ［J］. Journal of Risk and Insurance, 2006, 73（1）: 153 –168.

［207］Raffestin, L. Diversification and systemic risk ［J］. Journal of Banking and Finance, 2014（46）: 85 –106.

［208］Rigobón R, Forbes K. Contagion in Latin America: Definitions, measurement, and policy implications ［J］. Economía Journal, 2001, 1（Spring 2001）: 1 –46.

［209］Roengpitya R, Rungcharoenkitkul P. Measuring Systemic Risk and Financial Linkages in the Thai Banking System [J]. Social Science Electronic Publishing, 2010: 1 – 44.

[210] Rossi M L and Lowe N. Regulating reinsurance in the global market [J]. Geneva Papers on Risk and Insurance – Issues and Practice, 2002, 27 (1): 122 – 133.

[211] Roukny T, Battiston S, Stiglitz J E. Interconnectedness as a source of uncertainty in systemic risk [J]. Journal of Financial Stability, 2018, 35: 93 – 106.

[212] Safa M F, Hassan M K, Maroney N C. AIG's announcements, Fed's innovation, contagion and systemic risk in the financial industries [J]. Applied Financial Economics, 2013, 23 (16): 1337 – 1348.

[213] Segoviano Basurto M, Goodhart C. Banking Stability Measures [R]. IMF Working Papers, 2009, 23 (2): 1 – 61.

[214] Swiss and Re. Reinsurance – A Systemic Risk? [R]. Sigma, 5, 2003.

[215] Talasli I. Systemic risk analysis of Turkish financial institutions with systemic expected shortfall [J]. Central Bank Review, 2013, 13 (3): 25 – 40.

[216] Tarashev N, Borio C, Tsatsaronis K. Attributing systemic risk to individual institutions [J]. BIS Working Papers, 2010: 308.

[217] Tarashev N, Borio C, Tsatsaronis K. The systemic importance of financial institutions [J]. Bis Quarterly Review, 2009 (9): 75 – 87.

[218] The Geneva Association. Anatomy of the Credit Crisis: An Insurance Reader from The Geneva Association [R]. The Geneva Reports. Risk and insurance research, 2010, 3: 1662 – 3738.

[219] The Geneva Association, Insurance and resolution in light of the systemic risk debate [R]. a contribution to the financial stability discussion in insurance, Geneva, Switzerland, 2012.

[220] The Group of Thirty. Reinsurance and International Financial Markets [R], 2006.

［221］ Upper C. and Worms A. Estimating bilateral exposures in the german inter-bank market: Is there a danger of contagion? ［J］. European Economic Review, 2004 （48）: 827 – 849.

［222］ Van Lelyveld I, F Liedorp, M Kampman. An Empirical Assessment of Reinsurance Risk ［J］. Journal of Financial Stability, 2011, 7 （4）: 191 – 203.

［223］ Vaughan T M. The Economic Crisis and Lessons from （and for） US Insurance Regulation ［J］. Journal of Insurance Regulation, 2009, 28 （1）: 3.

［224］ Viral V. Acharya, Lasse H. Pedersen, Thomas Philippon, and Matthew Richardson. Measuring Systemic Risk ［R］. Working Paper, 2010.

［225］ Weiss G N F, Mühlnickel J. Why do some insurers become systemically relevant? ［J］. Journal of Financial Stability, 2014 （13）: 95 – 117.

［226］ Zhang L. Systemic risk in China's insurance industry ［R/OL］. 2020, https: //www. soa. org/resources/research – reports/2020/systemic – risk – china – insurance/.

［227］ Zhou H, Liu W, Wang L. Systemic risk of China's financial system （2007 – 2018）: A comparison between Δ CoVaR, MES and SRISK across banks, insurance and securities firms ［J］. The Chinese Economy. 2020, 53 （3）: 221 – 45.

# 后　记

　　党的二十大报告指出，要加强和完善现代金融监管，强化金融稳定保障体系，依法将各类金融活动全部纳入监管，守住不发生系统性风险底线。随着全球金融市场的日益复杂化和相互依存度的加深，保险市场作为金融体系的重要组成部分，作为经济减震器和社会稳定器，其健康发展对于促进整体经济和社会发展意义重大。《中国保险市场系统性风险识别与度量研究》正是基于这一认识，旨在为中国保险市场的风险管理和监管提供科学依据和决策参考。

　　本书以风险的传导机制为研究切入点，以传播渠道为逻辑线索，分别从承保业务、保险消费者信心、跨境传播和跨行业传染四个视角识别、度量和评估系统性风险，希望形成一套较为完整的风险识别与度量体系。在撰写过程中，我们采用了多种方法和技术手段，包括数据分析、模型构建和实证研究等，力求全面、深入地揭示中国保险市场系统性风险的内在规律和特点。

　　本书是在国家课题《保险市场系统性风险识别、度量和评估研究：理论模型与实证检验》的基础上丰富完善而成。在本书的撰写过程中，我们得到了来自学术界、业界以及政府部门的广泛支持和帮助。许多专家学者为我们提供了宝贵的意见和建议，使我们能够不断完善和优化研究内容。特别感谢参与本书撰写以及帮助进行资料整理分析的研究生同学，他们分别是：康超、杜霞、杨心悦、郑梦灵、张简获、郝祎琳、周意、杨喆瑶、孙耀东、胡沛宇、李湘、祝优优、丁炫文、方美惠、高思琦、曹艳、章鑫、张淑敏等。你们的辛勤付出和无私奉献，使得本书能够顺利出版。

　　本书所研究的是一个金融领域经典的、高难度的、持续动态变化的、基于保险领域的热点问题，但可借鉴和参考的资料有限，特别是针对中国这一新兴保险市场的研究成果不多。同时受限于我们的研究水平，本书不可避免地存在一定的局限性和不足之处。相关论述不充分、不全面，甚至出现错误的地方，恳请大家批评指正。

王丽珍

2024 年 10 月